ESPECIAS

HEROÍNAS DE LA SALUD

ESPECIAS
HEROÍNAS DE LA SALUD

Natasha MacAller
Fotografías de Manja Wachsmuth

5tintas

La edición original de esta obra ha sido publicada en el Reino Unido en 2016 por Jacqui Small, sello editorial de Quarto Publishing Group, con el título

Spice Health Heroes

Traducción del inglés Gemma Fors

Diagonal, 402 – 08037 Barcelona
www.cincotintas.com

Impreso en China
Depósito legal: B 12.146-2017
Código IBIC: WBHT | WBA

ISBN 978-84-16407-31-6

Para Michael,
con todo mi corazón

Índice de contenidos

Prefacio

Mi experiencia personal con las especias deriva de mi infancia en el norte de Grecia, cerca de Crocus, un pueblo de montaña con el nombre de la planta que produce el azafrán, la más preciada y cara de las especias. En Crocus y la zona de Kozani, donde se cultiva azafrán, la gente suele comenzar el día tomando una infusión de solo dos hebras de azafrán. Comprenden la potencia de la especia y la utilizan con moderación.

Las especias –la alquimia refinada de la tierra, descubierta y preciada por nuestros antepasados– potencian el sabor de los alimentos y animan las comidas. Como demuestra este maravilloso libro, podemos usarlas no solo por sus cualidades culinarias, sino también por sus impresionantes virtudes medicinales para cuidar y mejorar la salud, el equilibrio interior y el bienestar.

Además de sabor, las especias aportan textura y color a los platos. Tomar una comida gustosa, aromática y nutritiva con plena consciencia en un entorno agradable nutre la mente, el cuerpo y el espíritu. Cuando la comida satisface el paladar, el cerebro queda contento y no busca placer y satisfacción en otro lugar. Si la dieta es insípida o poco equilibrada, carente de uno de los seis sabores –dulce, agrio, salado, picante, amargo y astringente–, entonces echamos en falta algo. Es cuando el organismo se decanta por los sabores «fáciles» –azúcar y sal– y comemos en exceso, lo cual contribuye a la obesidad y la creciente prevalencia de enfermedades crónicas.

En mi opinión, las especias son como nuestras heroínas de la salud capaces de salvarnos de la enfermedad y una existencia empobrecida. Como indica el título de este libro, *Especias, heroínas de la salud*, las especias poseen propiedades especiales, incluidos efectos antidepresivos confirmados recientemente. Confíe en las especias como ayuda para hallar la felicidad.

Especias, heroínas de la salud nos propone un viaje por la historia, el folclore y la ciencia hasta la cocina con recetas singulares reunidas y artísticamente creadas por la carismática Natasha MacAller, quien nos convence para enfundarnos el delantal y lanzarnos a experimentar.

En mis talleres de Sabiduría Medicinal en la Cocina, para profesionales, y de Cocina con Receta, para todo tipo de público, los asistentes exploran las posibilidades de utilizar la comida como medicina. Hipócrates dijo: «Los mejores médicos curan cambiando la dieta y el estilo de vida de sus pacientes». En la consulta médica y como especialista en Medicina Nutricional y Nutrición Ayurvédica, mi intención es contribuir a que las personas hallen los alimentos que encajan con su «tipo», pero las especias suelen quedar olvidadas o son un ingrediente desconocido que podría ayudar. Por eso, a partir de ahora *Especias, heroínas de la salud* se encontrará en mi «lista de recetas».

Me encantan las especias y las utilizo a diario en la cocina. Deseo que, al finalizar el presente libro, usted también las valore y respete como nuestras heroínas de la salud.

Eleni Tsiompanou, doctora en Medicina y Medicina Nutricional
Fundadora, Instituto de la Salud, Londres, Reino Unido

Introducción

Las especias son la sal de la vida y posiblemente también fuente de bienestar vital. La palabra *especia*, derivada del latín *species*, significaba originalmente 'mercancías, bienes, géneros o productos procedentes del Lejano Oriente'. Las definiciones de lo que constituye una especia o lo que constituye una hierba no son demasiado claras y las opiniones son diversas, por lo que las hierbas aromáticas con frecuencia se consideran especias y viceversa. Por ejemplo, el ajo se considera una especia –el diente de ajo es un capullo floral–, pero también se dice que es una planta culinaria. Las hojas de plantas son las que provocan mayor confusión y discusiones: una hoja fresca de albahaca suele denominarse hierba, pero en el momento en que se seca, se convierte en especia. Tras investigar, analizar y ponderar, creo que una especia es la semilla, baya, corteza, raíz, rizoma (tallo subterráneo), rama, hoja, arilo (envoltura carnosa de algunas semillas, como la granada) o la savia de una planta.

Breve historia de las especias

Las especias forman parte de la civilización, la cultura, los mitos y la medicina desde hace decenas de miles de años. Uno de los primeros documentos sobre su uso, que data al menos del año 1600 a.C., se descubrió en la isla griega de Santorini, donde una pintura al fresco muestra una escena con jóvenes y monos recogiendo azafrán, presumiblemente para usos medicinales. Las pruebas más antiguas del comercio de especias se hallan en el monumento funerario de una reina faraónica, donde se muestran rutas del comercio de especias que unen el Nilo en camello y barco hasta el Cuerno de África hace 3500 años, e incluye viajes a la isla de la canela, Sri Lanka.

Miles de años después, el azafrán fue introducido en América Oriental por los grupos religiosos alemanes que huían de la persecución. Hacia 1730, los «holandeses de Pensilvania», como se conocían, se hicieron famosos por el cultivo, la venta y la exportación de azafrán. Aunque los acres de siembra se reducen actualmente a pequeños huertos, las familias menonitas, amish y luteranas siguen cultivándolo. Estas devotas comunidades continúan preparando recetas con azafrán que cuentan con siglos de antigüedad; y a 10.000 dólares la libra de filamentos, el cultivo del azafrán sigue siendo un hobby muy rentable, si bien laborioso.

Las especias no sólo se han paladeado, sino que se ha comerciado con ellas, han sido robadas y la causa de derramamientos de sangre durante milenios en todo el mundo. Una de las batallas más cruentas y significativas que reescribió la historia de las especias tuvo lugar entre los siglos XV y XVII. Los participantes en la Guerra de las Especias fueron España, Portugal, Inglaterra y Holanda, ya que cada país luchaba por hacerse con el dominio y control de las islas de las Especias. Dos de las islas de Banda, un diminuto y remoto archipiélago de origen volcánico en Indonesia, eran el único lugar donde crecía la codiciada nuez moscada, especia que entonces valía su peso en oro, no solo porque se creyera que era un afrodisíaco, sino también porque se creía que curaba la peste.

En otros países y climas florecían otras especias familiares y exóticas: Persia, Oriente Medio y la antigua Grecia, Roma y más tarde la primera capital europea del comercio de especias, Venecia, eran ricas gracias a la abundancia de orégano, romero, hojas de laurel y granada, todas ellas empleadas con fines medicinales. India, tierra de la albahaca sagrada, el cardamomo, la alholva, el tamarindo, la canela china y la ahora popular cúrcuma, sigue produciendo en la actualidad el 15 por ciento de las especias de todo el mundo y lidera las investigaciones científicas de la cúrcuma. China es rica en anís estrellado –eficaz contra la gripe–, el jengibre y los poderosos cítricos, mientras que África, un continente de antiguas rutas de especias, del cual, irónicamente, no es originaria ninguna, es donde se han creado algunas de las mezclas más utilizadas y coloridas. En la isla caribeña de Granada, se cultiva la mayor parte de pimienta de Jamaica, nuez moscada y clavo, plantados hace centenares de años a partir de plantel de otras islas traído por colonos británicos. Para terminar, en las Américas, tierra de chiles picantes, cacao cardiosaludable e hibisco depurador, las poblaciones indígenas de Norteamérica y Sudamérica veneran estas especias por su valor medicinal.

Especias para dar sabor y favorecer la salud

Históricamente, las especias se han usado en todas las épocas como aromatizantes alimentarios y para perfumar a los caballeros que formaban parte del séquito del rey. No obstante, su uso más importante a lo largo de la historia es medicinal, para sanar el cuerpo y alargar la vida. Cada especia tiene sus usos específicos y pueden emplearse para dar calor, depurar, confortar, calmar, aportar energía y ayudar al sistema inmune. Las especias concentran fitonutrientes (nutrientes y sustancias químicas, así como vitaminas y minerales), que, si bien no son esenciales para la vida, pueden prevenir enfermedades, además de mantener el buen funcionamiento de los sistemas corporales.

Las especias utilizadas con fines medicinales siguen representando fuentes naturales importantes de compuestos

> Las especias se utilizan desde hace siglos, no solo como potenciadores del sabor, sino también con fines medicinales. Deben aportar algún beneficio; las especias son algo más que aromatizantes.
>
> **Dr. Luigi Fontana,** catedrático de Medicina

activos para tratar afecciones o trastornos de la salud, como el desequilibrio del sistema inmune o las enfermedades inflamatorias y el cáncer. Existen innumerables proyectos de investigación sobre el cáncer que estudian el prometedor potencial de las plantas medicinales en busca de posibles terapias nuevas que utilicen medicinas complementarias sin los efectos tóxicos de la quimioterapia pero con los mismos efectos curativos que las actuales terapias químicas.

Especias, heroínas de la salud no es un libro de recetas ni un tratado de medicina. (No soy médico, sino una bailarina reconvertida en chef apasionada por la salud y, fundamentalmente, las especias.) No obstante, sí incluye aportaciones internacionales de diversos médicos reconocidos, que se suman a las prometedoras investigaciones, pruebas y conclusiones relacionadas con los usos medicinales de estas 30 especias, heroínas de la salud, que se cree que pueden contribuir a aliviar, mejorar y beneficiar la salud y el bienestar.

También incluye aportaciones de 21 reconocidos chefs internacionales, cuyas historias y recetas con especias se han desarrollado a lo largo de años de profesión, creaciones y pruebas que han conducido hasta su propia firma de sabores especiados.

Estas dos profesiones, la médica y la culinaria, trabajan en equipo para centrar la atención en el hecho de que buena alimentación significa buena salud. La medicina culinaria no consiste en seguir una dieta ni en eliminar un grupo de alimentos de la dieta, sino en tomar alimentos frescos libres de una larga lista de ingredientes artificiales: alimentos simples, integrales y frescos, llenos de sabor y propiedades saludables, con el toque añadido de las especias.

«Las especias se utilizan desde hace siglos, no solo como potenciadores del sabor, sino también con fines medicinales. Deben aportar algún beneficio; las especias son algo más que aromatizantes», sugiere el Dr. Luigi Fontana, catedrático de Medicina de la Universidad de Washington y la Universidad de Brescia, Italia. El Dr. Fontana es un hombre delgado; y no es de sorprender, dado que su campo de estudio es la restricción calórica (RC): «Desde la levadura hasta los ratones, si se reduce la ingesta de calorías (sin provocar inanición), los animales crecen más sanos y viven más tiempo. Ahora estamos realizando estudios en humanos», explica. Como en muchos aspectos relacionados con la dieta, el Dr. Fontana y sus colegas saben que las cosas no son nunca simples: «Estamos descubriendo que no es *únicamente* la RC lo que aporta beneficios. Es la interacción de muchos factores, uno de los cuales son las bacterias beneficiosas que viven en el intestino, el microbioma. Por ejemplo, recientemente publicamos un estudio que demostraba que los ratones a los que 1) se alimenta con cúrcuma, y 2) contienen el microbioma de un humano de Bangladesh, muestran un aumento de la cantidad de tiempo de que dispone el organismo para absorber nutrientes, en comparación con ratones que poseen el microbioma de un humano europeo. No solo es la cúrcuma la que aporta beneficios, es la interacción de la cúrcuma con la flora saludable que vive en nuestro interior».

Conservación y utilización de las especias

El color y el aroma de las especias no debe desvanecerse: si es así, deséchelas. No guarde especias que desee emplear en un estante sobre los fogones: en pocas semanas se habrán echado a perder. Conservar las especias en tarros de cristal herméticos evita que los aceites volátiles humedezcan y se oxiden. Guardadas en un lugar fresco y oscuro, las especias enteras, como hojas y flores, se conservan 1-2 años, las semillas y raíces 2-3 años y las especias en polvo 6-12 meses.

El principal consejo para las especias molidas es adquirirlas solo en la cantidad que vaya a precisarse en unos pocos meses. Para obtener la mejor relación calidad-precio, cómprelas enteras y muélalas a medida que las utilice. El frescor es más importante que el origen, pero si es posible, opte por productos ecológicos, ya que numerosas especias proceden de climas tropicales a muchos kilómetros de distancia, y las de cultivo no orgánico probablemente habrán sido rociadas con productos para evitar plagas y alargar su conservación.

Para calentar y liberar los aceites volátiles, tueste y remueva las especias enteras a fuego lento en una sartén en seco hasta que suelten su aroma, luego déjelas templar antes de molerlas en el mortero o molinillo eléctrico. Si tiene que sustituir especias frescas por secas en una receta, la norma es que 1 cucharadita de las secas equivale a 1 cucharada de las frescas (salvo en el caso de la salvia seca, en que la medida es ½ cucharadita). La fragancia de especias frescas llena la cocina y el alma con su aroma exquisito.

Mezclas de especias

Esta muestra internacional de condimentos es fácil de usar en sus platos preferidos. Las mezclas de especias suelen ser el ingrediente secreto esencial que transforma un plato mediocre en uno deliciosamente memorable. Utilícelas para dar sabor a cualquier receta, desde una sopa hasta frutos secos tostados, pulverice las especias y agréguelas en las bebidas o invente sus propias mezclas para ofrecer creativos regalos.

1. Condimento de Tash para tamales y tacos

Una mezcla que combina bien con platos de verduras, pescado y carne, a los que aporta un auténtico sabor mexicano. El hibisco le añade un toque de cítrico ácido; si no tiene, puede sustituirlo por la raspadura de 2 limas.

2 cucharadas de salvia fresca (o 1 cucharada de seca)
2 cucharadas de chile suave en polvo
1 cucharada de sal en escamas
1 cucharada de ajo picado (o 2 cucharaditas de ajo en polvo)
1 cucharada de cebolla en polvo
1 cucharada de orégano seco, picado
5 cucharaditas de semillas de comino, tostadas y molidas
2 cucharaditas de chile guajillo en polvo
1 cucharadita de canela en polvo
1 cucharadita de pimienta negra en grano recién molida
2 cucharaditas de chipotle de copos de chile machacado
2 cucharaditas de té de hibisco o 6-8 pétalos, picados

Mezcle todas las especias y remueva bien.
Conserve en un recipiente hermético.

2. Condimento casero para pastel de calabaza

Una mezcla para añadir al café con leche matinal, la ensalada de hortalizas asadas del almuerzo o el postre de la cena.

3 cucharadas de canela molida
1 cucharada de jengibre molido
1 cucharadita de clavo en polvo
1 cucharadita de nuez moscada fresca molida
¼ de cucharadita de cardamomo molido
¼ de cucharadita de pimienta blanca molida

Mezcle todas las especias y remueva bien.
Conserve en un recipiente hermético.

3. Condimento Sonoma

Esta mezcla se añade a las hortalizas de temporada o a los platos de pizza o pasta.

2 cucharadas de albahaca seca, picada
2 cucharadas de mejorana seca, picada
2 cucharadas de orégano seco, picado
1 cucharada de hojas de tomillo secas, picadas o en polvo
1 cucharada de hojas de laurel secas, picadas
4 ½ cucharaditas de agujas de romero secas, molidas
2 cucharaditas de copos de pimiento rojo
2 cucharaditas de semillas de hinojo, tostadas y molidas
1 ½ cucharaditas de menta seca, picada
1 ½ cucharaditas de ajo en polvo
1 ½ cucharaditas de cebolla en polvo
1 cucharadita de raspadura de limón

Mezcle todas las especias y remueva bien.
Conserve en un recipiente hermético.

4. Condimento para curri

Una sabrosa combinación para platos de curri tradicionales indios, que puede añadirse también a la fruta escaldada o los postres de frutos secos, proporcionándoles aroma y sabor.

2 ½ cucharadas de pimentón
2 cucharadas de semillas de comino, tostadas y molidas
2 cucharadas de cúrcuma molida
1 ½ cucharadas de semillas de cilantro, molidas
1 cucharada de pimentón ahumado
1 cucharada de alholva, molida
1 cucharada de semillas de mostaza, molidas
2 ½ cucharaditas de semillas de hinojo, tostadas y molidas
2 ½ cucharaditas de copos de pimiento rojo molidos
2 ½ cucharaditas de hojas de alholva
2 ½ cucharaditas de cardamomo molido
una rama de 5 cm de canela, churruscada y molida, o ½ cucharadita de canela en polvo tostada
¼ de cucharadita de clavo molido
¾ de cucharadita de piel de naranja seca

Mezcle todas las especias y remueva bien. Conserve en un recipiente hermético.

5. Sal y pimienta de cítricos y especias

Añada un toque cítrico al condimento de sal y pimienta para ensaladas, entrantes o incluso fruta fresca.

raspadura de 6 limones, o 2 cucharadas de piel seca, picada
raspadura de 2 naranjas, o 1 cucharada de piel seca, picada
raspadura de 6 limas, o 2 cucharaditas de piel seca, picada
6 cucharadas de sal marina gruesa
3 cucharadas de granos de pimienta negra
1 cucharada de granos de pimienta rosa secos
1 cucharada de granos de pimienta verde secos
2 cucharaditas de copos de pimienta de Alepo

Extienda la raspadura de todos los cítricos (a menos que utilice piel seca) sobre una bandeja de horno forrada con papel vegetal. Póngalo al horno a temperatura mínima y deje que se seque completamente, alrededor de 1 hora. Páselo a un bol, añada la sal, los granos de pimienta y los copos de pimienta y remueva hasta que se mezcle bien. Conserve en un tarro de cristal decorativo o molinillo de sal y muela la cantidad necesaria cada vez que la utilice.

6. Condimento de cinco especias orientales más una

La mezcla ideal para sofritos orientales, sopas claras, marinadas y alitas de pollo.

2 cucharadas + 1 cucharadita de anís estrellado molido
1 cucharada de pimienta Sichuan o pimienta negra
1 cucharada de semillas de hinojo molidas
1 cucharada de canela molida
1 cucharada de clavo molido
1 cucharada de jengibre o galanga molidos
1 cucharada de sal marina (opcional)
1 cucharada de raspadura de naranja seca

Mezcle todas las especias y remueva bien. Conserve en un recipiente hermético.

Especias para el sistema inmune

La inmunidad es fuerza equilibrada, el máximo apoyo para el cuerpo y la mente. Mediante un sofisticado programa de comprobaciones y equilibrios, nuestro sistema inmune trabaja para mantenernos sanos y salvos. El siguiente grupo de especias favorece el funcionamiento de este sistema, protector de la energía de nuestro organismo.

Especias para el sistema inmune

Cúrcuma ★ Comino ★ Clavo de olor y pimienta de Jamaica ★ Raspadura de cítrico ★ Anís estrellado

Algunas molestias y enfermedades identificadas como inmunodeficiencias (que disminuyen la capacidad del sistema inmune para combatir infecciones) se ven reforzadas por la acción potenciadora del sistema inmune, mientras que otras, como las enfermedades reactivas autoinmunes (por las que el sistema inmune muestra una reacción exagerada o anómala a los tejidos u órganos), como la artritis reumatoide y la esclerosis múltiple, requieren equilibradores del sistema. Las especias de este capítulo refuerzan y mejoran la acción del complejo sistema inmune. Generalmente, se achaca a la desconexión de éste desde las molestias del resfriado común hasta algunas enfermedades graves. Según la Unión Internacional de Sociedades Inmunológicas, hoy existen 150 tipos de inmunodeficiencia. Una de las múltiples funciones vitales de este extraordinario sistema consiste en inhibir la activación de células que pueden provocar el desarrollo de cánceres, y este grupo de especias puede ofrecer no solo sabor, sino también refuerzo inmunológico natural.

Se cree que la cúrcuma previene y alivia los síntomas de la artritis reumatoide y la enfermedad de Alzheimer. El comino se está investigando como equilibrador hormonal, y el comino negro para combatir el cáncer. El clavo y el anís estrellado actúan como antiinflamatorios, mientras que la raspadura de cítrico, rica en vitamina C, protege del resfriado común y la gripe.

Otras especias para el sistema inmune

Ajo Un poderoso profiláctico utilizado durante siglos por los ejércitos desde los batallones de la Antigua Grecia hasta la infantería rusa en la Segunda Guerra Mundial, que mantenía a los soldados en forma y a punto para la batalla con sus propiedades antimicrobianas. Se cree que posee fuertes atributos anticarcinógenos que refuerzan el sistema inmune.

Romero Un ingrediente obligado en las barbacoas. Ha sido objeto de estudios por su extraordinaria habilidad para anular las aminas heterocíclicas (AHC) causantes de cáncer, que se forman cuando el vacuno, cerdo, pollo, cordero u otras carnes se tuestan, fríen, churruscan, ahúman o cocinan sobre una llama, y por tanto ayuda al sistema inmune a mantener a raya estas sustancias químicas fácilmente absorbibles.

Granada Espolvoree un buen puñado de semillas de granada frescas sobre platos de cereales y ensaladas; esta superespecia tradicional persa, que se utiliza en medicina desde la Antigüedad, no solo es deliciosa, sino que también proporciona apoyo antiinflamatorio e inmune y se postula como otro héroe anticáncer.

Alholva Se considera una legumbre llena de proteína. De aroma semejante al arce, es capaz de crear una barrera para ayudar al sistema inmune a desactivar toxinas que se hallan en algunos alimentos y bebidas. La alholva podría impedir la acumulación de oxalato de calcio en el riñón y la vejiga, y evitar así no solo la formación de cálculos, sino también una reacción inflamatoria del sistema inmune. Se cree que podría ayudar a equilibrar mejor los niveles de azúcar en sangre y reducir la carga de trabajo del sistema inmune, y posee potencial terapéutico para dificultar el crecimiento de células cancerígenas, especialmente en el páncreas.

Wasabi Otro héroe potencial contra el cáncer y antibacteriano. Está entre los mejores remedios para luchar contra *E. coli* y *Staphylococcus aureus*. Además, ayuda a evitar la intoxicación alimentaria al eliminar las bacterias que podrían hallarse en el pescado crudo (sashimi). Este rizoma verde posee una gran concentración de compuestos activos de isotiocianato (ITC) y podría poseer un efecto quimiopreventivo en el cáncer.

Mostaza Estas diminutas semillas están llenas de compuestos de isotiocianato (ITC) que previenen el cáncer. De la familia de las crucíferas, rica en nutrientes y efectos anticancerígenos, la mostaza presenta resultados prometedores: cientos de estudios en laboratorio demuestran el potencial quimiopreventivo de esta semilla de sabor intenso.

igliving.com/magazine/articles/IGL_2009-06_AR_Immune-Deficiency-and-Autoimmune-Disease-A-Complicated-Relationship.pdf#search="immune deficiency"

Cúrcuma *La especia magistral*

Hay quien considera la cúrcuma la especia más poderosa de la despensa. Este rizoma no solo aporta su sabor distintivo y rico a los curris, sino que es posiblemente la especia más antigua y más estudiada científicamente. Hace miles de años se empleaba como especia medicinal, culinaria y sagrada: excavaciones arqueológicas del sur de la India han descubierto antiguas vasijas cerámicas con restos de cúrcuma, ajo y jengibre que datan de hace más de 4.000 años, mientras que la antigua disciplina india de sanación natural, el ayurveda, describe la cúrcuma como la «victoriosa sobre la enfermedad». Gran parte de la cúrcuma que se consume en el mundo proviene de la India; la de mejor calidad y mayor concentración del compuesto activo curcumina procede de Alleppey, ciudad del sur del estado indio de Kerala.

Algunos estudios recientes sobre la cúrcuma aportan resultados prometedores como antioxidante y antiséptico, con beneficios antiinflamatorios y analgésicos, y se cree que ayuda al hígado en la eliminación de triglicéridos y colesterol LDL. El compuesto activo que proporciona a la cúrcuma su color amarillo brillante, la curcumina, también se cree que protege de la enfermedad de Alzheimer y es uno de los ingredientes que se encuentran en el acetaminofeno o paracetamol. Se están llevando a cabo estudios con atletas olímpicos a fin de determinar la capacidad de la cúrcuma para combatir el dolor, la inflamación y el daño en las articulaciones (que puede conducir a la osteoartritis). Como la cúrcuma no se considera un fármaco, puede utilizarse en el deporte de alta competición.

Clásico de la cocina asiática, la cúrcuma es una especia clave en platos de curri y se halla también en el chile con carne; en tés, vinagres y fideos japoneses; en el condimento marroquí ras-el-hanout; en sopas, estofados, fruta y hortalizas encurtidas; en la mostaza americana de color amarillo vivo; en el condimento británico piccalilli y en el pollo de la coronación.

Para trocear o rallar la raíz fresca de cúrcuma (como en la receta de Batido tropical con cúrcuma, de la p. 54) es mejor ponerse guantes; en los países asiáticos, la cúrcuma se emplea tradicionalmente para teñir telas de un asombroso color amarillo anaranjado... ¡y no solo tiñe las telas, también las manos! Compre las raíces en un lugar de confianza y elija las largas, de piel suave y sin moho. La raíz bien secada se ralla con un rallador fino para ensalzar su sabor algo amargo y pimentado.

“Existe la creencia de que toda inflamación es negativa y debe reducirse en la medida de lo posible. Sin embargo, hay diferentes tipos de procesos inflamatorios, y en ellos intervienen distintas sustancias químicas. La inflamación COX-1 ayuda a los tejidos en la curación de los daños cotidianos: favorece el mantenimiento del revestimiento estomacal e intestinal, por ejemplo. La inflamación COX-2 es la respuesta a un daño más inmediato, como tirones y problemas artríticos. Los fármacos antiinflamatorios normales como la aspirina o el ibuprofeno inhiben ambas reacciones, de modo que los efectos reparadores de la COX-1 se reducen junto con la deseada pérdida de dolor e hinchazón.

En la práctica, esto provoca problemas gástricos en muchas personas, que pueden derivar en úlceras e indigestión. Se ha demostrado que la pérdida de la acción benefactora de COX-1 en las articulaciones aumenta el daño causado en los cartílagos: ¡mala noticia para caderas y rodillas!

La búsqueda de inhibidores selectivos de la COX-2 ha sido intensa, y decepcionante. Varios fármacos prometedores han sido descartados por sus graves efectos secundarios, mientras que la cúrcuma ha sido ignorada, cuando, en realidad, puede ser justo lo que andamos buscando: parece indicada como inhibidor de COX-2 y libre de efectos secundarios graves. Las investigaciones son alentadoras en muchas áreas, incluida la artritis, la enfermedad cardíaca, el cáncer de colon y la enfermedad inflamatoria del intestino. Puede incluso disminuir los efectos secundarios de la quimioterapia y la medicación farmacológica antiinflamatoria de larga duración. Si toma una única especia, ¡que sea cúrcuma!”

Margaret Papoutsis, doctora en Osteopatía

Comino *La especia global*

Este humilde fruto seco parecido a una semilla lleva tanto tiempo con los humanos que los historiadores no están seguros de dónde se originó. Emparentado con el perejil y la semilla de eneldo, y parecido a la alcaravea, el comino es un cultivo anual resistente que tolera tanto la sequía como la inundación. Sus semillas se plantan en los meses de invierno en países como México, India, China, Japón, España, Italia y África, y se cosecha en verano por sus semillas de ocho caras, crestadas, de color caqui. La Biblia (Isaías, 28:27) cuenta que el comino cosechado se extendía sobre una tela y se golpeaba con un rodillo para extraer la parda y polvorienta semilla que, tostada y molida, desprende el más seductor aroma. El comino era una especia importante en la cocina temprana romana y de Oriente Medio. Tradicionalmente, se ha empleado como medicina para diversos achaques y enfermedades, a fin de contrarrestar la bacteria que causa la intoxicación alimentaria, como cataplasma para gargantas inflamadas y órganos digestivos y para reducir el estrés y el azúcar en sangre. Además, algunos estudios en curso señalan que el aceite de comino (cuminaldehído), rico en fitoestrógenos, imita la terapia hormonal sustitutiva (THS), y se están comprobando a gran escala sus efectos antiosteoporóticos.

Hallamos esta especia de aroma familiar en cocinas y recetas de todo el mundo, desde la india hasta la mexicana, pasando por la tailandesa, la africana, la germánica, la caribeña, la cajún y la portuguesa, y está particularmente presente en combinaciones de especias, como la ras-el-hanout, el picante colombo caribeño, el curri de Madrás, el garam masala, el baharat, el polvo para chile mexicano y, mi preferida, el dukkah (p. 206).

Es una de las especias más fáciles de moler, por lo que es mejor tostar ligeramente las semillas enteras en una sartén y molerlas una vez templadas.

Comino negro *La especia imperial*

También conocido como semilla negra, ajenuz o arañuela, el comino negro (*Nigella sativa*) no está emparentado con el comino, sino con la familia de las ranunculáceas. Originario del sur de Europa, el norte de África y el sur de Asia, se cultiva en Oriente Medio, la región mediterránea y la India. De color negro mate al secarlas, estas semillas en forma de cuña son más caras que el comino. La primera mención que se conoce del comino negro relata que adornaba el sarcófago del joven rey egipcio Tutankamón para acompañarle al más allá, junto con otras fragantes especias como la canela y el romero, utilizadas generosamente para embalsamar.

El comino negro ha sido venerado durante siglos en la India y Oriente Medio por la riqueza de sus propiedades curativas y como eficaz refuerzo del sistema inmune. Se considera un interferón natural para enfermedades del sistema inmune como la esclerosis múltiple. En el aceite extraído de estas semillas diminutas pero repletas de sabor hallamos más de 100 compuestos saludables, el más potente de los cuales es la timoquinona. De momento solo se ha hallado en esta semilla negra y se cree que refuerza el sistema inmune aumentando la actividad de las células defensoras naturales del organismo que combaten virus y enfermedades. Las prometedoras investigaciones siguen en Carolina del Sur.

El intenso aroma, que recuerda al orégano, y el sabor algo amargo de la semilla de comino negro la hacen adecuada para curris picantes, hortalizas de cocción lenta y salsas. Siempre se utilizan las semillas enteras y pueden espolvorearse sobre pasteles, panes y lavash, añadirse a salsas y tostarlas para incluirlas en ensaladas y sopas.

> “En los últimos años, ha surgido un enorme interés por los constituyentes bioactivos y la acción farmacológica del comino. Se han identificado diversas sustancias químicas, como flavonoides, ligninas y otros compuestos fenólicos en las semillas de comino, además de ácidos grasos, vitaminas, minerales y fibra dietética. Se ha demostrado su actividad antimicrobiana y antifúngica contra algunas bacterias grampositivas y gramnegativas y patógenos animales y humanos. La capacidad anticáncer del comino contra el cáncer de colon e hígado se subraya en unos cuantos estudios en animales. Otros estudios en animales han demostrado repetidamente que los productos derivados del comino son diuréticos y reducen el nivel de azúcar en sangre, y el colesterol y los triglicéridos en el plasma y los tejidos. Los extractos demostraron ser un alivio eficaz para la tos y poseer actividad antiepiléptica.”
>
> **Eleni Tsiompanou,** doctora en Medicina y Medicina Nutricional

Clavo de olor

La especia encantadora

Con un nombre derivado de la palabra latina *clavus*, 'clavo', esta especia tiene forma de tachuela y es el capullo floral recogido a mano y cuidadosamente secado del clavero, árbol perteneciente a la familia del mirto.

Descubierto en las islas Molucas, un archipiélago de Indonesia, donde la nuez moscada, la macis y la pimienta florecieron, en la actualidad los clavos se cultivan en Sri Lanka, Brasil, Tanzania, Mauricio y Madagascar, donde estos elegantes árboles de brillantes hojas perennes y capullos rosados perfuman el aire con su aroma dulce e intenso. Los árboles crecen lentamente –tardan al menos ocho años en florecer– y los capullos se cosechan a mano cuando se tornan rosados.

Esta especia llegó a la cocina europea en la Edad Media, y pronto se descubrieron los múltiples usos medicinales y culinarios de su diminuto capullo seco. La ingente demanda de la valiosa especia enseguida enriqueció a los exploradores navegantes y acabó provocando las sangrientas Guerras de las Especias.

Durante siglos, el clavo ha tenido multitud de usos medicinales, además de emplearse para la conservación de alimentos. La medicina tradicional china del siglo III utilizaba clavo para tratar dolencias como la indigestión, las náuseas y el dolor de muelas. Su compuesto activo, el eugenol, posee propiedades antioxidantes, antibacterianas y antifúngicas. La creciente resistencia bacteriana a los antibióticos es preocupante, y los estudios que se están llevando a cabo con aceites esenciales, como el del clavo, para erradicar bacterias sin crear resistencia podrían ser la solución.

El diminuto pero fragante clavo es conocido ahora casi en todas las cocinas y ameniza tanto platos dulces como salados. También está presente en numerosos condimentos, pastas y bebidas, incluido el polvo de cinco especias chinas, la mezcla quatre épices francesa, la garam masala india, la marroquí ras-el-hanout, la combinación británica para aromatizar el vino caliente y la mezcla norteamericana para el pastel de calabaza.

Los clavos de mejor calidad son los de la variedad Penang, de Malasia. Busque la especia con los capullos intactos. Consérvela en un lugar fresco y oscuro y utilícela entera en estofados, salsas, compotas o jamón asado, pero recuerde retirarla antes de servir.

“El clavo se aprecia no solo por su sabor en la cocina, sino también por sus cualidades medicinales. Históricamente, se ha empleado para refrescar el aliento y sigue utilizándose en algunos chicles. Como nutriente, posee minerales clave (potasio, selenio, manganeso, magnesio y hierro) y vitaminas (A, C, K, piridoxina, tiamina, riboflavina). Tradicionalmente, se ha usado como antiinflamatorio y antiflatulento tomado oralmente, y para calentar y calmar músculos y articulaciones al aplicarlo tópicamente. Además, es notable por sus propiedades como antioxidante, antiséptico y anestésico local. Esto suele atribuirse a su aceite esencial, el eugenol, que se utiliza como anestésico y antiséptico local para dientes y encías. El eugenol también reduce el nivel de azúcar en sangre en ensayos con animales cuando se compara con un placebo y, por tanto, puede ser beneficioso para los diabéticos, aunque son necesarios más estudios para determinar su futuro papel terapéutico.”

Param Dedhia, doctor en Medicina

Pimienta de Jamaica

La especia impresionante

«Descubierta» por Cristóbal Colón en Jamaica, la pimienta de Jamaica crece en un árbol perenne y fue confundida con la apreciada y cara pimienta negra.

Desde Europa hasta Oriente Medio, pasando por África y las Américas, Escandinavia y el Caribe, la pimienta de Jamaica mejora platos dulces o salados y es imprescindible en encurtidos, salsas, platos de pescado y postres.

Aunque se descubrieron a miles de kilómetros, el clavo de olor y la pimienta de Jamaica suelen confundirse porque comparten el poderoso compuesto activo eugenol, un antioxidante y antiséptico. Esta baya lleva a cabo una labor triple como sustitutivo de condimentos tradicionales. Es más pimentada que el clavo, pero con un dulzor complejo y una fragancia más suave, con un toque de piel de naranja tostada.

Gran parte de su sabor y sus compuestos se hallan en la cáscara. Las bayas secas se conservan 2-4 años; molida se conserva menos tiempo –seis meses como máximo–, por lo que es aconsejable comprar poca para disfrutar del mejor frescor.

Raspadura de cítrico *La especia con chispa*

La raspadura de cítrico suele ser el ingrediente secreto de un aliño, una sopa de zanahoria y cilantro o una salsa de pescado, y además contiene compuestos que pueden ayudar a combatir distintas afecciones y enfermedades, como el dolor de pies o, según recientes investigaciones, el cáncer. Los flavonoides (compuestos orgánicos) de los cítricos, en particular de la piel, se utilizan en tándem con la quimioterapia en diversos estudios sobre el cáncer, para tratar, por ejemplo, el de próstata.

La gama de variedades de cítricos y preparados con su piel es amplia. La piel de naranja, tangerina y mandarina se emplea tradicionalmente en la elaboración de licores, repostería y pastelería. El limón es el cítrico más popular, tanto por su zumo como por la piel, y existen miles de variedades en todo el mundo. Se cree que es originario del norte de la India o de China, se introdujo en Sicilia en el año 200, y en Oriente Medio unos siglos más tarde. Mi variedad preferida de raspadura de limón es la procedente del limón mano de Buda, que prácticamente es todo piel y se utiliza para dar sabor a platos salados, postres, infusiones y conservas. Según la tradición china, representa la felicidad y una larga vida, mientras que en Japón se cree que trae la buena fortuna.

Sin embargo, el aroma de una lima tropical es la manifestación cítrica preferida. Originaria del sudeste asiático, es uno de los pocos cítricos que se cultivan a partir de semillas en lugar de injertos, y vive mejor en climas tropicales al ser más sensible que otros cítricos a las heladas. La piel de lima es generalmente más fina y delicada que la del limón, la naranja o el pomelo. La lima seca o lima negra es una especia tradicional persa e india. Las limas se conservan hirviéndolas verdes y luego ahumándolas o secándolas al sol. Añadidas a platos de Oriente Medio, estas bolas duras como rocas aportan un sabor cítrico y ahumado ideal para recetas de legumbres.

Compre cítricos ecológicos, ya que la piel de la fruta no orgánica se rocía con sustancias químicas antes de su transporte. Si no es posible, lávelas bien con un producto específico (irónicamente, gran parte son derivados del aceite de cítrico). Con un pelador, retire la piel de color, sin la blanca, y utilícela enseguida o envuélvala en papel film transparente y refrigérela para que no se seque y se vuelva quebradiza. O prepare esta receta para conservarla: pele 4 limones no encerados, eche la piel a una olla con agua hirviendo y escáldela 1 minuto. Escurra, deseche el agua y repita con agua nueva. Enjuague en agua fría, luego seque con golpecitos. Pase a un recipiente hermético pequeño, añada 2 cucharadas de sal en escamas, 3 cucharadas de azúcar y 6 ramitas de tomillo. Mezcle bien, cierre y refrigere una semana, sacudiendo el recipiente cada día. Rasque la piel que desee usar para desprender la mezcla conservante, luego, con la punta de un cuchillo, corte la piel en tiritas. Decore platos con ella y añada más tomillo si lo desea. Utilice naranja valenciana o pomelo rosa para variar del clásico sabor del limón.

www.citrusvariety.ucr.edu/citrus/buddha.html; www.ncbi.nlm.nih.gov/pubmed/23673480

“La raspadura de limón es una gozada: es la esencia de cítrico, destilada. La raspadura es una parte de la piel, y la piel es una poderosa medicina. En un estudio llevado a cabo en Arizona, las personas que bebieron té negro caliente con piel de cítrico mostraron una reducción del 88 por ciento del riesgo de carcinoma de piel de células escamosas; las personas que bebieron té helado con piel de cítrico redujeron el riesgo de cáncer de piel en un 42 por ciento. Ambos grupos fueron comparados con los que no tomaron té ni piel de cítrico. Las personas que solo tomaron la fruta o bebieron el zumo no presentaron el mismo efecto anticáncer.

¿Por qué el té y la piel de cítrico parecen disminuir el riesgo de cáncer de piel? Los polifenoles [compuestos antioxidantes protectores] del té pueden proteger contra el efecto carcinogénico de la radiación ultravioleta (UV). Las teaflavinas del té negro son una clase de estas sustancias químicas de las plantas, que pueden detener la creación de células cancerosas.

La raspadura posee mucha más vitamina C que el zumo o la pulpa de la fruta, y más sustancias químicas que se supone que protegen contra el desarrollo del cáncer: d-limoneno, hesperidina, naringina y aurapteno. El d-limoneno, que constituye la mayor parte del aceite de cítrico, ejerce su efecto directamente en las células cancerosas. Otros componentes de la piel de cítrico se están estudiando como agentes anticáncer.”

John La Puma, doctor en Medicina

http://www.ncbi.nlm.nih.gov/pmc/articles/PMC45584/; http://www.ncbi.nlm.nih.gov/pubmed/18072821; http://www.ncbi.nlm.nih.gov/pubmed/11142088

Anís estrellado *La especia contra sofocos*

Considerada la más importante de la cocina china, esta fotogénica especia, con forma de estrella de ocho puntas, es también una rica fuente de salud. Utilizada desde antaño en la medicina tradicional china para tratar la inflamación, el nerviosismo, el insomnio y el dolor, el anís estrellado (*Anisi stellati fructus*) ha demostrado poseer acción antibacteriana, antifúngica y antioxidante. También posee un componente activo denominado ácido siquímico que combate la gripe. Lentamente extraído de las semillas, este ácido forma parte de la receta de una vacuna moderna.

Recolectados justo antes de madurar de un arbolito de hoja perenne originario del sur de China y Vietnam, los frutos verdes con forma de flor se secan al sol.

Principal componente del polvo de cinco especias chino tradicional, un condimento con siglos de antigüedad, el anís estrellado posee capas de sabor de canela, cítrico, clavo y pimienta, y su intenso sabor solo se encuentra en la cáscara de las vainas o pericarpo, no en las semillas. Las estrellas pueden añadirse enteras a platos de cocción lenta (véase el Pollo adobado de April Bloomfield, p. 78, o el Consomé de grosella negra, p. 46) o molidas, como en la mezcla de la Bastela garam masala (p. 28). Algunas recetas populares con anís estrellado incluyen la sopa pho vietnamita, el pato Pequín, curris, pollo a la jamaicana y té chai masala. Añada un poco de anís estrellado en polvo y un poco de raspadura de naranja o mandarina al chocolate con leche caliente para disfrutar de una bebida celestial.

Por extraño que parezca, el anís estrellado, cultivado en el sur de China hace miles de años, y el anís o semilla de anís, principalmente español, contienen el mismo aceite esencial, el anetol, pero no son plantas relacionadas botánicamente. En recetas tradicionales desde Italia hasta Escandinavia, la semilla de anís y la de hinojo, de sabor algo más herbáceo, son las favoritas. En la actualidad, sin embargo, el anís estrellado recibe más atención, ya que su precio ha bajado y posee un sabor más rico y complejo. Especias y hierbas de sabor parecido son la semilla de hinojo, el regaliz y el estragón, todos los cuales contienen anetol. El anís estrellado molido puede sustituirse por una cantidad igual de semilla de anís en polvo en la mayoría de recetas.

Como esta especia puede conservarse varios años, a veces los comerciantes la almacenan durante demasiado tiempo. Compruebe que huele ligeramente a regaliz; no debería oler a humedad ni carecer de aroma.

Si muele el anís estrellado en casa, hágalo en el mortero o use un rodillo para trocearlo primero y luego muélalo en un molinillo o batidora de alta velocidad.

“El anís estrellado se ha popularizado gracias a su sabor y sus cualidades medicinales. Contiene minerales (calcio, potasio, hierro, cobre, manganeso, magnesio y cinc) y vitaminas (A, C, tiamina, riboflavina, piridoxina y niacina), y se emplea en la medicina tradicional como antiséptico, antiespasmódico, digestivo, expectorante, tónico equilibrante y estimulante. Las semillas se mastican desde hace generaciones en el subcontinente indio para refrescar el aliento y favorecer la digestión. Sus aceites esenciales incluyen timol, terpineol y anetol, que se han utilizado para tratar infecciones pectorales y la tos.

Las investigaciones recientes corroboran la actividad del anís estrellado como antioxidante: se ha descubierto que reduce el desarrollo del cáncer tras la exposición a carcinógenos. En un estudio fascinante, las propiedades antibacterianas del anís tuvieron un efecto beneficioso al probarlas con docenas de cepas de bacterias resistentes a los fármacos. Es muy apreciado su uso contra diversos tipos de virus al evitar la replicación vírica. El ácido siquímico es el ingrediente extraído del anís estrellado chino para desarrollar el fármaco oseltamivir, que se receta para tratar (pero no para prevenir) la gripe.

Investigaciones en curso estudian el anetol, aceite esencial que se encuentra en el anís estrellado, por sus propiedades antiinflamatorias. Un experimento llevado a cabo en animales señaló que los compuestos de anetol eran tan efectivos como el potente fármaco antiinflamatorio indometacina. El anetol también es un antioxidante y se ha demostrado su efecto funguicida. (Nota sobre seguridad: no administre anís estrellado a los bebés.)”

Param Dedhia, doctor en Medicina

COMINO

PALITOS DE COMINO Y QUESO DE CABRA

El comino combinado con el queso de cabra, rico en calcio, hacen estos palitos no solo deliciosos, sino también buenos para los huesos: el compuesto activo del comino es rico en fitoestrógenos que ayudan a prevenir la pérdida ósea.

SALEN UNOS 12 PALITOS (1,5-2 CM DE ANCHO)

- 100 g de harina blanca
- 55 g de mantequilla sin sal, a temperatura ambiente
- 140 g de queso de cabra, frío
- ½ cucharadita de comino en polvo
- una pizca de sal marina
- ½ cucharadita de hojas de tomillo seco
- 1 cucharada de hojas de tomillo frescas, y más para decorar
- 1 clara de huevo, para pintar
- 1 cucharadita de semillas de comino
- sal marina y pimienta negra recién molida, para espolvorear

Precaliente el horno a 190 °C/potencia 5. Triture la harina con la mantequilla, el queso de cabra, el comino molido, el tomillo fresco y seco y una pizca de sal hasta que la mezcla quede grumosa.

Pase a una tabla o encimera ligeramente enharinada y forme una masa. Extienda la masa en forma de cuadrado de unos 5 mm de grosor sobre papel film transparente. Córtela en tiras de unos 1,5 cm y cúbralas con papel film. Refrigere en el frigorífico hasta que queden firmes.

Coloque los palitos sobre papel vegetal o una bandeja con una estera de silicona y pinte ligeramente con la clara batida. Espolvoree con las semillas de comino, la sal y la pimienta y hornee unos 15 minutos, hasta que se doren.

RASPADURA DE LIMÓN

PAQUETITOS DE CALABACÍN Y PIMIENTO ROJO

Un sencillo entrante o aperitivo en homenaje al humilde y prolífico calabacín y la exquisita burrata, condimentado con tomillo, pimienta negra y raspadura de cítrico: una combinación de sabor y color ganadora. Añada un chorrito de su aceite de oliva preferido o aceite de tomillo fresco (p. 194).

4 RACIONES

- 1 pimiento rojo (unos 140 g)
- 4 calabacines (unos 165 g cada uno)
- 2 cucharaditas de aceite de tomillo, para pintar (p. 194)
- 250 g de burrata o mozzarella de búfala
- 2 cucharadas de alcaparras
- 15 g de limón en conserva o piel de ¼ de limón, cortada en tiras finas
- aceite de oliva virgen extra, para rociar
- 12 ramitas de tomillo
- un poco de pimienta negra recién molida

Ase el pimiento sobre el fogón o a la barbacoa, o póngalo a gratinar en la parte superior del horno, hasta que ennegrezca. Póngalo en un bol pequeño, cúbralo con papel film transparente y deje templar unos 20 minutos, luego pélelo. Pártalo por la mitad, deseche las semillas y córtelo en 12 tiras anchas. Reserve. Corte los calabacines en láminas finas de unos 5 mm a lo largo, 24 en total. Pinte con un poco de aceite de tomillo y áselas a la parrilla o a la barbacoa 1-2 minutos por cada lado hasta que queden blandas. Reserve en una fuente. Corte la burrata en 12 rodajas iguales. Disponga dos láminas de calabacín a lo largo en un plato. Ponga una rodaja de mozzarella a un tercio de la distancia total y luego una tira de pimiento encima. Envuelva con el extremo corto de calabacín, luego con el extremo largo para pasar por encima y remeter debajo. Disponga tres paquetitos en cada plato y espolvoree con alcaparras y piel de limón en conserva. Rocíe con aceite de oliva, esparza las ramitas de tomillo por encima y muela un poco de pimienta negra para terminar.

ANÍS ESTRELLADO, AJO, WASABI

ENSALADA DE POLLO Y MANDARINA ESTILO AÑOS 70

Este plato triunfaba en California en la época en que yo bailaba con el Koninklijk Ballet van Vlaanderen de Bélgica y lo preparé para una cena a la que invité a unos cuantos de mis colegas bailarines. Quedé avergonzada cuando una pareja de la antigua Yugoslavia probó este plato del Nuevo Mundo y se negó a seguir comiendo. ¡Me reprendieron por mezclar fruta con carne! Estaba claro que no habían probado los platos de sus ancestros, que combinaban fruta, carnes y especias en más de una receta. ¡Más para nosotros! El anís estrellado se utiliza en la medicina china desde hace siglos para combatir multitud de afecciones y es también el ingrediente secreto que se emplea contra la gripe aviar. ¡Extraordinario!

4 RACIONES COMO PLATO PRINCIPAL O 6 COMO ENTRANTE

2 pechugas de pollo, con piel y hueso
10 g de jengibre fresco pelado, cortado en 4 trozos
1 semilla de anís estrellado
2 hojas de lima kaffir (opcional)
½ cucharadita de granos de pimienta negra
3 cebolletas, partes verdes y blancas separadas
500 ml (aprox.) de caldo vegetal, de pollo o agua
aceite para freír
100 g de fideos cristal
400 g de col china, troceada
150 g de col rizada, troceada
175 g de guisante mollar o 115 g de edamame
2 o 3 mandarinas (350 g), peladas y desgajadas
85 g de anacardos, tostados y troceados

Para el aliño de cinco especias y sésamo:
90 ml de kecap manis (salsa de soja espesa dulce)
60 ml de zumo de lima
3 cucharadas de jengibre rallado
2 cucharadas de semillas de sésamo
2 cucharadas de aceite de semillas de uva
2 cucharadas de vinagre de vino de arroz claro u oscuro
1 cucharada de wasabi en polvo
1 cucharada de polvo de cinco especias chinas
1 cucharada de aceite de sésamo
1 cucharada de ajo picado
1 cucharada de salsa de soja
¾ de cucharadita de pasta de chili (salsa picante)

Ponga las pechugas en una sartén grande. Añada el jengibre, el anís, las hojas de lima, los granos de pimienta y las partes verdes de las cebolletas. Corte las partes blancas de las cebolletas en rodajas diagonales, y reserve 55 g. Cubra el pollo con el caldo o agua y lleve a una suave ebullición. Deje cocer hasta que quede tierno hasta el hueso, unos 20 minutos. Apague el fuego y reserve hasta que se temple lo bastante como para proceder a deshuesar el pollo. Deseche los huesos, la piel y el líquido. Cubra la carne de pollo y deje enfriar, luego desmenúcela en trocitos tamaño bocado, y refrigere hasta que vaya a usarla.

Mientras el pollo se cuece, mezcle los ingredientes del aliño, cubra y refrigere hasta que vaya a usarlos.

Vierta una capa de aceite de unos 3 cm en un wok y caliente a 180 °C. Fría rápidamente los fideos en cuatro tandas y escúrralos sobre papel de cocina.

Ponga la col china, la col rizada, los guisantes, los gajos de mandarina, los anacardos, la cebolleta reservada y el pollo en un cuenco grande, vierta el aliño encima y mezcle ligeramente. Añada los fideos con cuidado y sirva enseguida.

CLAVO, PIMIENTA DE JAMAICA, COMINO, RASPADURA DE CÍTRICO

BASTELA GARAM MASALA

Esta suculenta pero vegetariana versión del pastel de carne medieval «greyte pye» incluye una mezcla garam masala poco ortodoxa que es más bien una combinación de especias de la época. En esta moderna versión, las hortalizas, la fruta seca y las legumbres sustituyen la tradicional carne o ave de caza, lo cual permite que estas especias antes exóticas y buscadas sean degustadas de forma distinta.

4 RACIONES

- 2 o 3 boniatos pequeños, pelados y en rodajas finas
- una lata de 400 g de alubias o garbanzos, lavados y bien escurridos
- 70 g de uvas pasas
- 2 trozos de piel de limón en conserva, troceada (véase la p. 20) o raspadura de ½ limón
- 100 g de mantequilla
- 5 cucharaditas de condimento garam masala (véase abajo)
- 6 láminas de pasta filo, abiertas y cubiertas con un trapo húmedo
- ½ ración de Cebollas a la cúrcuma (p. 146)
- 200 g de hojas pequeñas de espinacas, lavadas y secadas
- 3 huevos grandes
- 100 g de requesón
- 13 tomates cherry, con los rabitos

Precaliente el horno a 190 °C/potencia 5. Unte con aceite una fuente de 30 × 15 cm.

Escalde el boniato en agua salada hirviendo hasta que esté al dente, unos 2 minutos. Escurra bien y reserve.

Mezcle las legumbres, las pasas y la piel o raspadura de limón en un cuenco y reserve.

Derrita la mantequilla con 2 cucharaditas de la mezcla de especias. Pinte dos láminas de pasta filo con esta mantequilla especiada, dóblelas por la mitad y dispóngalas una junto a la otra en el fondo de la fuente para el horno de modo que se superpongan un poco en el centro y los bordes cuelguen por los lados.

Disponga las rodajas de boniato en capas sobre el fondo de la fuente, luego añada una capa bien repartida de Cebollas a la cúrcuma, y espolvoree ½ cucharadita de la mezcla de especias por encima. A continuación, forme otra capa de legumbres y pasas y espolvoréela con ½ cucharadita más de la mezcla de especias. Cubra con las espinacas.

Bata los huevos con 1 cucharadita de la mezcla. Vierta el huevo sobre las espinacas y sacuda suavemente la fuente para que todo se asiente. Disponga cucharadas de requesón por encima. Doble los bordes de la pasta filo hacia el interior de la fuente.

Unte con mantequilla especiada el resto de láminas de pasta filo, dóblelas por la mitad, córtelas en ocho rectángulos. Meta los rectángulos de pasta filo en la fuente. Pinche los tomates y échelos por encima, espolvoreando un poco más de mezcla de especias sobre todo el preparado. Espolvoree también escamas de sal si lo desea.

Hornee 30 minutos, hasta que la pasta filo se dore y las hortalizas burbujeen. Sirva caliente o a temperatura ambiente con una buena jarra de vino o cerveza.

CONDIMENTO GARAM MASALA

- 2 cucharadas de semillas de cardamomo, tostadas y molidas
- 4 cucharaditas de semillas de cilantro, tostadas y molidas
- 4 cucharaditas de canela en polvo (o 1 ½ ramitas de canela, tostadas y molidas)
- 1 cucharada de semillas de hinojo, tostadas y molidas
- 1 cucharada de nuez moscada en polvo
- 2 cucharaditas de pimienta de Jamaica molida
- 2 cucharaditas de semillas de comino, tostadas y molidas
- 2 cucharaditas de chile en polvo
- 1 cucharadita de clavo molido
- 1 cucharadita de regaliz en polvo (opcional)
- ½ cucharadita de alholva en polvo

Triture las especias en el mortero y páselas a un tarro.

RASPADURA DE CÍTRICO

VIEIRAS FRESCAS

CON PURÉ DE BONIATO Y PIEL DE CÍTRICO EN CONSERVA

Suzanne Goin

«En California del sur, los cítricos llegan en invierno y se quedan una buena temporada, de modo que constantemente me veo ante el reto de idear nuevas maneras de emplear toda la fruta. Utilizamos mucha piel de cítrico, a menudo confitada, para postres, así que pensé que sería interesante incorporarla a un plato salado.» SG

6 RACIONES COMO PLATO PRINCIPAL

- 1,3 kg de boniatos Jewel o Garnet
- un trozo de 25 g de tamarindo
- 1 limón, más 1 cucharada de raspadura fina de limón
- 1 lima
- 1 naranja
- ½ pomelo
- ½ ramita de canela o ½ cucharadita de canela en polvo
- ½ cucharadita de curri en polvo
- 1 chile de árbol o tailandés (chile rojo seco pequeño), troceado
- ¼ de cucharadita de cardamomo en polvo
- un trozo de jengibre de 2,5 × 2,5 cm, pelado y en rodajitas
- 3 cucharadas de miel
- 85 g de mantequilla sin sal, cortada en daditos
- 2 cucharadas de leche entera, y un poco más por si es necesaria
- 18 vieiras frescas, de unos 55 g cada una
- 1 cucharada de hojas de tomillo
- 3 cucharadas de aceite de oliva virgen extra
- sal kosher y pimienta negra recién molida
- 12 hojas de diente de león o de rúcula pequeña, para decorar

Precaliente el horno a 200 °C/potencia 6. Pinche los boniatos con un tenedor, dispóngalos sobre una bandeja de horno y hornee 1-1 ½ horas (según el tamaño) hasta que se noten tiernos al pincharlos.

Con las manos, trocee el tamarindo y póngalo en un cuenco pequeño. Vierta 120 ml de agua hirviendo sobre el tamarindo y deje reposar 5 minutos. Remueva vigorosamente el tamarindo con un batidor o cuchara para que suelte la pulpa y emulsione con el agua.

Con un pelador, pele tiras de raspadura de unos 2,5 cm de ancho de todos los cítricos. (No presione para no llevarse piel blanca.) Ponga las tiras en una olla pequeña, cubra con agua fría y lleve a ebullición. Hierva 1 minuto, escurra y lave con agua fresca. Repita el proceso dos veces más.

Exprima los cítricos (debería obtener unos 240 ml de zumo) y ponga el zumo y la raspadura escaldada en una olla no reactiva (de cerámica, cristal o acero inoxidable) suficientemente pequeña para que toda la raspadura quede sumergida. Añada la canela, el curri, el chile, el cardamomo, el jengibre, la miel y ½ cucharadita de sal. Agregue también 2 cucharadas del agua de tamarindo del bol donde lo ha dejado en remojo. Lleve la mezcla a ebullición, luego baje a fuego medio-bajo y deje cocer 12-15 minutos hasta que espese y adopte un aspecto lustroso. Reserve.

Cuando los boniatos estén lo bastante fríos para manipularlos, córtelos por la mitad. Corte los trozos que se hayan quemado y pase la pulpa al vaso de una batidora de cuchillas metálicas. Añada la mantequilla, 1 cucharadita de sal y un poco de pimienta negra, y triture hasta obtener una crema suave. Con la cuchilla en marcha, añada 2 cucharadas de leche (y un poco más si es necesario para que el boniato se mueva con fluidez dentro del vaso). Salpimiente al gusto.

Condimente las vieiras con la raspadura de limón, tomillo, sal y pimienta. Caliente una sartén grande a fuego fuerte 2 minutos. Rocíe con 3 cucharadas de aceite de oliva y con cuidado disponga en ella las vieiras. (Es posible que deba cocerlas en tandas o en dos sartenes.) Se formará humo, pero resista la tentación de mover las vieiras. Deje cocer 3 minutos hasta que se doren, luego gírelas y apague el fuego. Quedarán entre poco hechas y al punto.

Para servir, reparta el puré de boniato en el centro de seis platos y coloque dos hojas de diente de león o rúcula al lado, con los tallos cruzados. Disponga las vieiras sobre el puré. Eche un poco de piel y zumo de cítrico reservados sobre las vieiras y a su alrededor.

COMINO, CÚRCUMA, CLAVO

CURRI DE GAMBAS CALIFORNIANO
CON SAMBAL

Crecí en la costa de California, donde es habitual comer enchiladas, suriyaki o fish and chips «auténticamente británico» para cenar, pero ¿curri? Mamá Sally preparaba curri casero –con sambal como acompañamiento– cuando teníamos invitados. A los niños, el aroma del curri cociéndose nos resultaba misterioso y seductor, y sabíamos que enseguida irían apareciendo en la mesa los acompañamientos –sambal– de coco, cacahuetes tostados troceados, plátanos en dados, anacardos, aceitunas, piña, uvas pasas y tarros de chutney Major Grey, con sus respectivas cucharas de la cubertería buena.. ¡Qué festín! Nos servíamos un montón de arroz en el plato, un poco de curri, chutney y nuestros sambal preferidos en abundancia.

6 RACIONES

90 ml de aceite de cacahuete
1 cebolla grande, troceada
1 diente de ajo grande, picado
1 cucharadita de jengibre fresco rallado
175 ml de caldo de marisco o vegetal
375 ml de leche de coco
1,3 kg de gambas, peladas, limpias y sin intestino
1 cucharadita de zumo de limón, o al gusto
un puñado (unos 25 g) de cilantro troceado

Para el garam masala californiano:
1 ½ cucharaditas de semillas de comino
2 clavos enteros
½ cucharadita de granos de pimienta negra
½ cucharadita de vainas de cardamomo negro
½ cucharadita de vainas de cardamomo verde
2 cucharadas de semillas de cilantro
½ ramita de canela
¼ de cucharadita de chipotle en polvo: ¡añadido californiano!
1 cucharadita de cúrcuma en polvo

Para servir: Los platos sambal deben incluir los sabores salado, dulce, ácido y sabroso. Elija 8-12 de entre los siguientes y sirva, picados finos, en boles pequeños: cacahuetes fritos salados, cebolleta, huevo duro, uvas pasas, orejones, jengibre confitado, coco rallado, kumcuats (o naranjas valencianas pequeñas, sin semillas, troceadas pequeñas, con piel), aceitunas verdes o negras, conserva picante de limón o raspadura de limón, encurtido de sandía, rábanos, piña fresca, manzana, plátano, almendras en láminas, nueces saladas, peras, anacardos, violetas cristalizadas, etcétera.

Chutneys: Major Grey, lima-ajo, mango-jengibre u otras salsas o chutneys indios.

Primero prepare la mezcla garam masala. La cúrcuma aporta el magnífico color amarillo del curri, y el cilantro, el sabor real. Tostar las especias intensifica su sabor. Tuéstelas, removiendo con frecuencia, hasta que oscurezcan un poco y desprendan un aroma dulce y ahumado. No suba el fuego para acelerar el proceso o las especias se tostarán con demasiada rapidez o se quemarán. Tueste el comino y el clavo en una sartén en seco a fuego medio, reserve en un cuenco pequeño y luego tueste las semillas de cilantro, la pimienta, el cardamomo y la rama de canela. Cuando las especias se hayan templado, páselas al mortero (o molinillo de especias o de café) y muélalas. Incorpore el polvo de chipotle y la cúrcuma en polvo.

Caliente el aceite en una olla, luego añada la cebolla y sofríala a fuego medio hasta que esté translúcida y algo dorada. Añada el ajo y el jengibre y deje cocer unos minutos más.

Añada la mezcla de especias y remueva con cuidado unos minutos a fuego medio-bajo hasta que note el olor de las especias. Agregue 60 ml de agua, el caldo y 175 ml de la leche de coco. Tape y deje cocer 20 minutos, removiendo de vez en cuando.

Retire la tapa, baje el fuego y añada los 200 ml restantes de leche de coco. Deje hervir suavemente, añada las gambas y deje cocer 4 o 5 minutos. Incorpore el zumo de limón, cilantro troceado y sal y pimienta al gusto.

Sirva un cucharón de curri sobre arroz caliente, espolvoree con sambal por encima, añada una cucharada de su chutney favorito y ¡a disfrutar!

CÚRCUMA, COMINO, CLAVO, AJO

POLLO TIKKA CREMOSO

(HALDI ZAFRA NAUR ELIACHIWALI MURG TIKKA)

Cyrus Todiwala

«La palabra "tikka" es originaria de Persia y se ha adoptado globalmente, pero pocas veces se conoce su significado, y se suele asumir que se refiere a una salsa. De hecho, ¡la palabra significa simplemente "dado"! Este tikka, es un plato sorprendentemente cremoso y suave; está especiado con azafrán, cardamomo y cúrcuma, potenciado con puré de frutos secos, yogur y nata, y servido con un simple pero delicioso arroz pilaf y una salsa creada con los restos de marinada.» CT

4 RACIONES

800 g-1 kg de muslo o pechuga de pollo deshuesados, cortados en dados de 2,5 cm

Para la marinada:

2 cucharaditas de cúrcuma en polvo
2 cucharaditas de sal marina
zumo de 1 lima
1 puñado de anacardos crudos
1 puñado de almendras crudas sin piel
una buena pizca de hebras de azafrán (mi preferido es el iraní)
1 cucharadita rasa de cardamomo verde en polvo
1 cucharadita rasa de macis en polvo
2 chiles verdes delgados frescos, troceados
4 dientes de ajo, troceados
un trozo de 7,5 cm de jengibre fresco, pelado y troceado
200 g de yogur griego
50 ml de aceite de colza (u otro tipo de aceite vegetal, pero no de oliva)
100 ml de nata líquida para cocinar
sal al gusto

Para la salsa:

1 cucharada colmada de mantequilla
una rama de canela de 7,5 cm, en 2 o 3 trozos
2 cebollas medianas
marinada reservada (véase la preparación)
una lata de 450 ml de leche de coco
1 cucharada de cilantro troceado, opcional

Para servir:

arroz pilaf (véase la p. siguiente)
chalotas rosas en láminas finas, menta fresca y cilantro troceados, unas gotas de zumo de lima y sal, para servir (opcional)

Mezcle la cúrcuma, la sal marina y el zumo de lima en un bol grande. Añada el pollo y remueva para que se impregne bien con una espátula de silicona para evitar mancharse las manos. Pase a un recipiente con tapa y refrigere durante al menos 2 horas mientras prepara el resto de la marinada.

Ponga los anacardos y las almendras en un cuenco y vierta agua hirviendo encima hasta cubrirlos. Tape y reserve un par de horas para que los frutos secos se ablanden (si no se remojan bien, el puré no queda bien).

Precaliente el horno a 130 °C/potencia 1. Ponga el azafrán en un cuenco y métalo al horno, luego apáguelo y deje el azafrán dentro 10-15 minutos hasta que quede crujiente. Trocee las hebras con cuidado con el índice y el pulgar y añada una cucharada de agua caliente, tape el cuenco y reserve para que el azafrán haga infusión.

Escurra los anacardos y las almendras, tritúrelas con la batidora lo más finas que pueda. Añada el azafrán, el cardamomo, la macis, el chile, el ajo, el jengibre, el yogur, el aceite de colza (o vegetal) y la nata, y triture de nuevo. Triture unos segundos y luego rasque los lados del vaso. La textura debe ser fina, pero si tritura constantemente, el contenido del vaso se calentará y la nata podría separarse, por lo que hay que ir con cuidado.

Añada esta marinada al pollo parcialmente marinado y remueva para mezclar bien. Pruebe la marinada y agregue más condimento si es necesario. Coloque en un recipiente hermético y refrigere unas horas antes de cocinar.

Rasque y reserve el exceso de marinada antes de asar el pollo o cocerlo a la parrilla o a la barbacoa.

Para cocer el pollo, precaliente el horno a 220 °C/potencia 7. Disponga los trozos de pollo sobre una estera de silicona para el horno y póngala en el estante superior. Hornee 8-10 minutos, girando los trozos a media cocción.

También puede cocer el pollo con el gratinador del horno. Disponga los trozos sobre la rejilla, póngala bajo el gratinador y deles la vuelta cada 2-3 minutos hasta que el pollo quede cocido y dorado por todos lados.

Si desea cocerlo a la barbacoa, no ponga los trozos directamente sobre la parrilla, ya que se pegarán a ella. En su lugar, ensártelos en un pincho y áselos justo por encima de las brasas: se cocerán y dorarán a la perfección.

Para preparar la salsa: caliente la mantequilla con la rama de canela en una cacerola mediana a fuego lento unos 2 minutos, luego añada las cebollas y sofríalas suavemente hasta que se ablanden.

Añada el resto de marinada y suba el fuego un poco. Si empieza a pegarse, licúe la salsa con un poco de agua y siga cociendo hasta que la grasa se separe. Añada la leche de coco, lleve a ebullición, baje el fuego y deje cocer 2-3 minutos. Apague el fuego y retire y reserve los trozos de canela.

Triture la salsa con la batidora de mano o de vaso (deje templar la salsa un poco si utiliza la última), empezando a baja velocidad para que no salpique. Devuelva la salsa a la cacerola, añada la canela y lleve a ebullición. Rectifique de sal y añada una cucharada de cilantro fresco picado si lo desea.

Sirva el tikka de pollo con la salsa, el arroz pilaf y –si quiere causar impresión– una ensalada de chalotas rosadas en láminas con menta y cilantro frescos mezclados con unas gotas de zumo de lima y sal.

ARROZ PILAF

«Si ya tiene una receta favorita para este tipo de arroz, utilícela, pero incluya unas uvas pasas y/o arándanos rojos, y anacardos y almendras picados. Mi versión es simple y no suele fallar.» CT

4-6 RACIONES

- 1 cucharada de mantequilla
- 1 cucharada de aceite de colza
- 50 g de almendras crudas enteras, con piel, cortadas en 5 o 6 trozos
- 100 g de bayas de agracejo (disponibles en algunos supermercados, tiendas especializadas o por internet) o 150 g de arándanos rojos secos, troceados
- 2 o 3 clavos
- 2 o 3 granos de pimienta negra
- 1 cucharadita de semillas de comino
- 2 o 3 vainas de cardamomo verde, chafadas para abrirlas
- 1 cebolla mediana, partida por la mitad y en láminas finas
- 1 litro de caldo ligero o agua
- 500 g de arroz basmati

Precaliente el horno a 130 °C/potencia 1.

En una cacerola ancha que quepa en el horno con la tapa, caliente la mantequilla y el aceite a fuego bajo. Añada las almendras y agracejos o arándanos y fríalo todo hasta que las almendras se doren un poco. Retire con una espumadera.

Añada las especias enteras a la grasa (agregando más y recalentando si es necesario) y cocínelas unos segundos hasta que los clavos empiecen a hincharse y el comino a tomar color. Añada la cebolla y sofría hasta que se ablande. Agregue el caldo o el agua y sale al gusto. Lleve a ebullición, luego añada el arroz y remueva bien.

Tape la cacerola pero compruebe regularmente que el arroz no se pegue. (La mejor manera de evitarlo es remover del fondo hacia arriba para que el arroz caliente quede arriba.) Deje cocer hasta que casi absorba toda el agua, luego limpie los lados, tape la cacerola y métala en el horno.

Al cabo de 10 minutos, apague el horno. Deje la cacerola en el horno 30 minutos más y luego retírela y ahueque el arroz suavemente. Incorpore las almendras y los arándanos o agracejos.

Si es necesario, puede calentar el arroz antes de servirlo: póngalo en un cuenco de cristal en el microondas y recaliente a máxima potencia 3-4 minutos.

Fotografía de las pp. 34-35

COMINO, CÚRCUMA, AJO

PALETILLA DE CORDERO ASADA
CON MEMBRILLO, COMINO Y CILANTRO

Ante la familia, la mejor presentación del secreto de la combinación de especias es el aroma de este asado lento con comino, membrillo y cebolla: ¡se les hará la boca agua! La grasa y las especias se derriten en el lecho de cebolla y zanahoria, verduras que pueden servirse con la carne. También es ideal acompañarla con farro o cuscús y verduras de temporada.

4 RACIONES

3 cebollas grandes (350 g), sin pelar y en rodajas
3 zanahorias grandes (225 g), peladas y en rodajas de 5 cm
una paletilla de cordero de 3 kg, con hueso, limpia de grasa
2 cucharadas de semillas de cilantro
2 cucharadas de semillas de comino
2 cucharadas de granos de pimienta negra
1 cucharadita de semillas de cardamomo
3 hojas de laurel, rasgadas
1 cucharadita de cúrcuma en polvo
6 dientes de ajo
2 cucharadas de sal en escamas
2 cucharadas de aceite de oliva, y un poco más para engrasar
8 ramitas de tomillo
3 membrillos (o manzanas ácidas firmes), pelados, sin pepitas y en 6 trozos
3 cucharadas de azúcar moreno
3 cucharadas de vinagre de vino de arroz
farro o cuscús cocido, para servir (opcional)
verduras de temporada cocidas, para servir (opcional)

Precaliente el horno a 160 °C/potencia 3. Esparza los trozos de cebolla y zanahoria por el fondo de una fuente de horno engrasada con aceite. Limpie un poco de la grasa de la paletilla y dispóngala sobre el lecho de hortalizas.

Tueste en seco el cilantro, el comino, los granos de pimienta y el cardamomo en una sartén hasta que suelten los aromas, luego chafe las especias en el mortero. Añada las hojas de laurel, la cúrcuma, los ajos, la sal y el aceite al mortero y machaque para formar una pasta. Unte la paletilla con la pasta. Espolvoree con las ramitas de tomillo y reparta los trozos de membrillo alrededor del cordero.

Eche el azúcar y el vinagre por encima, luego vierta 100 ml de agua por el lado de la fuente. Cubra bien la fuente con papel de aluminio grueso y ase 4 horas.

Suba la temperatura del horno a 180 °C/potencia 4. Retire el aluminio, retire la grasa y añada más agua si es necesario. Riegue el cordero con la salsa y métalo de nuevo en el horno sin tapar. Deje cocer 35 minutos más o hasta que note la carne tierna al pinchar con un tenedor.

COMINO, CLAVO, AJO

CERDO EN SALSA VERDE

Anne Conness

«No puedo hablar de la relación científica entre las especias y la salud, pero lo que sí sé es que comer platos picantes me hace sentir feliz y satisfecha. Me siento menos estresada. ¡Y, de rebote, esto hace feliz a mi médico!» AC

4 RACIONES

1 cucharada de semillas de comino
1 cucharadita de granos de pimienta negra
½ cucharadita de clavos
½ cucharadita de canela en polvo
½ cucharadita de cayena
2 cucharaditas de páprika
2 cucharadas de sal
1,6 kg de paleta de cerdo, cortada en dados de 2 cm, limpia de grasa
1,2 litros de caldo de pollo

Para el maíz:
3 mazorcas de maíz
2 cucharadas de mantequilla
30 g de queso rallado Monterrey Jack o Cheddar suave

Para la salsa:
1 tomate de cáscara, partido por la mitad y sin rabito
1 cebolla, troceada
2 jalapeños, partidos por la mitad y sin tallos
2 chiles Anaheim, partidos por la mitad y sin tallos
dientes de 1 cabeza de ajos, pelados
60 ml de aceite de colza
2 cucharadas de zumo de lima
1 ½ manojos de cilantro
2 cucharaditas de comino
½ cucharadita de clavos
¼ de cucharadita de cayena
2 cucharaditas de páprika
¼ de cucharadita de canela
1 cucharadita de sal
350 ml de jugo de cocción (véase la preparación)

Para servir:
1 cucharada de salsa de los chiles en adobo o pasta de chipotle mezclada con 115 g de nata agria
1 pizca de Tajín (un condimento en polvo clásico mexicano a base de zumo de lima deshidratado, chile en polvo y sal)
4 cuñas de lima
150 g de pico de gallo (salsa mexicana de tomate fresco)
un puñadito de hojas de microcilantro

Precaliente el horno a 180 °C/potencia 4.

Tueste las especias enteras, deje templar, luego muélalas. Agregue la canela, la cayena, la páprika y la sal.

Mezcle el cerdo con la combinación de especias y póngalo en una bandeja de horno. Vierta el caldo de pollo, cubra bien con papel de aluminio, meta en el horno y cocine hasta que esté tierno, alrededor de 1 ½ horas.

Cuele el jugo de cocción, desechando la grasa, y reserve 350 ml para la salsa. Desmenuce la carne.

Prepare el maíz: pélelo y retire los hilillos sedosos. Ponga las mazorcas en una bandeja en la parte superior del horno o bajo el gratinador a fuego alto hasta que se churrusquen. Deje templar y luego desgránelas de una en una: póngalas en un bol de cereales y, con un cuchillo afilado, corte los granos de maíz de arriba abajo; quedarán recogidos en el bol. Reserve.

Para la salsa, mezcle en un bol el tomate, la cebolla, los jalapeños, los chiles y el ajo con el aceite. Extienda sobre dos bandejas de horno y ase hasta que caramelice, unos 30 minutos a fuego medio-alto. Deje templar.

Mezcle las verduras caramelizadas por tandas con el zumo de lima, cilantro, especias y jugo de cocción reservado. Rectifique de sal.

Ponga la carne en una cacerola con la salsa y caliéntelo.

Derrita la mantequilla en un cazo resistente al horno y luego añada el maíz. Salpimiente. Espolvoree el queso por encima y métalo en el horno el tiempo justo para que se derrita el queso.

Para servir, disponga la carne en una fuente y el maíz por encima. Decore con la crema de chipotle, un poco de Tajín, una cuña de lima y un poco de salsa pico de gallo. Acabe el plato con el cilantro.

CLAVO, ANÍS ESTRELLADO, PIMIENTA DE JAMAICA

CIRUELAS ENCURTIDAS CON ESPECIAS

Servidas con una comida a base de carne asada, estas ciruelas, preparadas con las dulces y reconfortantes especias otoñales e invernales, se transforman en chutney para acompañar quesos y charcutería (véase la receta de abajo).

SALE 1 KG

- 750 ml de vinagre de sidra
- 5 g de macis
- 5 granos de pimienta de Jamaica
- 2 cucharaditas de semillas de mostaza amarilla
- 5 clavos enteros
- 1 rama de canela, tostada
- 2 semillas de anís estrellado
- 10 g de raspadura de naranja
- ¾ de cucharadita de sal marina
- 200 g de azúcar moreno
- 700 g de ciruelas deshuesadas, en cuartos

Limpie y esterilice un tarro de 1 litro de capacidad o dos de ½ litro.

Ponga todos los ingredientes excepto las ciruelas en una cacerola de 1 litro y hierva suavemente 3 minutos.

Ponga las ciruelas en los tarros y vierta el líquido y las especias por encima. Cierre herméticamente los tarros y deje templar a temperatura ambiente en la encimera. (Escuchará cómo se contraen las tapas y se crea el vacío.)

Guarde en un lugar fresco y oscuro durante 2 semanas antes de su consumo. La conserva dura hasta un año si no se abre el tarro. Conserve los tarros abiertos en el frigorífico. Una vez abierto, durará, refrigerado, 6 meses.

CLAVO, ANÍS ESTRELLADO, PIMIENTA DE JAMAICA

CHUTNEY DE CIRUELA ENCURTIDA Y CHALOTA

Un buen acompañamiento para una tabla de quesos, como se muestra en la fotografía, este chutney también complementa una selección de embutidos, y resulta delicioso untado en un bocadillo de jamón y queso.

SALEN 350 G

- 150 g de chalotas, sin pelar
- 2 cucharadas de aceite de oliva virgen extra
- 5 ramitas de tomillo
- 2 cucharadas de oporto
- 30 g de uvas pasas
- 200 g de Ciruelas encurtidas con especias (véase arriba), troceadas tamaño bocado
- 1 cucharada de vinagre del tarro de las Ciruelas encurtidas con especias
- 1 cucharada de miel
- 1 cucharada de Mostaza a la vainilla y miel (p. 164)
- 1 cucharadita de jengibre fresco rallado
- 1 ramita de tomillo fresco

Precaliente el horno a 180 °C/potencia 4. Corte la base de la raíz de las chalotas, dejando la piel.

Disponga en una fuente de horno pequeña forrada con papel de aluminio y rocíe con aceite de oliva. Eche las ramitas de tomillo por encima y hornee 30-35 minutos o hasta que se doren y se noten tiernas al pincharlas con un cuchillo.

Cuando se enfríen, pélelas, deseche las pieles y córtelas a lo largo en seis trozos.

Caliente el oporto, añada las pasas y deje en remojo 10 minutos. Incorpore las chalotas y el resto de ingredientes y remueva bien.

Sirva con sus quesos y galletas saladas preferidas. El chutney se conserva 1 mes refrigerado.

PIMIENTA DE JAMAICA, RASPADURA DE CÍTRICO

ISLAS DE ESPECIAS FLOTANTES

CON MERMELADA DE LIMA, FRAMBUESA Y COCO

Un homenaje en versión tropical al clásico francés île flottante, un postre de granja ligero y humilde. Aquí, las «islas» se hornean en moldes y luego flotan en un «mar» de maracuyá, naranja y piña, con cítricos y nuez moscada.

4-6 RACIONES

Para la mermelada de lima, frambuesa y coco:
240 ml de nata de coco
1 vaina de vainilla, partida por la mitad y cortada en 8
4 yemas de huevos grandes
1 cucharada de maicena
100 g de azúcar de palma, o blanco o moreno
100 g de frambuesas congeladas
6 granos de pimienta de Jamaica enteros, tostados y chafados
raspadura y zumo de 1 lima

Para la crema:
175 g de pulpa de maracuyá sin semillas (unas 8 frutas)
120 ml de zumo de naranja
raspadura de 1 naranja
100 g de trozos de piña fresca o congelada
1 cucharadita de jengibre fresco rallado
100 g de azúcar superfino o azúcar de coco
4 yemas de huevos grandes
475 ml de leche entera

Para el merengue:
1 cucharadita de aceite de coco o mantequilla, para engrasar
4 claras de huevos grandes, a temperatura ambiente
⅛ de cucharadita de crémor tártaro
150 g de azúcar superfino
1 cucharadita de extracto de vainilla

Para decorar:
2 hojas de lima kaffir, cortadas en tiras finas
½ cucharadita de frambuesa en polvo liofilizada (opcional)
una buena pizca de nuez moscada rallada

Para elaborar la mermelada, en una cacerola mediana, bata la nata de coco, 4 trozos de la vainilla troceada, las yemas, la maicena y el azúcar con una pizca de sal. Añada las frambuesas, la pimienta de Jamaica y la raspadura y el zumo de lima y deje cocer a fuego medio, rascando los restos de las paredes de vez en cuando y removiendo suavemente hasta que la mezcla espese, recubra el dorso de una cuchara y haya alcanzado los 70 °C. Pase por un colador fino en un bol sobre un baño de hielo para que se enfríe la mermelada y luego refrigérela.

Para la crema, en una cacerola a fuego bajo, caliente la pulpa de maracuyá, el zumo y la raspadura de naranja y los trozos de piña con el jengibre, los restantes 4 trozos de vainilla y 1 cucharada del azúcar. Deje cocer 10 minutos. Temple brevemente la crema y luego, con una batidora de mano o de vaso, tritúrela. Reserve para que se enfríe. En un bol, bata las yemas de huevo con el resto del azúcar. En una olla mediana, caliente la leche a fuego medio. Cuando forme vapor, poco a poco incorpore las yemas, removiendo, y luego mezcle con una cuchara de madera hasta que la salsa espese y cubra el dorso de la cuchara. Cuele a un bol sobre un baño de hielo y remueva para que se detenga la cocción. Cuando esté frío, incorpore el puré de fruta. Cubra y refrigere hasta el momento de servir.

Para preparar el merengue, precaliente el horno a 160 °C/potencia 3. Unte ligeramente 16 flaneras o un molde para magdalenas con aceite de coco o mantequilla. Reserve. En el vaso de la batidora o con la batidora de mano, monte las claras con el crémor tártaro y una buena pizca de sal a velocidad media. Aumente la velocidad y añada el azúcar de cucharada en cucharada. Agregue la vainilla y bata hasta que las claras formen picos firmes. Con una manga pastelera, llene los moldes hasta dos tercios de su capacidad. Póngalos en una cacerola o un molde de pastel y métalos al horno. Vierta agua en la cacerola o el molde exterior hasta que cubra las flaneras hasta la mitad. Hornee 7-10 minutos hasta que cuaje, o hasta que alcance una temperatura de 63-66 °C. Retire las flaneras del agua y desmolde sobre una bandeja de horno forrada con papel vegetal.

Para servir, disponga tres o cuatro merengues en el fondo de cada bol de base llana. Llene una jarrita con la crema de frutas y vierta la misma cantidad en cada bol. Forme quenelles con la mermelada y dispóngalas alrededor del merengue, y decore con lima kaffir, frambuesa en polvo (si la usa) y nuez moscada rallada.

CLAVO, ANÍS ESTRELLADO, RASPADURA DE CÍTRICO

CONSOMÉ DE GROSELLA NEGRA

CON CUBITOS DE VAINILLA, MANZANA AL CARAMELO Y «FIDEOS» DE CHOCOLATE

Las grosellas tienen un elevado contenido en antocianinas, que ayudan al óptimo funcionamiento del cerebro.

4-6 RACIONES

Para el consomé:

1 semilla de anís estrellado

½ cucharadita de granos de pimienta negra

500 g de grosellas negras, frescas o congeladas

piel de 1 naranja

700 ml de zumo de manzana o agua

250 g de jarabe de azúcar invertido o miel de caña

60 ml de vino Cabernet

2 cucharadas de zumo de lima Key o Tahitiana

Para los cubitos de vainilla:

2 hojas de gelatina oro (véase p. 86, o 1 ½ cucharaditas de gelatina en polvo)

120 ml de nata espesa para montar

120 ml de leche entera

2 cucharadas de jarabe de azúcar invertido o miel de caña

½ vaina de vainilla, abierta y rascada, o ½ cucharadita de pasta de vainilla

¾ de cucharadita de amaretto

Para la manzana al caramelo:

1 manzana roja crujiente

240 ml de zumo de manzana o agua

200 g de jarabe de azúcar invertido o miel de caña

10 g de jengibre fresco, pelado y cortado en 4

½ cucharadita de clavo en polvo

Para los «fideos» de chocolate:

1 ½ cucharaditas de agar agar en polvo (o 3 cucharadas de agar agar en escamas)

85 g de chocolate negro (72 por ciento de cacao), troceado

1 cucharada de coñac

Para servir:

unas 2 cucharadas de almendras tostadas en láminas

Para preparar el consomé, tueste el anís y la pimienta y cháfelos en el mortero. Póngalos en una olla de 2 litros de capacidad con las grosellas, la piel de naranja, el zumo de manzana, el jarabe y una pizca de sal, y hierva suavemente. Deje cocer 5 minutos y retire del fuego, incorpore el vino y el zumo de lima, remueva y deje reposar 20 minutos.

Con una batidora de mano o de vaso, triture el líquido y cuélelo para desechar la pulpa y las especias. Cuele de nuevo con un colador de malla fina o tela de queso. Refrigérelo hasta el momento de servir.

Para los cubitos de vainilla, forre un recipiente rectangular de plástico con papel film transparente.

Ponga las hojas de gelatina en un bol, cubra con agua fría y deje que se ablanden. (Si usa gelatina en polvo, véase la p. 86.) En una jarrita, mezcle la nata, la leche, el jarabe, la vainilla, el amaretto y una pizca de sal.

Escurra las hojas de gelatina y caliéntelas en una olla para que se derritan. Mézclelas enseguida con la mezcla de la nata hasta que se disuelvan, luego viértalo todo en el recipiente preparado. Coloque sobre una superficie plana en el frigorífico hasta que cuaje, unos 30 minutos, luego corte en cubitos.

Para la manzana al caramelo, corte la manzana en rodajas horizontales muy finas. Vierta el zumo de manzana o agua en una olla pequeña, añada el jarabe, jengibre y clavo y lleve a ebullición. Agregue las rodajas y deje cocer suavemente hasta que queden casi translúcidas. Deje templar, luego refrigere y cúbralas hasta que las use.

Retire los trozos de jengibre, luego deje cocer y reducir el jugo hasta obtener una consistencia de caramelo.

Para los «fideos» de chocolate, disuelva el agar agar en 175 ml de agua y lleve a ebullición. Baje el fuego y agregue el chocolate y el coñac, removiendo bien. Vierta en una botella de plástico con una pequeña abertura. Ciérrela bien. Deje templar el chocolate hasta que tenga la consistencia de unas natillas.

Prepare un baño de agua helada en un recipiente rectangular. Presione suavemente la botella de plástico para que salga el chocolate formando hilillos en el agua helada, poco a poco. Con cuidado, retire los fideos del agua con las manos y escúrralos sobre papel vegetal. Repita hasta que consiga cuatro montoncitos de fideos.

Para servir, reparta los cubitos de vainilla entre los boles de fondo llano. Sirva el consomé a su alrededor. Decore con la manzana, los fideos de chocolate, un chorrito de caramelo al clavo y unas láminas de almendra.

PIMIENTA DE JAMAICA, CLAVO, RASPADURA DE CÍTRICO

PASTEL PATCHWORK RELLENO DE BAYAS

CON COULIS DE MELOCOTÓN CARAMELIZADO Y CREMA SABAYÓN DE HIERBALUISA

Este es un popular postre para los largos días del verano indio –nos recuerda que se acerca el otoño, pero que todavía no está aquí–; es de bajo contenido en gluten y, excepto la crema sabayón, no contiene lácteos.

8-10 RACIONES

140 g de harina blanca, tamizada
¼ de cucharadita de clavo en polvo
280 g de azúcar moreno claro
14 claras de huevos grandes, a temperatura ambiente
1 ½ cucharaditas de crémor tártaro
2 cucharaditas de raspadura de naranja

Para el relleno de bayas:
450 g de moras
500 g de frambuesas
200 g de azúcar superfino
2 granos de pimienta de Jamaica, tostados y molidos
2 clavos, tostados y molidos
1 cucharadita de zumo de limón

Para servir:
Crema sabayón de hierbaluisa (véase la p. siguiente)
Coulis de melocotón caramelizado (véase la p. siguiente)
bayas frescas
flores comestibles y/o hojas de menta o hierbaluisa

Precaliente el horno a 180 °C/potencia 4. En un bol, mezcle la harina con el clavo en polvo y la mitad del azúcar moreno. Forre una superficie plana con papel vegetal. Tamice la mezcla de harina sobre el papel, vuelva a hacerlo devolviéndola al bol. Repita la operación y reserve.

En una batidora de vaso con varillas para montar y a velocidad media, o en un cuenco grande utilizando un batidor de globo, monte las claras hasta que queden espumosas. Todos los accesorios deben estar limpios, secos y sin restos de grasa. Espolvoree con el crémor tártaro y siga montando las claras hasta que tripliquen su volumen. Espolvoree con el resto del azúcar, cucharada a cucharada, y siga montando hasta que el azúcar quede incorporado y las claras queden espesas y lustrosas. Pase a velocidad media-baja e incorpore la mezcla de harina y azúcar en tres tandas. Para terminar, añada la raspadura de naranja.

Pase la masa del pastel a un molde desmontable sin engrasar de 25 cm de diámetro y parte central hueca. Pase un cuchillo por la masa para eliminar burbujas. Hornee 45 minutos, hasta que se dore y la masa vuelva a su forma al presionar la superficie. Deje templar con el molde invertido sobre una rejilla, al menos 1 hora.

Mientras se templa, haga el coulis. Lave y escurra las bayas, reservando una cuarta parte de cada una. Añada el resto de bayas a una olla. A fuego bajo, agregue el azúcar y especias y hierva suavemente, removiendo para que se rompan las bayas. Cuele para separar las semillas y entonces mezcle con el zumo de limón. Cubra y refrigere el coulis y las bayas reservadas hasta que los use.

Dele la vuelta al molde del pastel, pase un cuchillo por los lados y el centro. Desmonte el molde y pase el cuchillo por la base para desmoldarlo del todo. Corte el pastel verticalmente en rebanadas de 2 cm. Reserve.

Prepare un molde con aro de resorte, las bayas reservadas y el relleno de bayas. Humedezca el molde y fórrelo con papel film, dejando que sobresalga por los lados. Eche un tercio de las bayas en el fondo del molde y vierta una cucharada grande de salsa de relleno. Presione una capa de rebanadas de pastel encima, rellenando los huecos para que quede una especie de capa de patchwork. Repita estas capas dos o tres veces, acabando con un poco más de relleno. Cubra con el papel film que sobresale y con una capa más de papel film. Disponga un plato encima con una lata o peso de 500 g para presionar el pastel. Refrigere al menos 3 horas o toda la noche.

Prepare la Crema sabayón de hierbaluisa y el Coulis de melocotón caramelizado (véase la p. siguiente).

Para montarlo, retire el papel film del pastel y cúbralo con una bandeja. Dele la vuelta y suelte los lados y luego la parte superior del molde. Acabe de retirar todo el papel film. Corte el pastel y sírvalo en platos individuales. Añada una cucharada generosa de coulis de melocotón en cada plato y luego la crema sabayón por encima del pastel. Decore con bayas frescas y flores comestibles y/o hojas de menta o hierbaluisa.

CREMA SABAYÓN DE HIERBALUISA

Esta crema está preparada con hierbaluisa, pero se puede usar la misma técnica para infusionarla con todo tipo de especias y hierbas.

8-10 RACIONES

- 240 ml de nata espesa para montar
- 10-12 hojas frescas de hierbaluisa, troceadas
- ¼ de vaina de vainilla, partida, o ¼ de cucharadita de pasta de vainilla
- 3 yemas de huevos grandes, a temperatura ambiente
- 55 g de azúcar superfino
- 120 ml de vino de aguja

Ponga la nata, la hierbaluisa y la vainilla en una olla y caliente hasta que hierva suavemente, sin dejar de remover. Deje templar, luego tape y deje reposar al menos 2 horas o toda la noche.

Para acabar la crema, ponga las yemas en un bol colocado sobre un cazo de agua hirviendo ligeramente y bátalas. Poco a poco, añada primero el azúcar y después el vino, y luego siga removiendo vigorosamente unos 10 minutos hasta que quede una crema esponjosa de color amarillo. Tenga preparado un baño de agua helada. Pase el bol al baño de agua fría y siga removiendo hasta que se enfríe del todo. Puede reservar la mezcla hasta su uso, pero refrigerada.

Cuando vaya a servir, cuele las hojas de la nata, luego monte la nata hasta que forme picos suaves.

Incorpore la nata a la mezcla de huevo en tres tandas, mezclando cuidadosamente para que se vaya combinando. Puede hacer este paso hasta 3 horas antes, y luego tapar y refrigerar la crema hasta el momento de consumirla.

Sirva una buena cucharada de crema sobre cada porción de pastel.

COULIS DE MELOCOTÓN CARAMELIZADO

8-10 RACIONES

- 450 g de melocotones amarillos (o albaricoques), sin hueso y partidos en cuartos
- 2 cucharadas de azúcar moreno
- 2 cucharaditas de jengibre rallado
- ¼ de cucharadita de pimienta de Jamaica molida
- 1 cucharada de aceite de semillas de uva
- una buena pizca de sal
- ¼ de cucharadita de pimienta blanca molida

Precaliente el horno a 180 °C/potencia 4. Ponga los trozos de melocotón en un cuenco grande, añada el azúcar, el jengibre y la pimienta y remueva para que se impregne bien de todo.

Unte una bandeja de horno con aceite y disponga el melocotón sobre la misma, con el lado cortado hacia arriba. Espolvoree con la sal y la pimienta blanca. Hornee en el centro del horno 30 minutos, hasta que burbujee y caramelice.

Cuando se enfríe, pase por el pasapurés. Rectifique de condimentos, tape y refrigere hasta el momento de su uso.

Fotografía de las pp. 48-49

CÚRCUMA, RASPADURA DE CÍTRICO

BIZCOCHO DE MANDARINA Y SEMILLAS DE AMAPOLA

De divertido sabor a mandarina y lima, con el dulce crujiente de las semillas de amapola y la intensidad de la cúrcuma, este sencillo pastel es delicioso, puede adaptarse a cualquier ocasión y combina a la perfección con una buena taza de Tisana de chai y cardamomo (p. 208). Si no encuentra puré de mandarina (disponible en tiendas de alimentación especializadas), puede prepararlo cociendo y dejando reducir 475 ml de zumo de tangerina o naranja hasta quedarse en unos 150 ml de puré. Deje templar antes de usar.

SALE UN PASTEL CIRCULAR O 12-14 PASTELITOS

Para el bizcocho:

3 cucharadas de semillas de amapola, más 2 cucharaditas para forrar los moldes

240 g de harina blanca

2 cucharadas de maicena

½ cucharadita de sal marina

225 g de mantequilla, a temperatura ambiente

¾ de cucharadita de cúrcuma molida

200 g de azúcar superfino

raspadura de 3 tangerinas (o 2 naranjas) y 1 lima

5 huevos grandes

80 ml de puré de mandarina o zumo concentrado de naranja (véase la introducción de la receta)

Para la cobertura:

60 ml de puré de mandarina

2 cucharadas de agua hirviendo

250 g de azúcar glas

30 g de mantequilla

una pizca de sal

Precaliente el horno a 160 ºC/potencia 3. Engrase un molde para bizcocho en forma de anillo o flaneras individuales y rebócelos con 2 cucharaditas de semillas de amapola, luego colóquelos en una bandeja de horno.

Tamice las harinas con la sal y 3 cucharadas de semillas de amapola y reserve.

En el vaso de la batidora, con pala de amasar, o en un cuenco usando una cuchara, trabaje la mantequilla con la cúrcuma y el azúcar hasta que quede blanda pero no demasiado batida; unos 2 minutos. Añada la raspadura, luego incorpore los huevos, uno a uno, batiendo a velocidad media, raspando las paredes del recipiente entre adiciones. Agregue el puré y la mezcla de harinas hasta que se mezcle. Rasque las paredes y el fondo del recipiente para que todo se incorpore bien. No remueva en exceso. Pase la masa al molde o las flaneras, allanando la superficie, y hornee 18-20 minutos si son moldes pequeños o 50 minutos si es uno grande, hasta que al pinchar con un palillo este salga limpio.

Para la cobertura, añada el puré de mandarina y el agua a un bol con el azúcar. Bata con un batidor de globo hasta que la mezcla quede suave. Agregue la mantequilla y la sal hasta que quede todo incorporado.

Para terminar, deje enfriar el pastel 10 minutos en el molde, luego vuélquelo sobre una rejilla. Cuando esté bien frío, cúbralo para que no se seque. Cubra con la cobertura y deje secar.

CÚRCUMA, RASPADURA DE CÍTRICO

BATIDO TROPICAL CON CÚRCUMA

La combinación de fruta con especias y leche de coco o anacardos, consistente pero saludable, es mi preferida antes de entrenar o para ponerme a trabajar. Si lo desea, puede usar papaya en lugar de mango y añadir tres hojas de cilantro. Para un batido más espeso, congele la leche de coco en cubitos antes de batirla.

1 RACIÓN

- 85 g de piña
- 115 g de mango fresco congelado
- un trozo de piel de naranja de 2,5 × 5 cm
- un trozo de cúrcuma de 5 cm o ¼ de cucharadita de cúrcuma en polvo
- ⅛ de cucharadita de pimienta negra machacada
- ¼ de cucharadita de semillas de cardamomo, tostadas y molidas
- 1 cucharada de zumo de lima
- 240 ml de leche de coco
- 4-6 cubitos de hielo
- 1 cucharadita de semillas de chía

Ponga todos los ingredientes excepto la chía en la batidora y triture hasta que quede una mezcla homogénea.

Espolvoree con las semillas de chía y sirva.

CÚRCUMA, CLAVO, ANÍS ESTRELLADO, RASPADURA DE CÍTRICO

TISANA DE CÚRCUMA ESPECIADA

Esta cálida bebida es especiada, aromática y no contiene cafeína ni lácteos. Se recomienda añadir algo de grasa a las recetas con cúrcuma para ayudar a activar sus propiedades saludables. ¡La combinación de pimienta con cúrcuma es poderosa!

2 RACIONES

- un trozo de cúrcuma fresca de 5 cm, pelado y cortado en rodajas
- un trozo de jengibre de 2,5 cm, pelado y troceado
- 1 rama de canela, tostada
- 6 granos de pimienta negra
- 1 semilla de anís estrellado
- 5 clavos enteros
- 3 vainas de cardamomo verde, machacadas para liberar las semillas
- piel de naranja en trozos de 2 × 2,5 cm
- 1 cucharada de miel, o al gusto
- 240 ml de leche de coco

Ponga la cúrcuma, el jengibre, la canela, la pimienta, el anís, el clavo, el cardamomo y la piel de naranja en una olla con 240 ml de agua y lleve a ebullición. Baje el fuego y deje cocer 3-5 minutos o hasta que la mezcla desprenda su aroma. Baje más el fuego y deje reposar 3-5 minutos más.

Retire del fuego e incorpore la miel. Cuele y deseche los ingredientes sólidos.

Caliente y espume la leche de coco, u otra leche de su elección, y viértala lentamente en la tisana. Sirva inmediatamente.

Especias para limpiar el organismo

Los versátiles e inteligentes sistemas depurativos del organismo han evolucionado a lo largo de miles de años para adaptarse al ambiente crecientemente hostil que habitamos: la Tierra. Estas especias depurativas prometen reforzar nuestros sistemas naturales de desintoxicación, ayudando a limpiar el organismo y aclarar la mente.

Especias para limpiar el organismo

Canela ★ Romero ★ Orégano ★ Hoja de laurel ★ Hibisco

Aire, agua y tierra son necesarios para la supervivencia, pero encontrar partes de la superficie y los océanos del planeta limpios, sin rastro alguno de la perturbadora huella humana, se ha convertido tristemente en la excepción. A pesar de los destacables y sofisticados mecanismos de nuestro cuerpo, el malestar, los síntomas de enfermedad y la enfermedad misma pueden aparecer en cualquier momento por múltiples razones, incluidas algunas que no acabamos de comprender.

Las especias del presente capítulo abundan en antioxidantes, la ayuda más poderosa para protegernos de los radicales libres y favorecer la eliminación de toxinas. El romero puede ayudar a concentrar la memoria de corto y largo plazo, y en las tareas mentales complejas. La dulce canela puede proporcionar apoyo adicional al hígado, páncreas y sistema digestivo al equilibrar el nivel de azúcar en sangre. El orégano interviene en el equilibrio entre ácido y alcalino del pH del sistema, que constantemente se ve afectado por el estrés, una dieta poco saludable y la exposición a agentes contaminantes. La humilde pero tan utilizada hoja de laurel, repleta de nutrientes, como la vitamina C, reduce la oxidación y combate el colesterol LDL. El festivo y colorido hibisco se cree que es un aliado formidable al limpiar el sistema digestivo del exceso de grasa e hidratos de carbono, bloqueando su absorción y expulsándolos del organismo.

Otras especias para limpiar el organismo

Cúrcuma Con una lista interminable de prometedoras capacidades sanadoras, esta especia es beneficiosa para frenar el crecimiento de células grasas y refuerza el hígado. Los estudios indican que sus compuestos activos pueden reducir el nivel de colesterol LDL con sus propiedades bloqueadoras de los lípidos, favoreciendo la pérdida de peso.

Granada Esta fruta en forma de joyitas favorece la eliminación de radicales libres con su elevado nivel de polifenoles antioxidantes, los antioxidantes que se hallan en las plantas y combaten la enfermedad. Todas las partes de la granada –las semillas, la piel, la pulpa, las flores y las raíces– aportan beneficios y están repletas de diversos polifenoles poderosos que favorecen la limpieza del organismo.

Cilantro Los compuestos antioxidantes que combaten los radicales libres concentrados en las semillas de cilantro pueden ayudar a proteger, limpiar y regenerar el tejido hepático dañado a causa del estilo de vida o enfermedades como la enfermedad hepática grasa no alcohólica. Los aceites antioxidantes protectores de las células contienen abundante acetato de linalol y geraniol, que desempeñan un importante papel en la erradicación de bacterias no bienvenidas en el organismo, y pueden también ser útiles para combatir infecciones de la vejiga y el tracto urinario.

Tomillo El aceite activo del tomillo, el timol, es un antibacteriano importante por sus propiedades protectoras y depurativas en la batalla contra el SARM (*Staphylococcus aureus* o estafilococo áureo, infección dermatológica resistente a los antibióticos) y otras cepas bacterianas. El tomillo combate la resaca gracias a sus desintoxicantes.

Tamarindo Se cree que el tamarindo, de alto contenido en fibra, se une a las toxinas, incluidas las sustancias químicas que favorecen el cáncer presentes inadvertidamente en los alimentos, de modo que reduce su exposición al sistema digestivo y disminuye el riesgo de cáncer de colon. La fibra del tamarindo también se une a las sales biliares, un componente del líquido que secreta la vesícula biliar para procesar los lípidos cargados de colesterol y reducir su reintroducción en el organismo vía colon. Este proceso reduce el colesterol LDL o «malo».

Salvia Los compuestos polifenoles de la salvia están repletos de antioxidantes que pueden proteger de la pérdida de la enzima natural acetilcolina, el principal neurotransmisor del cerebro, lo cual le concede un destacado potencial para ayudar a la memoria, evitar la enfermedad de Alzheimer y aumentar la retención cognitiva y la concentración en adultos jóvenes.

Canela *La especia dulce y buena*

¿Alguna vez se echa canela en el capuchino de la mañana? ¿O en el té de la tarde? Tal vez debería. No solo aporta una chispa de sabor, sino que además proporciona a las papilas gustativas la sugerencia del dulzor. Los estudios en curso siguen relacionando la canela con la reducción del azúcar en sangre, una preocupación vital para quienes precisan disminuir la ingesta de azúcar, especialmente ahora que tantos productos procesados contienen azúcares añadidos. ¡Es gracioso que esta especia, de uso habitual y sabor dulce, sea capaz de *reducir* el nivel de azúcar en sangre!

Cargada de polifenoles antiinflamatorios potentes, se cree que la canela ayuda a reducir la presión sanguínea y algunos estudios actuales indican que también podría ayudar a los pacientes de enfermedad de Alzheimer y Parkinson. También se cree que contribuye a alisar la piel y a la curación de heridas, y podría aumentar la libido tanto en hombres como en mujeres.

Todas sus partes (flores, corteza y hojas) contienen cinamaldehído, y la canela de Ceilán también contiene eugenol; el aroma de sus hojas recuerda al del clavo.

En la Edad Media, surgieron mitos fantásticos alrededor de la canela «verdadera» de Ceilán: exploradores taimados contaban que las aves del Nilo utilizaban ramas de canela para construir sus nidos y que solo los comerciantes árabes poseían la habilidad de espantarlos. A la vertiginosa carrera por hallar, adquirir y comerciar con esta especia fascinante se unieron los exploradores del siglo XV, incluido Cristóbal Colón (que encontró la otra variedad más burda de canela en Cuba), buscando desesperadamente enriquecerse tras dar con ella.

La canela está presente en todo tipo de platos: en Norteamérica y el norte de Europa, se añade a los postres de fruta al horno, pasteles, panes, galletas y pastas. En España y México, se añade a los platos de chocolate, mientras que en Oriente Medio la canela es un ingrediente común en los platos con carne y pollo o la bastela con pasta brick. En India, China y Vietnam, se encuentra en multitud de condimentos y platos.

Es aconsejable adquirir la canela de ambas variedades culinarias (véase abajo) en rama. La variedad de canela china, de sabor dulce y familiar, es de tono rojo pardo y de corteza más bien gruesa. La canela de Ceilán (verdadera) es de tono marrón más claro y está formada por múltiples capas papiráceas. Su aroma es suave y dulce. Las ramas de canela se conservan alrededor de 3 años. La canela en polvo pierde fragancia con facilidad en pocos meses, por lo que es aconsejable molerla en casa o comprarla solo cuando se vaya a utilizar. Tueste las ramas en una sartén a fuego medio-bajo, dándoles la vuelta de vez en cuando hasta que suelten su aroma; tardan unos 5-7 minutos. Una vez tostada y enfriada, será fácil molerla en un molinillo para especias o café.

Tenga en cuenta que la canela en polvo absorbe los líquidos fácilmente, de manera que al hornear, si desea añadir más canela, agregue un poco de aceite de canela en lugar de la especia en polvo, que podría formar grumos o dejar demasiado seco el plato que cocina.

“La canela que compramos en la tienda es la variedad *Cinnamomum cassia* o canela china. Es cálida y fragante, y reduce el nivel de azúcar en sangre en personas con diabetes y prediabetes.

La canela es casi mágica: modifica beneficiosamente los receptores de insulina, altera la manera en que el hígado metaboliza el azúcar en sangre e incluso afecta la manera en que las enzimas intestinales metabolizan el azúcar. Pero, además, contiene bastante cumarina, que puede envenenar el hígado… ¡y ser responsable a la vez de los efectos beneficiosos para el azúcar en sangre! Una buena solución es la canela de Ceilán (*Cinnamomum zeylanicum*) o canela «verdadera». Esta contiene mucha menos cumarina que la china, además de poseer un sabor dulce, un delicado aroma y una corteza papirácea. Pruebe una infusión de canela de Ceilán: la cumarina es soluble en aceite y nos desharemos de ella… aunque junto con alguno de los beneficios para el azúcar en sangre. Por cierto, la canela posee aún más antioxidantes que la menta, el anís, el regaliz, la vainilla, el jengibre o la nuez moscada, lo que ya es decir.”

John La Puma, doctor en Medicina

http://www.ncbi.nlm.nih.gov/pubmed/26475130; http://www.ncbi.nlm.nih.gov/pubmed/24148965

Romero *La especia para recordarme*

«**Esto es romero, para recordar.** Acuérdate, amor.» Esta frase atemporal que pronuncia Ofelia en *Hamlet*, de Shakespeare, es cierta incluso hoy, cuando esta poderosa especia sigue siendo objeto de disertaciones y discusión por parte tanto de la comunidad de la medicina clínica como de la medicina complementaria y alternativa.

El romero es miembro de la familia de la menta y es originario de la región mediterránea, pero crece en casi todo el mundo en climas moderadamente templados. Fuerte y prolífico, de delicada floración azul, rosa o morada, el romero arraiga fácilmente, tanto si se planta en macetas como en forma de vasto seto, tolera la sequía y resiste las heladas. Es una de las especias medicinales más importantes y antiguas. Las menciones al romero abundan en las leyendas griegas y romanas, y esta prolífica aromática especia era solicitada por su importancia medicinal mucho más que por su uso como ingrediente culinario. Los curanderos del pasado que creían en «los cuatro humores», una holística disciplina médica hipocrática, pensaban, como muchos en la actualidad, que el romero fortalece la función cerebral, especialmente la memoria. (¡Mientras escribo esto, estoy olisqueando romero!) El componente activo del romero, el cineol, que libera un aroma floral, a pino y eucalipto, podría ser la clave del rendimiento memorístico, mientras que otro componente, el ácido carnósico, se cree que favorece la lucha contra el daño de radicales libres al cerebro y el paulatino envejecimiento del mismo. ¡Cuánta cabeza para crecer en un tiesto!

Las ramas puntiagudas del tallo fuerte y sólido del romero son ideales para pincharlas en el cordero, el pollo e incluso la piña cuando se cuecen en la barbacoa o a la parrilla. El romero se emplea tanto en platos dulces como salados, y acompaña típicamente a los sabores del cordero o el pollo asados, el queso de cabra, la piel de limón en conserva o fresca, las aceitunas, el ajo y el tomate. En platos dulces, es una maravilla en el pastel de polenta con aceite a la infusión de romero, el sorbete de romero y chocolate a la naranja y Galette de manzana ecológica y nueces, con costra al romero, de la p. 88. Como merienda en época de exámenes, mezcle en una taza 1 ½ cucharaditas de romero seco o 1 cucharada de hojas frescas troceadas con 2 cucharadas de cacao en polvo. Añada agua hirviendo, tape y deje reposar 5-7 minutos. Agregue un chorrito de zumo de naranja y un poco de raspadura y/o endulce la bebida si lo desea; luego ¡a sorber y estudiar! El romero favorecerá la claridad mental y el cacao aportará energía.

La hoja de romero (es decir, ¡las agujas!) está aprobada oficialmente por la Comisión E alemana, un organismo para la regulación en Alemania de las plantas medicinales. Se ha aprobado su uso para tratar dolores de estómago y ha sido ampliamente estudiado: en Irán, para mejorar el síndrome de desgaste profesional; en Estados Unidos, para favorecer la función cognitiva, y en Escocia, para combatir la pérdida de cabello.

Esto es lo que se sabe: cuando se utiliza una marinada para carne que contiene romero, reduce el recuento bacteriano de la carne cruda y disminuye el riesgo de cáncer intestinal y de mama debido al consumo de carne churruscada o demasiado cocida.

El romero seco molido reduce la formación de aminas heterocíclicas (sustancias químicas causantes de cáncer que se forman cuando se cocina la carne a temperaturas elevadas o se chamusca) en un 77 por ciento en hamburguesas de carne picada de vacuno a la parrilla cocidas a temperaturas de hasta 200 °C.

¿Cómo? No se sabe si el romero en polvo activa las enzimas depurativas del hígado o si su aroma desencadena la actividad de eliminación de radicales libres, que es la reacción sana del organismo para limpiar sustancias químicas dañinas o inflamatorias, o si se trata de la capacidad antioxidante y antiinflamatoria del romero. Lo que se sabe es que el romero es delicioso, cómodo de usar y cultivar, y fácil de conseguir.

John La Puma, doctor en Medicina

http://www.ncbi.nlm.nih.gov/pubmed/20492265; http://www.ncbi.nlm.nih.gov/pubmed/26579115

Orégano *La especia acre*

El orégano es la «especia» de la pizza. Es originario de la región mediterránea, pero es tan resistente que crece fácilmente en climas templados. Esta belleza de fuerte aroma perteneciente a la familia de la menta posee hojas ovaladas pequeñas, vive a pleno sol y en suelos algo ácidos y se emplea en la cocina y en medicina desde la Antigüedad.

El sabor del orégano es fuerte, aromático y algo amargo, y es fácil utilizarlo fresco, porque crece en cualquier huerto, aunque se conoce y se emplea más el orégano seco, ¡como el que guardan en un enorme recipiente de plástico en su pizzería! La locura americana por la comida italiana –pizza, espagueti y pan de ajo– empezó en la Segunda Guerra Mundial cuando los soldados que regresaban de Europa no podían vivir sin esta especia.

El orégano a menudo se confunde con la mejorana, y es comprensible porque el orégano también se conoce como mejorana silvestre, pero la presencia del aroma a tomillo en las hojas más pequeñas del verdadero orégano griego o italiano le da un sabor más fuerte que el de la delicada mejorana. Tampoco debería confundirse con el orégano mexicano, emparentado con la familia de la hierbaluisa, de sabor más fuerte, con notas de cítrico y con frecuencia empleado en la cocina mexicana.

Los principales aceites esenciales del orégano, contenidos en las hojas y los tallos, son el timol y el carvacrol. El orégano y su aceite fueron utilizados como remedio medicinal no solo por Hipócrates, sino también por numerosas culturas europeas, asiáticas y sudamericanas, y sigue aportando beneficios para la salud: algunos estudios investigan el uso de aceite de orégano como posible ayuda para rebajar el nivel de colesterol LDL y los triglicéridos, para ralentizar o detener la acumulación de placa en las arterias y como depurativo y reequilibrador del organismo en casos de aftas y otras infecciones por levaduras. Prepare una infusión de naranja y orégano añadiendo una taza de agua caliente sobre 1 cucharada de orégano fresco picado (o 2 cucharaditas de seco), un trozo de piel de naranja y un clavo de olor para endulzar (opcional). Cubra y deje reposar 5-8 minutos, luego acurrúquese y disfrute.

Las acres hojas se añaden, secas, a condimentos para pizza y se emplean frescas o secas en aliños para ensaladas griegas, en la Salsa chimichurri (p. 162) y en la marinada turca para cordero. También se puede tomar en las Pechugas de pollo rellenas con quinoa y alcachofa, de la p. 76.

Si lo seca usted mismo, hágalo al aire o al sol, ya que el poco calor del horno reducirá la potencia de sus aceites activos. Las hojas secas se conservan un año cerradas herméticamente en la despensa.

‘El orégano es mucho más que la hierba que espolvorea usted sobre la pizza. En mi consulta, el aceite de orégano es una de las medicinas a las que recurro para las infecciones respiratorias y gastrointestinales.

Los aceites volátiles de esta especia, timol y carvacrol, se han demostrado capaces de inhibir el crecimiento de las bacterias, incluida la *Helicobacter pylori*, que puede causar úlceras gástricas y enfermedad de reflujo. Los aceites también sirven como antivirales; a menudo recomiendo unas gotas de aceite de orégano en agua hirviendo, para inhalar los vapores en casos de resfriado e infecciones de las vías respiratorias superiores. Un estudio reciente señala que un aerosol con aceites aromáticos esenciales de cinco plantas distintas, entre ellas el orégano, consiguió mejorar los síntomas de pacientes con infecciones de las vías respiratorias superiores.

También es fuente natural de calcio y vitamina K, ¡y presenta más actividad antioxidante que los arándanos!’

Geeta Maker-Clark, doctora en Medicina

Lambert RJ, Skandamis PN, Coote PJ, Nychas GJ, 'A study of the minimum inhibitory concentration and mode of action of oregano essential oil, thymol and carvacrol'. J Appl Microbiol 2001 Sep; 91(3):453-62. 2001. PMID:12450. Evid Based Complement Alternat Med. 2011;2011:690346.

Hoja de laurel *La especia noble*

Originaria del Mediterráneo, la hoja de laurel (*Laurus nobilis*) pertenece a la familia de las lauráceas, que también incluye la canela china, la canela de Ceilán, el sasafrás y el aguacate. Abundan las variedades de laurel, incluida la de California, que no contienen el aceite esencial cineol, mientras que en la India suelen pasar por hojas de laurel las hojas del canelo. El laurel es un árbol siempreverde de hojas duras y brillantes, de color verde oscuro por el anverso y de reverso algo más claro, y crece en climas moderadamente templados, aunque consigue vivir en algún que otro balcón londinense. La hoja de laurel es probablemente la especia más utilizada de la despensa.

En los juegos olímpicos de la Antigua Grecia, no se premiaba a los atletas con medallas de oro, plata y bronce, sino que recibían una corona de ramas de olivo o de laurel denominada *kotinos*. Las hojas de laurel eran sagradas para el dios Apolo –eran símbolo del triunfo– y la corona fresca de laureles también se otorgaba a poetas, maestros y héroes, y hoy sigue siendo un símbolo de grandes logros físicos o mentales. El título de bachiller (en latín *baccalaureatus*, es decir, 'laureado con bayas' por la corona de laurel con sus frutos) se utilizaba en el Renacimiento, cuando se coronaba así a los estudiantes recién doctorados, que no debían «dormirse en los laureles», sino desempeñar enseguida el difícil trabajo de doctor.

El compuesto activo de la hoja de laurel, el cineol, es un reconocido antioxidante. Más fuerte que otras sustancias químicas naturales como la vitamina C, los compuestos antioxidantes de la hoja de laurel se liberan cuando el laurel aromatiza los alimentos. Algunos estudios señalan que consumir laurel ayudaría a combatir la diabetes de tipo 2 al reducir el nivel de azúcar en sangre y el colesterol LDL.

La hoja de laurel posee un aroma dulce y un sabor amargo, pero resulta cremoso y delicioso al añadirlo a numerosas recetas. Esta es una de las pocas especias en hoja que retiene su sabor y nutrientes al secarla, y permite cocción lenta en sopas, estofados y salsas. Componente esencial de los hatillos de hierbas, la clásica mezcla (que también incluye tomillo y perejil) empleada para dar sabor a caldos y sopas de carne y verdura, la hoja de laurel es también un ingrediente habitual del caldo corto para hervir pescado, y siempre está presente en un picnic costero con langosta, almejas o mejillones. El laurel también es indispensable en encurtidos, a menudo presente en recetas a base de patata o con marinadas, y aparece en salsas clásicas con nata o huevo como la holandesa o la salsa blanca. La fragancia de las hojas de laurel complementa muchas natillas inglesas o postres de leche y yo suelo añadirlo a helados y panna cotta: la cremosidad del laurel potencia la riqueza de los lácteos.

www.ncbi.nlm.nih.gov/pmc/articles/PMC2613499/

“Existen muchos tipos de plantas cuyas hojas reciben el nombre de "laurel", de modo que es importante distinguir las verdaderas, que pertenecen al árbol del laurel, conocido científicamente como *Laurus nobilis*. Esta hoja es rica en nutrientes, a diferencia de sus imitadoras.

Las hojas de laurel forman parte de la cultura culinaria y medicinal desde hace milenios, desde al menos la época romana, y probablemente mucho antes.

Son una medicina potente para el sistema gastrointestinal; son muy efectivas para aliviar estómagos revueltos, calmar el síndrome de intestino irritable o incluso disminuir los síntomas de enfermedades intestinales inflamatorias. Un tipo de enzima singular que se encuentra en la hoja de laurel ayuda a mejorar la digestión y la asimilación de nutrientes, por lo que es fantástica para añadirla en platos ricos en proteínas que pueden resultar de difícil digestión.

El aceite esencial de las hojas de laurel posee un enorme efecto como aromaterapia y puede incluso mezclarse con el ungüento para aplicar en el pecho contra la congestión de los resfriados.”

Geeta Maker-Clark, doctora en Medicina

Hibisco *La especia roja refrescante*

Muchas clases y colores de hibisco crecen en regiones tropicales, subtropicales y moderadamente cálidas del planeta, pero solo el *Hibiscus sabdariffa*, la especia algo ácida que se toma en infusión, también conocida como flor de Jamaica, rosa de Jamaica o karkade, posee características y beneficios para la salud conocidos y explotados por la medicina tradicional durante siglos. Originario de África, donde sigue cultivándose, el *Hibiscus sabdariffa* se cree que se domesticó en la región del Sudán hace más de 6.000 años. Esta bella variedad de hibisco presenta grandes pétalos blancos, amarillos, rosados o rojos y un centro o cáliz rosado o rojo. Los sépalos –la cobertura rojiza que protege las semillas– se recoge a mano de madrugada, antes de que comience a endurecerse, y se seca al sol.

El hibisco se consume principalmente como infusión algo ácida y se precia por sus nutrientes y beneficios medicinales desde Egipto, México, Tailandia, Brasil y Jamaica hasta China, desde hace siglos.

El *Hibiscus sabdariffa* se está estudiando como remedio para diversas afecciones, como el síndrome de intestino irritable, la enfermedad hepática grasa y el síndrome metabólico. También ha recibido atención para la pérdida de peso, porque el ácido activo del hibisco (ácido hidroxicítrico) inhibe la producción de amilasa, una enzima producida por las glándulas salivares y el páncreas para ayudar al organismo a digerir los hidratos de carbono. Cuando existe una cantidad excesiva de hidratos de carbono no utilizados y no necesarios para producir energía, este sobrante se almacena en forma de grasa. Se cree que el ácido del hibisco permitiría su eliminación, y que los tallos y las hojas, cargadas de pectina, podrían ejercer un efecto anticáncer. El hibisco contiene niveles muy elevados de vitamina C y se considera un antiséptico natural, un diurético y un laxante suave, y que actúa para refrescar el organismo.

Este capullo de color rojo vivo se incluye en diversas mezclas de infusiones herbales y se emplea como colorante natural y para aportar un toque ácido a la comida y bebida. El agua de flor de Jamaica, popular bebida mexicana, es una mezcla de hibisco hervido con agua y azúcar enfriada para servirla con hielo. Si quiere una versión más saludable, sustituya el azúcar por fruta fresca y zumos de fruta y añada unas rodajas de lima para darle color. Esta especia creativa y coloreada (los médicos aconsejan tomar alimentos de los colores del arco iris cada día) le inspirará para añadirla a los alimentos y bebidas, ya sea para marinadas de cerdo, espolvoreada sobre marisco, como condimento para ceviches, en salsa para pescado, ¡o mezclada con tónicos, tés y vermús!

www.ncbi.nlm.nih.gov/pmc/articles/PMC2742648/; www.ncbi.nlm.nih.gov/pmc/articles/PMC4581252/; www.ncbi.nlm.nih.gov/pmc/articles/PMC3303862/

‘El hibisco es una especia realmente ligera y de sabor agradable conocida por su intenso color rojo, que da bonito tono a las infusiones. Debe esta encantadora coloración al pigmento vegetal quercitina, que es antioxidante, y se alimenta de partículas del organismo conocidas como radicales libres que dañan las membranas celulares, alteran el ADN y pueden provocar la muerte de las células. Al neutralizar los radicales libres, puede reducir o incluso ayudar a evitar parte del daño que provocan. Además, el hibisco es rico en ácidos vegetales, como los ácidos cítrico, málico, tartárico e hibisco, presente únicamente en esta planta.

Han aumentado los estudios científicos que respaldan el uso prolongado del hibisco en muchos países para el control de la presión sanguínea. En un viaje reciente a Senegal, disfruté de muchas tazas de infusión de hibisco que, según me decían, "ayudaba a mi sangre". Una revisión de la red Cochrane sobre los efectos del hibisco en la presión sanguínea publicada en 2010 incluía pruebas aleatorias controladas de 3 a 12 semanas de duración que comparaban el uso del hibisco con el de un placebo o con ningún tipo de intervención. Los cinco estudios indicaron que el hibisco poseía un efecto de mantenimiento de la presión arterial. Algunas de estas pruebas estudian el hibisco en forma de infusión y otras como extracto. ¿Lo mejor? La seguridad del hibisco es excelente, sin reacciones adversas probadas.’

Geeta Maker-Clark, doctora en Medicina

Ngamjarus c, Pattanittum P, Somboonporn C. Cochrane Database Syst Rev. 2010; Jan 20(1):CD007894.

LAUREL, TOMILLO

CALDO HIPOCRÁTICO

Este es un caldo reconfortante y depurativo de la Dra. Eleni Tsiompanou, que revela el secreto del laurel: «Gran parte de los ingredientes de esta receta se remontan a la Antigüedad, e Hipócrates habría utilizado la carne que estuviera disponible según la temporada. A los pacientes en plena enfermedad, les habría dado solo cebada sin carne en la sopa y, a medida que mejoraran, se lo daría menos diluido. Cuando prepare la sopa, trocee los puerros, las cebollas y el ajo al menos diez minutos antes de cocerlos para estimular sus ingredientes activos. (Si los utiliza inmediatamente, conservarán su sabor y aroma característicos, pero no sus propiedades antiinflamatorias.) Este plato es barato y fácil, pero muy nutritivo, y requiere poco tiempo de preparación. No obstante, funciona mejor si lo cocina despacio, en 4-8 horas.»

SALEN 700 ML-1 LITRO

- alitas de pollo o la carcasa/huesos de un pollo asado
- 1,5 kg de rabo de buey
- 1 diente de ajo, troceado
- 2-4 hojas de laurel
- 2-4 ramitas de tomillo
- 2-4 ramitas de perejil, picadas
- 1 cucharadita de granos de pimienta negra
- 1 cucharadita de granos de pimienta de Jamaica
- 2 zanahorias, peladas y troceadas
- 1 rama de apio
- 1 o 2 puerros, troceados
- 1 cebolla, picada
- 115 g de col troceada (opcional)
- 175 g de cebada
- una pizca de pimentón dulce (opcional)
- unas gotas de zumo de limón o lima (opcional)
- perejil fresco picado (opcional)

Ponga las alitas o los huesos de pollo y el rabo de buey en una olla grande de base gruesa y vierta suficiente agua para cubrirlos. Lleve a ebullición lentamente y luego limpie la espuma de la superficie (es principalmente grasa).

Añada el ajo, el laurel, el tomillo, el perejil, la pimienta negra y de Jamaica y deje cocer, tapado y a fuego lento, 2-4 horas. (Cuanto más tiempo y más despacio, mejor.)

Retire la olla del fuego y cuele el caldo a un cuenco grande de cristal. Desmenuce la carne del rabo y de las alitas o la carcasa, y devuelva una parte al caldo o resérvela para otro plato. Deseche los huesos, especias y hierbas.

Añada las hortalizas y la cebada a la olla y eche sal marina gruesa, pimienta y pimentón si lo desea. Ponga de nuevo al fuego y deje cocer lentamente 1-2 horas más.

Para un toque mediterráneo, añada unas gotas de zumo de limón o lima y espolvoree perejil picado por encima justo antes de servir.

ORÉGANO

SALSA DE PATACA PARA PICAR

Este cremoso aperitivo puede prepararse con mucha antelación. Está riquísimo tal cual, pero si desea un toque adicional, añádale queso parmesano rallado.

4-6 RACIONES

475 ml de caldo vegetal
450 g de patacas (aguaturmas), peladas y en rodajas
2 dientes de ajo
30 ml de zumo de limón
1-2 pimientos chipotle en adobo enteros o 1 cucharada de pasta de chipotle, o al gusto
1 cucharada de orégano fresco picado o 1 cucharadita de orégano seco
120 g de queso parmesano rallado (opcional)

Caliente el caldo a fuego lento en una olla. Añada la pataca y el ajo y deje cocer hasta que estén tiernos, unos 20 minutos. Escurra, reservando el líquido de la cocción.

Triture las patacas, el ajo, el zumo de limón, los pimientos y el orégano hasta obtener una crema suave, añadiendo el caldo reservado si es necesario: debería conseguir la consistencia del hummus.

Vierta la crema en un bol y mézclela con el parmesano (si lo usa). Sirva caliente o a temperatura ambiente con palitos de pan o bastoncitos de hortalizas crudas.

ROMERO, ORÉGANO, LAUREL, TOMILLO

ACEITUNAS ALIÑADAS

Para la merienda del colegio, mi creativa madre, Sally, preparaba bocadillos de aceitunas negras con queso, que mi hermana odiaba y a mí me encantaban. ¡Esta receta ha evolucionado desde entonces!

SALEN 3 TAZAS

4 filetes de anchoa enteros, escurridos
2 dientes de ajo, en láminas finas
1 cucharadita de raspadura de naranja
2 cucharaditas de raspadura de limón
60 ml de aceite de oliva virgen extra
2 cucharaditas de zumo de limón
2 hojas de laurel
2 ramitas de orégano
2 ramitas de romero
2 ramitas de tomillo
350 g de aceitunas verdes y negras
12-16 pimientos cherry picantes o dulces
2 tiras de piel de limón
4 tiras de piel de naranja
½ cucharadita de copos de guindilla, o al gusto
240 ml de aceite de oliva virgen extra

En el mortero, pique las anchoas, el ajo y la raspadura de naranja y limón. Incorpore el aceite, el zumo de limón, las hojas de laurel, el orégano, el romero y el tomillo. Agregue las aceitunas, los pimientos y la piel de cítricos. Condimente al gusto con copos de guindilla.

Vierta en un recipiente decorativo con una tapa que cierre bien, acabe de llenarlo con aceite, tape y refrigere. Las aceitunas se conservan refrigeradas hasta un mes.

HIBISCO

LANGOSTINOS CON COSTRA DE HIBISCO Y CÍTRICOS
Y MELÓN CANTALUPO ÁCIDO

Los capullos de flor de hibisco o el té de hibisco, que se pueden adquirir en tiendas especializadas o por internet, están repletos de vitamina C y antocianinas. En este plato, el sabor ácido concentrado de los capullos rosados de hibisco o el té seco de hibisco equilibra la riqueza de los langostinos y la delicadeza del aromático melón.

6 RACIONES

- ½ melón cantalupo, pelado y troceado en triángulos
- raspadura y zumo de 4 limones
- raspadura y zumo de 4 limas
- 1 ½ jalapeños, picados
- 2 cucharaditas de capullos de flor de hibisco o té, picados
- 55 g de migas de pan secas
- ¾ de cucharadita de sal marina
- 65 g de azúcar de palma o moreno
- 4 cucharaditas de jengibre fresco picado
- 3 cucharadas de ron oscuro
- 24 langostinos grandes, pelados, limpios y sin intestino, abiertos sin acabar de cortar
- 6 cucharaditas de aceite de semilla de uva
- 2 cebolletas, cortadas en diagonal, para decorar
- 1 puñado de microvegetales, para decorar (opcional)

Ponga el melón cortado en un bol mediano y reserve.

En otro bol, mezcle las raspaduras de limón y lima, el jalapeño, el té de hibisco, las migas y la sal. Reserve.

En una olla pequeña, caliente el zumo de limón y lima con el azúcar, el jengibre y 120 ml de agua hasta que reduzca a 120 ml. Añada el ron y deje cocer 1 minuto, luego retire del fuego, vierta sobre el melón y remueva. Reserve.

Seque los langostinos con papel de cocina y úntelos con 2 cucharaditas del aceite de semillas de uva. Caliente las 4 cucharaditas restantes de aceite en una sartén a fuego medio-alto. Reboce los langostinos con la mezcla preparada con las migas, y fría por tandas, añadiendo más aceite si es necesario. Cuézalos 2 minutos y luego deles la vuelta.

Pase el melón y la salsa a platos individuales o una fuente para servir, disponga los langostinos encima y espolvoree con las cebolletas y los microvegetales, si los usa.

HIBISCO, TOMILLO

SALVELINO
CON HIBISCO Y APIO
Michael Kempf

«Un plato ligero y revitalizante con consistencias y texturas diferentes. Al cocerlo, el salvelino presenta la firmeza de una yema de huevo pasado por agua. La pimienta sansho es una especia fresca, algo picante, de aroma cítrico.» MK

4 RACIONES

250 g de salvelino, o trucha de arroyo, en supremas
150 g de mantequilla
1 cucharada de hibisco en polvo
3 ramitas de tomillo
1 cucharada de clara de huevo
un poco de pimienta de Espelette
1 cucharada de nueces
1 lata de 40-48 g de huevas de salvelino, trucha de arroyo o lumpo

Para el apio nabo confitado:
150 g de apio nabo, pelado y troceado
40 g de mantequilla con sal
2 chalotas, en daditos
1 cucharadita de jengibre fresco rallado
sal y pimienta sansho (japonesa)
zumo y raspadura de 1 limón

Para la emulsión de apio:
150 g de apio, las hojas reservadas
4 ramitas de perejil y 4 de menta
2 pizcas de goma xantana
1 cucharada de aceite de avellana
1 cucharada de aceite de colza
1 cucharadita de jengibre fresco rallado
½ manzana Granny Smith, pelada, sin corazón y picada
sal y pimienta blanca, al gusto

Para los rollitos de apio nabo:
100 g de apio nabo
1 cucharada de aceite de colza
1 cucharada de aceite de avellana
3 pizcas de pimienta sansho
1 ramita de tomillo

Primero prepare el apio nabo confitado. Sálelo ligeramente, póngalo en una bolsa de plástico con la mantequilla y cierre al vacío. Métalo en una olla con agua hirviendo suavemente y deje cocer 10 minutos. Retire la bolsa del agua y deje que escurra, reservando el líquido. Cocine la chalota con el líquido reservado. Chafe el apio nabo y añádalo a la chalota. Condimente con el jengibre, la sal, la pimienta sansho y la raspadura y el zumo de limón.

Para la emulsión, licúe el apio con el perejil y la menta y pase por un colador de malla fina. Triture 50 ml de este líquido con la goma xantana, luego triture esta mezcla con los dos aceites y el resto del líquido. Condimente con jengibre, sal y pimienta. Incorpore la manzana a la salsa y deje reposar. Rectifique de sal antes de servir.

Para los rollitos de apio nabo, pele el apio nabo y córtelo en láminas finas, luego córtelas en tiras de unos 2 × 8 cm, tres por persona. Reserve los trozos restantes. Escalde las tiras en agua salada, meta en un baño de hielo y escurra bien. Licúe el resto del apio nabo y cuele el jugo con un colador de malla fina. Mezcle con los dos aceites y con sal y pimienta para crear una marinada. Añada las tiras de apio nabo y el tomillo a la marinada, y póngalo en una bolsa de plástico; luego séllela al vacío. Justo antes de servir, retire las tiras de la bolsa y forme rollitos con ellas.

Sale ligeramente las supremas de pescado, envuelva en papel de aluminio y refrigere. Derrita y tueste la mantequilla lentamente, removiendo de vez en cuando. Deje templar, luego incorpore poco a poco el hibisco hasta que se disuelva. Disponga el pescado en una fuente para el horno, extienda la mantequilla de hibisco por encima y ponga las ramitas de tomillo entre los filetes. Hornee a temperatura mínima durante 10-12 minutos, hasta que quede translúcido. Espolvoree con sal marina gruesa. Suba el horno a 160 °C/potencia 3. Bata el huevo con la pimienta de Espelette y recubra los frutos secos con la mezcla. Con una espumadera o con las manos, pase los frutos secos a una bandeja de horno forrada con papel vegetal y áselos unos 8 minutos, hasta que se doren.

Para servir, reparta el apio nabo entre los platos. Disponga los rollitos, tres hojas de apio y unas nueces por encima. Vierta la emulsión en el centro, coloque el pescado y acabe con una quenelle de huevas de pescado.

ORÉGANO, CANELA

PECHUGAS DE POLLO RELLENAS
CON QUINOA Y ALCACHOFA

La chef y buena amiga Kathy Kordalis comparte con nosotros la receta del condimento a base de orégano pasada de generación en generación en su familia grecoaustraliana en este apetecible plato de pollo y alcachofa.

4 RACIONES

4 pechugas de pollo de 170 g deshuesadas, con piel
1 cucharada de mantequilla o aceite de oliva

Para la marinada de especias Kordalis (salen 200 ml):
30 g de hojas de orégano frescas
2 cucharadas de perejil de hoja plana troceado
2 cucharadas de menta picada
3 dientes de ajo, en láminas
1 cucharadita de sal marina
1 cucharadita de granos de pimienta negra chafados
¼ de cucharadita de copos de guindilla
¼ de cucharadita de canela en polvo
175 ml de aceite de oliva virgen extra
zumo y raspadura de 1 limón y 1 naranja
½ cucharadita de miel líquida (opcional)

Para la quinoa con alcachofa:
4 alcachofas enteras (unos 450 g cada una)
350 g de quinoa, lavada y escurrida
415 ml de caldo vegetal o de pollo
4 cucharadas de la marinada de especias Kordalis (véase izquierda)
¼ de cucharadita de sal
50 g de piel de limón en conserva (p. 20)

Para el relleno del pollo:
12 aceitunas verdes chafadas
8 tomates secos, en tiritas
1 ½ alcachofas troceadas (reservadas previamente, véase arriba)
2 tiras de piel de limón en conserva (p. 20), troceada
4 cucharadas de la marinada de especias Kordalis (véase izquierda)
4 lonchas de queso Halloumi a la parrilla

Triture los ingredientes de la marinada. Reserve 4 cucharadas de marinada para la quinoa (véase abajo), luego sumerja las pechugas de pollo en el resto. Cubra y refrigere al menos 2 horas.

Prepare la quinoa con alcachofa. Recorte los tallos y las hojas de las alcachofas, y pártalas por la mitad. Con una cucharilla, retire los pelillos interiores y deséchelos. Ponga las alcachofas en una olla grande, añada 2 cucharadas de marinada Kordalis, luego cubra con agua salada y lleve a ebullición. Tape las alcachofas con un plato para mantenerlas sumergidas y deje cocer 20-30 minutos hasta que los tallos se pinchen fácilmente con un tenedor. Escurra y deje templar, reservando 60 ml del agua de cocción. Retire y deseche las hojas de las alcachofas, dejando al descubierto el corazón. Reserve 1 ½ alcachofas para el relleno y trocee el resto. Rocíe con aceite de oliva y reserve.

Ponga la quinoa en una olla de 2 litros (con tapa) y caliente a fuego medio, dando vueltas y removiendo la olla hasta que se tueste en seco. Añada el caldo, el líquido de cocción y la sal, y lleve a ebullición. Baje el fuego para que hierva suavemente, tape y deje cocer 17 minutos. Retire la olla del fuego, dejando la tapa para que el vapor acabe de cocinar la quinoa 5 minutos. Para probar si está lista, si todavía se nota crujiente o queda líquido, vuelva a poner a fuego bajo y cocine con tapa unos minutos más. Añada los corazones de alcachofa, la piel de limón en conserva y las 2 cucharadas restantes de marinada Kordalis, y caliente. Ahueque con un tenedor, salpimiente al gusto y mantenga caliente.

Escurra las pechugas, reservando la marinada. En un bol pequeño, mezcle los ingredientes para rellenar el pollo, excepto el queso. Practique un corte horizontal en cada pechuga, a modo de bolsillo, y rellénelo con la mezcla. Introduzca un trozo de queso a la plancha y ate con hilo de cocina.

Precaliente el horno a 180 °C/potencia 5. Caliente la mantequilla o el aceite de oliva en una cacerola grande apta para el horno a fuego medio-alto. Añada los hatos de pollo a la cacerola y ase hasta que se doren por todos lados.

En una olla pequeña, hierva el resto de marinada y luego viértala en una jarrita pequeña para servir.

Retire el hilo de cocina, corte los hatos de pollo por la mitad y sirva con una buena cucharada de quinoa con alcachofa. Rocíe con los jugos de la cacerola y sirva con la marinada.

CANELA, LAUREL

POLLO ADOBADO

April Bloomfield

«Siempre he sido aficionada a las hojas de laurel –es un sabor que va bien con casi todo– y para este plato me gusta utilizarlas frescas. La canela añade un toque de intriga pero no destaca. El equilibrio entre el vinagre, la soja y los sabores de las especias posee un efecto refrescante inesperado.» AB

6 RACIONES

- 60 ml de aceite de cacahuete, de semillas de uva o de colza
- 2,3 kg de muslos y pechugas de pollo con piel y hueso
- dientes de 2 cabezas de ajos, sin pelar
- 1 cebolla grande, pelada y cortada en 8 trozos
- 55 g de jengibre fresco, sin pelar, en rodajas finas
- 10 granos de pimienta negra, algo tostados
- 2 semillas de anís estrellado, algo tostadas
- 1 ramita de canela, algo tostada
- 4 hojas de laurel frescas, rasgadas, o 2 hojas de laurel secas
- 350 ml de vinagre de caña de azúcar o vinagre de arroz sin condimentar
- 120 ml de salsa de soja
- arroz, para servir

En una cacerola grande tapada caliente el aceite a fuego alto hasta que empiece a humear. Añada la mitad del pollo (para que no quede apretado en la cacerola), con la piel hacia abajo, y fríalo, girándolo de vez en cuando, hasta que se dore, 10-15 minutos. Pase a un plato y repita la operación con el resto del pollo.

Agregue el ajo, la cebolla, el jengibre, los granos de pimienta, el anís, la canela y el laurel a la cacerola. Cocine, removiendo de vez en cuando, hasta que la cebolla quede translúcida, unos 10 minutos. Irán quedando trocitos dorados en el fondo de la cacerola. Incorpore primero el pollo, luego el vinagre y la soja. Suba el fuego para que el líquido hierva, rascando el fondo para despegar los trocitos dorados.

Tape la cacerola, baje el fuego para mantener un hervor suave y deje cocer, removiendo de vez en cuando, hasta que el pollo quede tierno (se romperá con una cuchara), unos 45 minutos. Sirva en boles grandes con arroz.

ROMERO, ORÉGANO, CANELA, TOMILLO

PINCHOS DE CORDERO MARINADO
CON SHAWARMA DE «FILETE DE COLIFLOR»

El romero contiene un compuesto que contrarresta la toxicidad de la carne chamuscada y cocida. Utilizar ramas de romero como pinchos es una manera de aprovechar con ingenio un soporte saludable.

4 RACIONES

600 g de cordero (lomo o costillar), limpio y en dados
1 cebolla grande, cortada en 8 trozos
8 «pinchos» de romero para asar el cordero

Para la marinada:
60 ml de zumo de limón
4 cucharaditas de mostaza de Dijon
4 cucharaditas de azúcar moreno
2 cucharadas de salsa Worcestershire
1 diente de ajo, picado
2 ramitas de 10 cm de romero
4 ramitas de tomillo
4 cucharaditas de oporto
1 cucharada de aceite de oliva

Para el shawarma de «filete» de coliflor:
1 coliflor grande (aprox. 1 kg)
4-8 cucharaditas de Pasta especiada para shawarma (véase abajo), o al gusto

Mezcle los ingredientes de la marinada en un plato llano grande. Deje marinar el cordero 4 horas o toda la noche.

Precaliente el horno a 200 °C/potencia 6.

Pele las hojas de la coliflor y deséchelas. Recorte el tallo, dejando intacta la parte central. Póngala sobre la base del tallo sobre una tabla de cortar y, con un cuchillo grande, corte los lados para que queden planos, luego corte la coliflor por la mitad pasando por el centro y el tallo. Corte cada mitad por la mitad para obtener los cuatro «filetes». Disponga estos cortes en una olla vaporera y cocínelos hasta que queden tiernos, unos 6-8 minutos.

Pase con cuidado la coliflor a una bandeja forrada con papel de aluminio untado con aceite y unte la parte superior y lateral de cada «filete» con 1-2 cucharaditas de Pasta especiada para shawarma, o al gusto. Espolvoree con sal en escamas y hornee 10 minutos hasta que se doren.

Separe cada trozo de cebolla en tres o cuatro capas. Ensarte dos trozos de cordero en los pinchos de romero alternándolos con trozos de cebolla. Salpimiente. Disponga los pinchos en la parrilla o barbacoa y áselos 10-15 minutos, dándoles la vuelta dos o tres veces, hasta que el cordero quede entre poco hecho y al punto. También puede disponer los pinchos sobre una bandeja de horno untada con aceite y asarlos al horno 8-10 minutos antes de cocer la coliflor, dándoles la vuelta al meter la coliflor al horno para acabar de prepararla.

Sirva dos pinchos de cordero con un «filete» de coliflor por persona.

PASTA ESPECIADA PARA SHAWARMA

Se obtiene más cantidad de la necesaria para los filetes de coliflor, pero se puede conservar la que sobre en un tarro con tapa –se conserva un mes en el frigorífico– y tomarla con patatas u otras verduras asadas o salteadas, o untarla en marisco o pollo.

1 cucharada de hojas de orégano frescas
3 dientes de ajo, machacados
60 ml de aceite de semilla de uva o de oliva virgen extra
1 cucharada de semillas de comino y 1 de cilantro, tostadas y molidas
1 cucharadita de granos de pimienta, tostados y molidos
½ cucharada de páprika dulce o ahumada molida
½ cucharadita de cúrcuma molida
½ cucharadita de canela en polvo
¼ de cucharadita de alholva en polvo
¼ de cucharadita de clavo molido

Ponga todos los ingredientes en el mortero y macháquelos hasta obtener una pasta.

CANELA, ROMERO, ORÉGANO, LAUREL

VENADO MARINADO

CON CREMA DE COCO Y DASHI, Y CALDO DE CANELA

Neil Brazier

«Antaño presentada como ofrenda a reyes, reinas y dioses, la canela lo tiene todo: su dulce aroma se usa para aceites y medicina, y es una especia que combina bien con vino, licor, chocolate, postres, curris, panecillos y pastas, además de platos como esta receta con venado. ¡No entiende de fronteras y es un multiusos! Mis primeros recuerdos de la carne de venado son de Navidad, junto a chimeneas encendidas y largas noches invernales.» NB

4 RACIONES

300 g de carne de venado
dulce de membrillo, cortado en dados, para servir (opcional)

Para marinar el venado:
500 ml de vino tinto
90 g de azúcar granulado
40 g de sal
raspadura de 1 naranja
raspadura de 1 limón
4 hojas de laurel
2 ramitas de romero
2 ramitas de tomillo
2 ramitas de orégano
2 ramitas de canela
3 dientes de ajo, pelados y en láminas
5 granos de pimienta negra, chafados
1 cucharadita de enebrinas, chafadas

Para el caldo de canela:
60 g de canela en rama
100 g de azúcar granulado
una pizca de sal
una pizca de cayena

Para la crema de coco y dashi:
500 ml de nata de coco
300 ml de dashi
1 paquete de agar agar

Para la ensalada:
50 g de zanahoria
50 g de manzana
50 g de apio nabo
50 g de membrillo
4 cucharaditas de zumo de limón
60 ml de aceite de oliva

Para la marinada, ponga todos los ingredientes en una cacerola y lleve a ebullición. Retire del fuego y deje templar. Marine el venado de 1 a 4 días en un recipiente sellado, dándole la vuelta pasadas las primeras 12 horas. Retire el venado de la marinada y córtelo en lonchas, luego dispóngalo en los platos.

Para el caldo de canela, precaliente el horno a 170 °C/potencia 4 y tueste las ramas de canela 4 minutos. Vierta 600 ml de agua en una cacerola mediana, incorpore el azúcar, la sal y la cayena, y lleve a ebullición. Añada las ramas de canela y retire del fuego. Pase el líquido caliente a un recipiente de plástico y tape con cierre o papel film transparente. Puede usarlo enseguida o dejarlo en el frigorífico 2-3 días. Cuele el líquido. Antes de utilizarlo, diluya en un proporción de dos partes de agua por una de la infusión de canela, luego caliente y sirva.

Para preparar la crema de coco y dashi, ponga la nata de coco y el dashi en una cacerola y lleve a ebullición, luego añada el agar agar y mezcle bien con varillas. Deje cocer 3-4 minutos, retire del fuego, deje templar y que cuaje en el frigorífico toda la noche. Una vez cuajado, triture con la batidora añadiendo el agua necesaria para obtener una textura de natillas. Pase a una manga pastelera. La crema tendrá una textura como de mayonesa.

Corte la zanahoria, la manzana, el apio nabo y el membrillo en juliana para la ensalada y alíñela ligeramente con el zumo de limón, el aceite de oliva y una pizca de sal en escamas.

Para montar el plato, disponga los trozos de venado en cada plato, añada una cucharada de ensalada a un lado, reparta unos dados de dulce de membrillo, luego con la manga pastelera sirva unas bolitas de crema por el plato. Cuando todo esté emplatado, vierta el caldo de canela por encima, en la mesa si es posible, ya que el aroma de la canela es fantástico.

LAUREL, CILANTRO

CHUCRUT DE SYLVIA

Según mi amiga Sylvia, que me enseñó esta receta de fermentación natural, el chucrut bávaro siempre lleva alcaravea.

SALE ALREDEDOR DE 1 LITRO

- 1 kg de col, partida por la mitad, sin el tallo central y cortada muy fina
- 1 cebolla morada grande, partida por la mitad, y cortada muy fina
- 2 manzanas verdes ácidas, peladas, sin corazón y cortadas muy finas
- 2 cucharadas de sal
- 1 cucharada de semillas e mostaza amarilla
- 2 cucharaditas de semillas de alcaravea, tostadas
- 1 cucharadita de semillas de cilantro, tostadas
- 5 granos de pimienta de Jamaica
- 2 hojas de laurel
- ½ cucharadita de azúcar
- ¼ de cucharadita de copos de pimiento rojo machacados

En un bol grande, mezcle la col, la manzana y la cebolla. Espolvoree con sal y, con las manos, remueva y pellizque la mezcla. Añada las semillas de mostaza, alcaravea y cilantro, la pimienta de Jamaica, el laurel, el azúcar y los copos de pimiento, removiendo bien. Deje reposar 15 minutos.

Páselo a un cuenco de material no reactivo (de cerámica, cristal o acero inoxidable) y chafe la mezcla hacia el fondo. Ponga un platito con un peso encima dentro del recipiente de modo que la col quede sumergida completamente en el líquido. Tape con un trapo limpio y deje en un lugar oscuro a unos 19-22 °C.

Compruebe la mezcla a diario, retirando la suciedad de la superficie. Asegúrese de que la col esté sumergida. Pruebe al cabo de 5 días. Si desea un sabor más fuerte, deje reposar unos días más. Cuando esté lista, pase la chucrut a un recipiente de cristal, cierre con una tapa hermética y conserve en el frigorífico hasta 3 meses.

CANELA, LAUREL, CILANTRO

ZANAHORIAS DE COLORES FERMENTADAS

Córtelas finas y añádalas a ensaladas, sopas o platos principales, o disfrútelas tal cual, ¡son deliciosas!

SALEN SUFICIENTES PARA LLENAR UN TARRO DE 1 LITRO

- 3 cucharadas de sal marina o sal kosher disuelta en 700 ml de agua filtrada
- 1 manojo de zanahorias pequeñas de colores (suficientes para que quepan en un tarro de 1 litro)
- 3 hojas de laurel fresco
- 1 rama de canela, tostada
- ¾ de cucharadita de semillas de cilantro, tostadas
- ½ cucharadita de semillas de comino, tostadas
- ¼ de cucharadita de copos de guindilla

Disuelva la sal en agua fría y reserve. Disponga las zanahorias dentro del tarro decorativamente y meta las hojas de laurel y la rama de canela. Las zanahorias deben quedar al menos 1 cm por debajo del borde del tarro. Ponga el tarro sobre un plato o una bandeja. Agregue el resto de especias y llene el tarro con el agua salada, cerciorándose de cubrir bien las zanahorias. Tape con un platito que quede en el interior del tarro y coloque un peso encima –un tarro de mermelada lleno de agua sirve–.

Guarde en un lugar oscuro a unos 19-22 °C, tapado con un trapo. Compruebe cada día, añadiendo más agua salada si es necesario. Al cabo de 5-10 días, pruebe las zanahorias (seguirán fermentando). Cuando el sabor sea de su agrado, cierre con una tapa hermética y conserve en el frigorífico para detener el proceso de fermentación.

HIBISCO

MOUSSE DE COCO, MANGO Y LIMA
CON JALEA DE HIBISCO

Inspirado en la belleza de una flor de loto al abrirse y el sabor de un té de flor de hibisco color rubí, este vistoso postre, sustancioso pero saludable, celebra los enormes beneficios del hibisco, cuyo sabor limpio se equilibra con la cremosidad del mango, el coco, el jengibre y la lima.

4 RACIONES

Para la inmersión y jalea de hibisco:

8 g de flores de hibisco rojo secas o 3 bolsitas de té de hibisco

6 cucharadas de azúcar o sirope de agave

60 ml de zumo de lima

2 ½ hojas de gelatina oro (véase la nota, o 2 cucharaditas de gelatina en polvo)

Para la mousse de mango y lima:

1 ½ hojas de gelatina oro (véase la nota, o 1 ¼ cucharaditas de gelatina en polvo)

140 g de trozos de mango fresco o congelado

100 ml de nata de coco espesa

2 cucharadas de zumo de lima

1 cucharada de azúcar superfino

1 cucharadita de jengibre recién rallado

½ cucharadita de cardamomo en polvo

½ cucharadita de extracto puro de vainilla

Para la mousse de coco y lima:

1 ½ hojas de gelatina oro (véase la nota, o 1 ¼ cucharaditas de gelatina en polvo)

200 ml de nata de coco espesa

7 cucharadas de zumo de lima

5 cucharadas de azúcar superfino

Para servir:

virutas de coco tostadas

En un recipiente, disponga cuatro vasos de base plana, ladeados mediante una cuña, y déjelos en el frigorífico. Reserve.

Primero prepare la inmersión de hibisco. Hierva 240 ml de agua e hidrate las flores de hibisco (o té) hasta que estén blandas y el agua quede de un color rojo vivo. Añada el azúcar y el zumo de lima y remueva para disolverlo. Tape y refrigere hasta su uso.

Para la mousse de mango y lima, ablande las hojas de gelatina en agua fría. En un cuenco pequeño, triture el mango con la nata de coco, el zumo de lima, el azúcar, el jengibre, el cardamomo y la vainilla. Escurra las hojas de gelatina, colóquelas en un bol pequeño y caliéntelo en el microondas hasta que se disuelva, unos 8 segundos, o derrítalas en un cazo al fuego. Incorpórelas a la mousse de mango. Con cuidado, viértala en la esquina de cada vaso (véase la p. siguiente). Refrigere hasta que cuaje.

Para la jalea de hibisco, ablande las hojas de gelatina en agua fría. Disuelva como se indica más arriba, e incorpore la inmersión de hibisco. Cuele las flores y reserve. (Puede suspenderlas en la jalea cuajada si lo desea.) Saque los vasos del frigorífico y déjelos planos. Con cuidado, reparta la jalea de hibisco entre los cuatro vasos como se ve en la fotografía (p. siguiente). Refrigere hasta que cuaje.

Para la mousse de coco y lima, primero ablande y luego disuelva las hojas de gelatina como se indica arriba. Mezcle la nata de coco, el zumo de lima y el azúcar para disolverlos y luego incorpore la gelatina como arriba. Vierta sobre la jalea cuajada de hibisco y refrigere hasta que cuaje.

Decore con virutas de coco tostadas para servir.

Nota: si no encuentra gelatina oro en hojas (200 grados Bloom), utilice una de menos fuerza, como la gelatina plata (160) o bronce (140), pero aumentando la cantidad que use. Utilice menos gelatina platino, ya que posee más fuerza gelificante (250 Bloom). Todas las variedades se venden por internet.

CANELA, ROMERO

GALETTE DE MANZANA ECOLÓGICA Y NUECES

Si le gustan las manzanas, le encantará no solo comer sino también preparar esta receta: la simplicidad y la forma irregular de la masa, las manzanas en rodajas y la mantequilla casera de manzana fácil de hacer, así como el hecho de que puede refrigerarse y hornearse cuando se desee. El romero es un sorprendente acompañante para las manzanas, las nueces y la canela, pero aporta un distintivo aroma a pino y cítrico, y se cree que posee antioxidantes y que refuerza la memoria. Si no utiliza toda la mantequilla de manzana para esta galette, recuerde que es ideal con carne de cerdo, con yogur o con cereales calientes.

6 RACIONES

200 g de harina blanca
1 cucharadita de azúcar granulado
1 cucharada de hojas de romero, picadas
2 cucharaditas de canela en polvo
una buena pizca de sal
115 g de mantequilla fría, en daditos
2 cucharadas de agua fría
500 g de manzanas crujientes variadas (como Granny Smith, Monty's Surprise, Canadien du Reinette o variedades locales)
30 g de nueces troceadas, preferiblemente ecológicas
55 g de mantequilla, derretida y dorada y mezclada con ¼ de cucharadita de canela en polvo
3 cucharadas de azúcar moreno oscuro
1 huevo, batido, para glasear
1 cucharada de azúcar de canela (1 cucharada de azúcar, ½ cucharadita de canela, una buena pizca de sal)

Para la mantequilla de manzana (salen 115 g):
2 cucharadas de mantequilla con sal
½ rama de canela, tostada
hojas de 1 ramita de romero, o ¼ de cucharadita de romero seco
225 g de manzanas, peladas, sin corazón y troceadas
½ cucharadita de zumo de limón
1 cucharada de azúcar superfino

Mezcle la harina, el azúcar, el romero y la canela con una buena pizca de sal. Incorpore la mantequilla fría desmenuzándola con los dedos o un cortapastas en trocitos del tamaño de un guisante. Rocíe con el agua fría, removiendo suavemente con un tenedor o con los dedos para que se mezcle todo. Si no se forma una masa, añada un poco más de agua, pero no la trabaje demasiado.

Pase la masa a una tabla enharinada y forme una bola. Dele golpecitos y dóblela sobre sí misma dos veces. Envuélvala con papel film transparente y refrigere una hora.

Prepare la mantequilla de manzana. En un cazo de 500 ml derrita la mantequilla con la canela y el romero a fuego medio. Deje cocer hasta que las especias desprendan su aroma, unos 3-4 minutos. Añada las manzanas, el zumo de limón, el azúcar y 1 cucharada de agua, remueva, tape y deje cocer hasta que las manzanas queden blandas, unos 10-15 minutos. Retire la tapa y deje reducir hasta que se forme una pasta espesa, removiendo de vez en cuando. Deseche la rama de canela, luego pase las manzanas por un colador. Deje templar la mantequilla de manzana.

Corte las manzanas en cuartos sin el corazón y luego corte cada trozo en láminas finas, sin separarlas. Reserve.

Ponga la masa sobre una hoja de papel vegetal y con un rodillo o las manos extiéndala hasta que tenga un grosor de 5 mm. Pase a una bandeja de horno, dejando que los bordes del papel cuelguen. Extienda la mantequilla de manzana sobre la masa, dejando unos 4 cm de borde. Añada las manzanas sobre la mantequilla y doble los bordes de la masa sobre sí misma. Vuelva a meterlo todo en el frigorífico para que se enfríe. Precaliente el horno a 190 °C/potencia 5.

Saque la galette del frigorífico, espolvoree con las nueces, luego rocíe con la mantequilla de canela. Espolvoree con el azúcar moreno. Glasee la costra con el huevo batido y luego añada azúcar de canela sobre los bordes. Hornee 25-30 minutos hasta que la costra se dore.

Especias energizantes

La energía nos da la vida: con ella, volamos; sin ella, nos estrellamos. El estímulo de estas especias puede ser la chispa que active nuestro metabolismo, nos ayude a optimizar la energía almacenada, aumente la actividad cerebral o intensifique el esfuerzo físico.

Especias energizantes

Granos de pimienta negra ★ Cilantro ★ Cacao ★ Nuez moscada ★ Tamarindo

Cuando los sistemas del organismo están en equilibrio con los nutrientes adecuados –sin estrés excesivo, malos hábitos alimentarios o falta de sueño–, el cuerpo utiliza su vitalidad energética de la mejor manera. Sin embargo, cuando cuerpo y mente no están sincronizados, nos convertimos en autómatas, y nos servimos de estimulantes de acción rápida como un bollo con mermelada o un café con leche cargado, que provocan una subida instantánea de azúcar y una sacudida de cafeína cuyas consecuencias en forma de déficit de energía pronto se dejan notar en el organismo.

Estas especias refuerzan la energía dedicada a la actividad física y mental, ayudando al cuerpo y la mente a enfrentarse a los retos de un sudoku o un entreno. Los granos de pimienta negra, la reina de las especias, son grandes consumidores de energía y pueden favorecer la pérdida de peso con su capacidad para aumentar la circulación. El cilantro puede estimular la energía digestiva, ayudando a aliviar afecciones gástricas y enfermedades de los órganos digestivos. El cacao, repleto de nutrientes de larga duración, hace que aumente la energía durante un entreno y es un delicioso capricho cardiosaludable. La nuez moscada y la macis estimulan el sistema nervioso y promueven la concentración mental con su compuesto activo, la miristicina, y se cree que ayudan a eliminar toxinas del organismo apoyando las funciones hepática y vesicular. El tamarindo, repleto de sabor y beneficios, es rico en vitaminas y minerales, incluida la tiamina (B_1), que aporta energía y fuerza; potasio, que da vitalidad; y un compuesto activo que podría inhibir la formación de grasa.

Otras especias energizantes

Canela Un poco de canela puede ayudar a mantener un nivel de energía estable gracias a sus cualidades equilibradoras del azúcar. También es el ingrediente primordial de ciertos bálsamos analgésicos que calientan y vigorizan el tejido muscular y aumentan el flujo sanguíneo en los músculos cansados y doloridos.

Clavo de olor Estos diminutos capullos florales secos aportan energía al reducir la inflamación y aumentar la circulación, y se usan en medicina tradicional y como afrodisíacos para aumentar el deseo sexual. El clavo se ha estudiado por sus propiedades naturales para regular la energía, especialmente en los enfermos de diabetes. El sabor natural de regaliz dulce del componente activo eugenol proporciona un toque de energía sin azúcar.

Chile El compuesto vegetal activo del chile es la capsaicina, buena para el corazón, las arterias, la sangre y el sistema digestivo, y además favorece la activación del metabolismo. Aplicada como pomada, la capsaicina lleva la sangre a la zona tratada y reduce el dolor al aumentar la circulación de sangre y estimular las endorfinas.

Anís estrellado En infusión, es un estimulante hormonal para hombres y mujeres. El anís estrellado aumenta la libido y puede ayudar a levantar el ánimo cuando uno se encuentra cansado o deprimido. El té de anís estrellado posee un leve efecto estrogénico, de modo que puede regular el ciclo menstrual.

Menta Un estimulante natural que despeja la mente, activa el cerebro y facilita la retentiva y la concentración. El aroma de sus aceites esenciales basta para recargar los niveles de energía, pero si se ingiere, se bebe en infusión o se aplica su aceite esencial sobre la piel, puede bastar para aumentar el nivel de funcionamiento del cerebro y el cuerpo.

Rábano picante Rico en vitaminas, minerales y proteínas, aporta pocas calorías y nada de grasa. Las proteínas se metabolizan inmediatamente para convertirse en energía y pueden ayudar a combatir la enfermedad, eliminar las toxinas y aumentar la energía para la actividad física. Su compuesto activo picante, la sinigrina, sirve para aumentar la concentración y ayudar a centrarse.

Granos de pimienta negra *La reina de las especias*

Es la especia culinaria más utilizada después de la sal, ha provocado enfrentamientos durante siglos en tierra y mar, y su demanda mundial ha perfilado la historia.

El discreto pimentero (*Piper nigrum*) es una planta trepadora que crece casi exclusivamente en la selva tropical ecuatorial, principalmente en la India y el sur de Asia. De maduración lenta, las bayas tardan años en aparecer. Los granos de pimienta son en realidad diminutos frutos –drupas, frutas con una sola semilla–, agrupados en pequeños racimos. La fuerte y leñosa planta y los racimos de frutos no poseen un aroma distintivo (como la vaina fresca de vainilla) hasta que se secan, se curan y se procesan; es entonces cuando revelan su característica fragancia picante.

La mejor pimienta, todavía cultivada en la costa Malabar, en la India, contiene mayor cantidad de piperina, el compuesto curativo que muchos curanderos tradicionales, maestros ayurvédicos (indios) y profesionales de la medicina occidental moderna loan por sus numerosas propiedades sanadoras. Se cree que favorece la curación de numerosísimas enfermedades y dolencias y se considera un activador de la energía y un posible coadyuvante en la pérdida de peso. La piperina se considera un termogénico: aumenta el ritmo metabólico del organismo, produciendo calor y optimizando la habilidad del cuerpo de aumentar su capacidad de quemar calorías.

No obstante, la cualidad más asombrosa de la pimienta, la que más atención y análisis suscita, es su capacidad de actuar como biopotenciador: una sustancia que al combinarse con nutrientes o con fármacos puede maximizar la absorción y longevidad de los nutrientes o los fármacos en el torrente sanguíneo. El antiguo arte curativo indio, el ayurveda, suele prescribir una mezcla de especias que incluye pimienta, pimienta larga y jengibre, denominada trikatu, que supuestamente potencia los efectos de las medicinas.

Los granos de pimienta verde son granos de pimienta negra no madurados. Presentan un sabor fresco, más complejo pero más suave, y suelen adquirirse en tarros de cristal, conservados en salmuera o vinagre. Firmes pero fáciles de chafar o trocear, se añaden a aliños para ensaladas, estofados y cócteles y aportan el toque picante a la clásica salsa para filetes (véase la p. 121).

Los granos de pimienta blanca son uno de los ingredientes de la mezcla clásica quatre épices. Los granos maduran en la planta y se cosechan cuando la piel de las bayas se vuelve roja. Las bayas rojas se remojan en agua para pelar la cáscara exterior y revelar los diminutos granos grisáceos de pimienta blanca. Esta suele venderse molida y se emplea en numerosos platos clásicos, desde salsas blancas hasta puré de patatas y tortillas, además de recetas chinas y escandinavas.

Los granos de pimienta rosa no son realmente granos de pimienta, sino las bayas maduras de un árbol brasileño perteneciente a la familia del anacardo. La pimienta rosa posee un sabor más suave y está recubierta por una cáscara papirácea que se pela fácilmente con los dedos y libera su delicado aroma. Los verdaderos granos de pimienta roja, que se cosechan al mismo tiempo que los blancos, rara vez se encuentran fuera de sus regiones de cultivo y suelen venderse frescos, de modo que se conservan poco tiempo. Una receta que indique el uso de pimienta roja normalmente se refiere a la rosa.

“La pimienta negra es una de las especias curativas más importantes que llevan años empleándose. Su principal ingrediente es la piperina, que le da su sabor picante. La piperina es un biopotenciador, lo cual significa que ayuda a aumentar las propiedades de otras especias como la cúrcuma. Se ha descubierto que incrementa las citocinas antiinflamatorias del organismo y mejora la salud de pulmones y articulaciones, además de reducir el dolor. Se emplea en la medicina ayurvédica para mejorar la digestión y la circulación y por sus propiedades antimicrobianas para tratar enfermedades diarreicas y problemas estomacales e intestinales. Se ha demostrado útil en la prevención de la obesidad y se está estudiando su efecto en la reducción de peso, dislipidemia y diabetes. Nuevas investigaciones explican su capacidad para mejorar la circulación cerebral y para la prevención y el tratamiento de la enfermedad de Alzheimer.”

Eleni Tsiompanou, doctora en Medicina y Medicina Nutricional

Cilantro *El gigante bonachón*

¿Cómo pueden la semilla y la hoja de la misma planta, emparentada con el perejil y la zanahoria, tener gustos tan diferentes? Las hojas de *Coriandrum sativum* son objeto de discusiones apasionadas, su sabor se ama o se odia, y muchas personas incluso opinan que se debe a una predisposición genética (¡pero esto daría para otro libro!). La hoja no es una especia, sino una hierba aromática y se utiliza únicamente fresca. También se conoce como coriandro o perejil chino y es indispensable en la cocina asiática, india, mexicana y tailandesa de Oriente Medio y Sudamérica, con su distintivo y potente aroma que polariza la opinión de los comensales. Empleada principalmente como decoración o añadida a los platos al acabar de cocinarlos, la hoja de cilantro tiene poco que ver con los beneficios medicinales de su hermana, la esférica semilla.

La semilla de cilantro es una de las especias más antiguas, y fue descubierta en excavaciones arqueológicas datadas de alrededor del año 7000 a.C. También se hallaron en la tumba del faraón egipcio Tutankamón, junto con otras especias preciosas y medicinalmente valiosas de la época.

El destacado valor de las semillas de cilantro para la salud se esconde tras su suave y discreto aroma. Sus poderosos antioxidantes pueden ayudar a proteger el hígado de daños producidos por la enfermedad hepática grasa, cirrosos y hepatitis C. Sus fitonutrientes activos estimulan la digestión y es útil para combatir la flatulencia, los espasmos intestinales y síntomas del síndrome del intestino irritable. También se está analizando como posible agente protector contra el cáncer de colon y se ha señalado que el extracto de cilantro podría ser beneficioso en casos de exposición al plomo, debido a sus potentes compuestos antioxidantes, además de la infección por levaduras *Candida albicans*. Las investigaciones continúan. La Comisión E, un organismo para la regulación de las plantas medicinales en Alemania, integrada por científicos, médicos, farmacólogos y toxicólogos, que ha elaborado monografías sobre más de 300 hierbas y especias, aprueba la semilla de *Coriandrum sativum* para afecciones gastrointestinales, incluida la indigestión y la pérdida de apetito, e indica que no presenta efectos secundarios, contraindicaciones ni interacciones con fármacos. ¡Impresionante para una semillita marrón de aroma dulce!

La semilla de cilantro es un componente esencial de muchas mezclas de especias, principalmente la garam masala india, la berbere etíope, el ras-el-hanout y el baharat marroquí, y las especias para encurtidos, mezclas para marinadas y ginebra europeas. Su sabor dulce, a fruto seco y cítrico me recuerda la cocina de mi abuela y fácilmente se presta a formar parte de recetas dulces, como compotas de fruta fresca y seca, panes, pasteles y galletas, además de ser ideal para las palomitas (p. 114). El aceite esencial del cilantro se utiliza como saborizante de los licores franceses Chartreuse y Benedictine, y con él se prepara una infusión o tónica de suave aroma.

buecher.heilpflanzen-welt.de/BGA-Commission-E-Monographs/0075.htm

---

"El cilantro es caliente y astringente; calma la acidez de estómago y cuando se toma al final también provoca sueño", escribió el padre de la medicina, Hipócrates, hace 2500 años. En la medicina ayurvédica y tradicional, el cilantro se considera laxante, diurético y bueno para el estómago. La ciencia moderna se interesa por los constituyentes bioactivos y la acción farmacológica de las semillas de cilantro y la hierba. Algunos estudios han demostrado que esta especia posee propiedades diuréticas, antibacterianas, antiinflamatorias, anticáncer y neuroprotectoras, entre otras. La influencia positiva del cilantro en el intestino y sus propiedades antimicrobianas lo hacen especialmente interesante en el siglo XXI, cuando la investigación de la microbiota intestinal y las bacterias resistentes a los fármacos ha abierto nuevas vías en la comprensión y el tratamiento de las enfermedades.

Eleni Tsiompanou, doctora en Medicina y Medicina Nutricional

Cacao *La especia y el alimento de dioses*

Ah, el maravilloso y pecaminoso cacao. Todo está en los flavanoles (antioxidantes naturales que se hallan en varios tipos de plantas y en cantidades significativas en los granos de cacao): buenos para el corazón, buenos para el alma. No confunda el cacao con las barritas azucaradas con leche ni las de chocolate blanco: elija chocolate que contenga al menos un 72 por ciento de cacao. Cuanto mayor el porcentaje, más oscuro y menos azucarado es el chocolate y más flavanoles contiene.

Carlos Linneo, científico y naturalista sueco del siglo XVIII amante del chocolate, bautizó esta preciada especia *Theobroma cacao*, 'alimento de dioses'. Rico, irresistible y repleto de antioxidantes, el cacao también contiene triptófano, el aminoácido del bienestar, utilizado por el cerebro para elaborar serotonina, que produce sensación de felicidad. La feniletilalanina del chocolate es la «droga del amor» y actúa como antidepresivo en combinación con la dopamina, uno de los muchos equilibradores cerebrales, además de la teobromina, activadora de la energía, el estimulante que levanta el ánimo tras tomar cacao.

Existen 22 especies de árbol del cacao, todas originarias de Sudamérica y América Central, cuyos frutos se cosechan y se procesan, y un porcentaje creciente de los cuales se vende como chocolate de un mismo país. Solo crece un puñado –bueno, de hecho, un cubo, ya que la colorida semilla del cacao madura es del tamaño de un balón de rugby– de frutos en cada árbol por temporada. El árbol, que alcanza de 6 a 12 metros de altura, debe crecer en la sombra y es vulnerable a hongos y plagas, aunque ahora se cultivan nuevas variedades más resistentes desarrolladas para saciar la creciente demanda de chocolate a nivel mundial.

En la antigua cultura maya, el chocolate caliente nunca se tomaba edulcorado, sino que esta bebida sagrada y ceremonial empezaba a prepararse tostando los amargos granos de cacao sobre el fuego, luego se hervían en agua y finalmente se especiaban con vainilla, ramas de canela y chiles picantísimos.

Desde la década de 1930, en la Armada Británica era tradición tomar una bebida de chocolate caliente, supuestamente elaborada con un enorme bloque de chocolate amargo, al que se añadía agua hirviendo procedente de una tubería de vapor situada bajo la cubierta y leche condensada edulcorada o bien polvos de natillas. Se removía bien y se tomaba durante las guardias nocturnas (¡con un chorrito de ron!).

El cacao tradicional es el polvo que queda tras la fermentación y la tostadura de los granos crudos de cacao (un proceso similar al de tostar granos de café), y la manteca de cacao se obtiene con el prensado de la pasta. El chocolate o el cacao puro también se obtienen de los granos fermentados, pero sin tostarlos.

El chocolate y el cacao puro generalmente poseen un sabor más fuerte y astringente y contienen más cantidad de compuestos flavanoles que el chocolate tradicional, aunque incluir cacao en polvo y chocolate negro (amargo) o semidulce en la dieta sigue constituyendo un enorme beneficio para la salud.

www.ncbi.nlm.nih.gov/pmc/articles/PMC4807961/

“Si bien ahora se considera un capricho, históricamente las civilizaciones maya y azteca le daban al cacao usos medicinales, y sigue siendo así en muchas poblaciones indígenas de América Central y del Sur. El cacao es especialmente rico en polifenoles, un grupo de compuestos antioxidantes protectores que se hallan en muchos alimentos de origen vegetal como el vino tinto y el té, cuyos beneficios para la salud cardiovascular han sido ampliamente estudiados. Estos polifenoles facilitan la disponibilidad de una sustancia química importante, el óxido nítrico, lo cual podría explicar los efectos beneficiosos potenciales del cacao para la presión arterial, la resistencia a la insulina y lípidos en sangre. ¡Un verdadero elixir!”

Geeta Maker-Clark, doctora en Medicina

Roberto Corti, MD; Andreas J. Flammer, MD; Norman K. Hollenberg, MD, PhD; Thomas F. Lüscher, MD, 'Cocoa and Cardiovascular Health', *Contemporary Reviews in Cardiovascular Medicine*

Nuez moscada *El óvalo dorado*

Esta es la única fruta tropical que produce dos especias distintas: la nuez, de aspecto leñoso y color gris parduzco, es la semilla del fruto, mientras que la macis es su elegante envoltorio encarnado.

Observar esta pequeña especia ovalada (muy aromática) y leer que casi todo un archipiélago y su civilización fueron masacrados por su causa realmente es alucinante. En la Edad Media, los ricos y la realeza europea conocían las propiedades medicinales de la nuez moscada. Según la teoría griega de los humores, validada por Hipócrates, la nuez moscada era un fruto «caliente». Se creía que era capaz de compensar alimentos «fríos» como el pescado y las verduras, y se pensaba que curaba el resfriado común. Al extenderse los rumores de que esta especia podía prevenir la mortal plaga, para la que no había cura, la demanda de nuez moscada aumentó, y los decididos comerciantes portugueses conspiraron para arrebatar el control de los comerciantes indios y árabes y sacar provecho del negocio a cualquier precio. La diminuta semilla valía su peso en oro. Los portugueses comerciaron con los bandaneses amistosamente durante un siglo. No obstante, otro poderoso país y su compañía competían en la carrera y no iba a respetar las reglas. En 1621, la Compañía Holandesa de las Indias Orientales había aniquilado casi toda la población bandanesa y se había hecho con el control de las islas de Banda y el comercio de la nuez moscada, cobrando precios astronómicos para entregar la preciada especia a Europa.

Los británicos todavía ocupaban una pequeña parte de las islas cuando los holandeses se hicieron con su control. Consiguieron escapar con unos centenares de semillas y las llevaron a la isla caribeña de Granada, entonces bajo su dominio. El precio de la nuez moscada y otras especias tropicales descendió y empezó la caída de la Compañía Holandesa de las Indias Orientales.

El árbol de la nuez moscada, la mirística, prefiere vivir cerca de la brisa oceánica en suelos volcánicos ricos. Un árbol macho puede polinizar hasta 12 árboles hembra, que hasta los 10-15 años no empezarán a dar fruto, pero que seguirán dándolo durante 30-40 años.

La nuez moscada, de dulce aroma, que se utiliza en Estados Unidos en invierno para preparar ponches, pastel de calabaza y natillas, también se encuentra en cantidad de recetas saladas. Combina bien con el cordero, el pollo y el cerdo, el curri garam masala, las recetas de patatas del norte de Europa y como condimento indispensable para las espinacas a la crema.

El compuesto activo de la nuez moscada, la miristicina, es un estimulante del sistema nervioso central, y se están llevando a cabo estudios que señalan que aumenta la actividad sexual y reduce la ansiedad y el estrés. Además, la nuez moscada se considera un estimulante cerebral y aporta energía al organismo. Un compuesto adicional que se halla en esta especia podría ser beneficioso por su efecto antiedad en la piel, ya que al parecer bloquea la enzima elastasa, que rompe las proteínas de elastina, las mismas que previenen la flacidez de la piel.

“La nuez moscada es la semilla recubierta de la planta *Myristica fragrans* seca. Molida, es indispensable para el pastel de calabaza y también aporta su sabor característico al ponche de huevo, la salsa bechamel y el condimento marroquí ras-el-hanout.

Ingerida, se emplea para tratar diversos síntomas gastrointestinales, como diarrea, náusea, dolor abdominal y gases. Se cree que también posee propiedades antimicrobianas. Se ha utilizado para tratar el cáncer, la enfermedad renal, el insomnio y como abortivo natural, aunque no existen pruebas científicas que avalen estos usos. El aceite de nuez moscada se emplea como anestésico tópico para aftas, dolor de muelas y dolor articular.

Existen algunas reservas acerca del uso de la nuez moscada con fines medicinales. Se han dado casos de toxicidad aguda y crónica derivada su abuso. Las dosis elevadas, 5-20 g o entre una y tres semillas enteras, pueden provocar efectos psicoactivos, incluidas alucinaciones. El uso a largo plazo de dosis de 120 mg o más al día se ha relacionado con alucinaciones y otros efectos secundarios mentales. Para terminar, la nuez moscada puede interactuar con medicamentos que se metabolicen con el citocromo P450. No obstante, todos estos efectos se producen al consumir cantidades muy superiores a las que se emplean para cocinar.”

Linda Shiue, doctora en Medicina

Tamarindo *La especia agridulce*

El enorme árbol del tamarindo siempreverde, originario del África tropical, es preciado por su fruto comestible en forma de vaina. Resistente a la sequía y a los vientos gracias a sus extensas raíces, pero sensible a las heladas, el majestuoso tamarindo, cuyo nombre deriva del árabe y significa 'dátil de la India', crece en casi todas las regiones tropicales y subtropicales del mundo. Las vainas, alargadas y pardas, se agrupan en racimos en las ramas y, cuando están maduras, son cosechadas. Un árbol de 40-75 m puede dar hasta 200 kg de vainas al año. Estas se pelan para dejar al descubierto las semillas, rodeadas de una pulpa que se comprime en dados de 2,5 cm, se deja endurecer y luego se envuelve en papel de celofán. El tamarindo también se encuentra como concentrado y en polvo.

La pulpa ácida de color marrón oscuro del tamarindo se mezcla con agua (cuatro partes de agua por una de pulpa) para elaborar agua o zumo de tamarindo. El sirope se elabora a partir del azúcar disuelto en el zumo de tamarindo y se emplea en México para preparar agua fresca de tamarindo, así como cócteles tropicales refrescantes. Con el adecuado apodo de «limón de Oriente», el tamarindo se utiliza en numerosos platos de la cocina malaya, india, tailandesa, indonesia y de países de América del Sur y Central, como curris, chutney, sopa agridulce y salsas para samosas. Prepare un desayuno delicioso con una cucharada o dos de zumo o mermelada de tamarindo sobre yogur con pistachos y arándanos. También es el ingrediente ácido secreto de la salsa Worcesterchire y salsas marrones, barbacoa y para carne y el bíter de Angostura. Su sabor a caramelo ácido es una buena alternativa al habitual zumo de limón y sus nutrientes saludables despiertan la creatividad.

El tamarindo se vuelve más suave y dulce con el tiempo, pero se conserva indefinidamente debido a su elevado contenido ácido. No obstante, si lo guarda demasiado tiempo se pondrá duro como una piedra.

Con abundante ácido tartárico, que le da su sabor ácido, el tamarindo es rico en vitaminas del grupo B, especialmente tiamina, que aporta energía y fuerza, minerales buenos para los huesos, potasio y vitamina K y su fitonutriente, con poderes antioxidantes. Entre sus beneficios destaca como alivio para la sequedad ocular y otras afecciones ópticas, además de dolencias digestivas y gástricas, debido a su alto contenido en fibra, y se dice que combate los problemas relacionados con el conducto biliar.

https://biblio.ugent.be/publication/990834/file/1017918.pdf

“El tamarindo es popular tanto por su sabor agridulce como por sus propiedades como digestivo. Además, durante siglos, se han encontrado usos medicinales de la pulpa de tamarindo para aliviar la inflamación, el dolor de garganta y la conjuntivitis. Contiene una rica mezcla de minerales (potasio, calcio, magnesio, selenio, cobre, hierro y cinc) y vitaminas (A, C, E, K, tiamina, riboflavina, niacina y ácido fólico).

Más recientemente, se ha elogiado por su contenido en fibra dietética, que posee polisacáridos no amiláceos (PNA) que incluyen gomas naturales, hemicelulosas, mucílagos, pectina y taninos. Además, la fibra elimina las toxinas, sustancias químicas presentes en los alimentos que favorecen la aparición de cáncer. Como resultado, se reduce la exposición del revestimiento del colon a las toxinas y el riesgo de cáncer. Además, la fibra del tamarindo se une a las sales biliares y disminuye su reintroducción en el organismo a través del colon. Dado que las sales biliares las produce el colesterol, su disminución reduce a su vez el nivel de colesterol LDL o "malo". El tamarindo es rico en ácido tartárico, que aporta acidez a los alimentos, además de su actividad como antioxidante.

El tamarindo malabar (*Garcinia gummi-gutta*) como fruta seca contiene alrededor de un 30 por ciento de ácido hidroxicítrico (AHC). El interés reciente por el AHC surge de su actividad como poderoso inhibidor de la formación de grasa en estudios en animales (todavía no se han realizado estudios con humanos). También es de interés su capacidad demostrada en estudios con animales pequeños para reducir el consumo de comida. Se prevén más investigaciones centradas en el uso del tamarindo para conseguir un peso saludable.

(Nota sobre seguridad: el tamarindo debe consumirse en cantidades dietéticas para evitar su efecto laxante.)”

Param Dedhia, doctor en Medicina

PIMIENTA

TOSTADA CON AGUACATE Y PIMIENTA ROSA

Un entrante, entremés o aperitivo rápido y simpático. Chafar el aguacate sobre pan de masa madre fermentada de forma natural hace esta receta no solo más sabrosa, sino también más digerible, ya que los alimentos fermentados contienen probióticos que favorecen la salud digestiva. Aquí se combina con rábano encurtido al momento y pimienta negra, lo cual ayuda a aumentar la absorción de nutrientes.

2 RACIONES

- 2 o 3 rábanos, limpios y cortados en bastoncitos
- 3 cucharadas de vinagre de vino de arroz
- 1 cucharada de perejil picado
- una buena pizca de sal
- una buena pizca de azúcar
- 2 o 3 rebanadas de pan de masa madre
- 60 ml de aceite de oliva virgen extra, para untar el pan, y un poco más para rociar
- 1 aguacate
- 40 g de queso feta desmigado
- un chorrito de zumo de limón
- ½ cucharadita de granos de pimienta rosa y negra, chafados

Ponga los rábanos en un cuenco pequeño con el vinagre, el perejil, la sal y el azúcar. Mezcle y reserve.

Con un cuchillo o cortapastas, corte el pan haciendo figuras. Úntelo con aceite de oliva por un lado y tuéstelo en una sartén caliente o en el horno precalentado a 180 °C/potencia 5, hasta que se dore.

Pele el aguacate, retire el hueso y córtelo en ocho trozos. Disponga un trozo de aguacate sobre cada tostada y cháfelo con un tenedor. Sirva con el rábano y el feta por encima rociado con el zumo de limón y espolvoreado con la pimienta.

CILANTRO, PIMIENTA, MENTA

BEBIDA GASEOSA DE PEPINO Y CILANTRO

Este zumo, que se sale de lo habitual, combina deliciosamente especias y hortalizas ricas en fibra, y se redondea con moras frescas repletas de antioxidantes potenciados por la pimienta. Si no añade las moras, opte por combinarlo con zumo de tomate y vodka para preparar un apetecible Bloody Mary en un momento.

2 RACIONES

- 350 g de pepino inglés o persa, con piel
- ½ cucharadita de granos de pimienta negra, tostados y molidos
- 2 cucharaditas de semillas de cilantro, tostadas y molidas
- 10 g de cilantro fresco picado
- 15 g de jengibre fresco, pelado y rallado o picado
- 4 ramitas de menta
- 2 cucharadas de zumo de lima, o al gusto
- 2 cucharadas de sirope de agave o miel, al gusto
- agua de soda, para rellenar
- cubitos de hielo, para servir
- 6 moras, para decorar

Triture todos los ingredientes excepto el agua de soda, los cubitos y las moras.

Reparta entre dos vasos repletos de hielo y acabe de llenarlos con agua de soda. Decore con las moras.

CILANTRO, PIMIENTA

BASTONCITOS DE PAN LAVASH CON SEMILLAS

Estos palitos no son galletas dulces ni saladas y tampoco son los típicos elaborados a base de masa de pizza. Están repletos de especias sabrosas y saludables. Dispóngalos en floreros de cristal altos (bien limpios) para una presentación espectacular y sírvalos con salsas vegetales para mojar, con hummus o con la Salsa de pataca para picar de la p. 70.

SALEN UNOS 36

- 4 cucharaditas de aceite de oliva
- 1 cucharadita de levadura seca
- 1 cucharada de miel suave
- 500 g de harina para pan
- 1 cucharadita de sal kosher
- 1 cucharada de semillas de cilantro, tostadas y molidas
- 2 cucharaditas de granos de pimienta, tostados y molidos
- 4 cucharaditas de semillas de comino
- 1 cucharada de semillas de comino negro
- ½ cucharadita de semillas de apio
- ½ cucharadita de romero seco, picado
- aceite de oliva, para pintar
- sal marina en escamas, para el toque final

Vierta 300 ml de agua tibia (35-50 °C) en el vaso de la batidora, o utilice un bol grande de metal y una cuchara de madera, añada el aceite, la levadura y la miel, y remueva bien. Poco a poco, agregue un tercio de la harina, removiendo 1 minuto con un gancho para amasar o una cuchara de madera. Incorpore la sal, el cilantro y la pimienta, y gradualmente añada el resto de la harina y las semillas de comino, comino negro y apio, y el romero, raspando de vez en cuando las paredes del bol con una espátula. Añada más harina si es necesario, en caso de que la masa quede demasiado pegajosa.

Amase con el gancho o ponga la masa sobre una superficie de madera enharinada y trabájela a mano, 10 minutos más, hasta que quede suave y elástica. Póngala en un recipiente pintado con aceite, cúbrala y refrigere toda la noche.

Al día siguiente, precaliente el horno a 200 °C/potencia 6. Allane la masa y déjela reposar 30 minutos.

Divida la masa en seis partes, y cubra cada una con papel film transparente o un trapo de cocina limpio humedecido. Extienda una parte, cúbrala y déjela reposar mientras extiende las demás. Cuando la masa sea fina y haya reposado unos 5 minutos, píntela con aceite. Córtela en bastoncitos de 30 cm y déjelos reposar 5 minutos más. Ahora espolvoree los bastoncitos con la sal. Con cuidado, desprenda los bastoncitos y colóquelos separados por 1 cm sobre bandejas forradas con papel vegetal o esteras de silicona y hornéelos hasta que se doren, unos 10-15 minutos.

Deje templar sobre una rejilla y conserve en una lata bien cerrada y forrada con papel vegetal.

PIMIENTA

SALMÓN AHUMADO PICANTE

Hubo una época en que la pimienta valía su peso en oro y era causa de batallas navales. Hoy en día es una especia común, económica y de las más utilizadas. Sus compuestos activos, especialmente la piperina, son potenciados cuando se combina con otras especias como la cúrcuma, lo cual indica que un poco de pimienta molida en casi cualquier plato favorecerá la absorción de los nutrientes de los alimentos. También necesitará virutas de madera para esta receta –hemos utilizado virutas de manuka y romero– remojadas en agua para evitar que se prendan fuego. Las hojas de kava empleadas como condimento son hojas de un arbusto de la familia del pimentero que crece prolíficamente en Nueva Zelanda. Si no puede conseguirlas, sustitúyalas por 6-8 hojitas de pimienta silvestre (bai cha plu), disponibles en tiendas de alimentación asiática.

16 RACIONES COMO CANAPÉ U 8 COMO ENTRANTE

1 kg de salmón, con piel, sin espina

Para la salmuera:

300 g de azúcar moreno

175 g de sal kosher

Para el condimento superior:

1 cucharada de miel de manuka

1 cucharadita de cada de granos de pimienta rosa, verde, blanca y negra

1 cucharadita de semillas de hinojo tostadas, algo machacadas

raspadura de 1 limón

3-4 hojas de kava, troceadas (véase la introducción de la receta)

pimientas variadas recién molidas

En un bol, mezcle los ingredientes para la salmuera. Disponga el salmón, con la piel abajo, sobre una fuente para el horno. Cubra el pescado con la salmuera y refrigere 4-8 horas. La salmuera absorberá los jugos del salmón y se impregnará en él.

Lave el salmón para retirar la salmuera bajo un chorro de agua fría y séquelo bien con papel de cocina. Deje que el pescado repose en el frigorífico 1-2 horas más. Saque el salmón del frigorífico unos 30 minutos antes de ahumarlo para que se temple a temperatura ambiente.

Precaliente una barbacoa con tapa a 200 °C/potencia 6, con un bol metálico con agua y las virutas de madera remojadas en un recipiente hecho con papel de aluminio en la superficie inferior de cocción. Tape la barbacoa.

Mientras la barbacoa se calienta, disponga el salmón con la piel hacia abajo sobre una rejilla para la barbacoa pintada con aceite y, con un cepillo o las manos, úntelo con la miel de manuka. En un cuenco, mezcle el resto de ingredientes para el condimento y espolvoréelos sobre el pescado.

Cuando la barbacoa esté a punto y las virutas empiecen a humear, coloque la bandeja con el salmón en la superficie superior de cocción. Cierre la tapa y baje la temperatura a 140 °C/potencia 1. Ahúme 2-3 horas, comprobando de vez en cuando que las virutas de madera no se quemen: es posible que deba añadir unas cuantas más.

El salmón estará listo cuando aparezcan manchas cremosas en el pescado. (Son proteínas cocidas.) Dependiendo del tipo de barbacoa, estas manchas tardarán más o menos tiempo en aparecer. Apague la barbacoa y, con la tapa abierta, deje templar el salmón. Con cuidado, retire la rejilla de cocción y páselo a una bandeja de servir o envuélvalo en papel film transparente y refrigérelo hasta su consumo.

CILANTRO

ENSALADA DE PAVO, FETA, PICATOSTES Y ARÁNDANO ROJO

Esta es una manera fácil, diferente y sana de vaciar un poco el frigorífico de sobras. En lugar de preparar los picatostes desde cero (aunque son muy sencillos de elaborar), puede añadir un cubito de caldo hidratado y un poco de aceite a una taza de sobras de relleno para los picatostes que culminan esta ensalada ligera con toque final de Compota de arándano rojo, aliñada con vinagreta de arándano rojo y hojas y semillas de cilantro.

4 RACIONES

300 g de hojas de rúcula o berros y lechuga Butterhead, rasgadas
500 g de pavo cocido, desmenuzado
100 g de feta, en daditos
200 g de Compota de arándano rojo (véase abajo)

Para los picatostes de relleno:
40 g de pan rallado
1 cucharadita de sazonador para pollo
½ cucharadita de cada de ajo y cebolla en polvo
una pizca de cada de sal, azúcar y cayena
1 cucharadita de cilantro en polvo
3 claras de huevo
½ cubito de caldo de pollo o vegetal, disuelto en ½ cucharadita de agua caliente
4 cucharaditas de aceite vegetal

Para la vinagreta (salen 300 ml)**:**
120 ml de vinagre de vino tinto
3 cucharadas de zumo de arándanos rojos
1 diente de ajo, picado
1 ½ cucharaditas de zumo de limón
1 ½ cucharaditas de cilantro tostado en polvo
1 cucharada de hojas de cilantro picadas, y más hojas enteras para servir
1 cucharadita de estragón troceado
1 cucharadita de perejil troceado
30 g de arándanos rojos secos
120 ml de aceite de oliva virgen extra

Para preparar los picatostes de relleno de pavo, precaliente el horno a 190 °C/potencia 5. Mezcle el pan rallado con los condimentos en un bol pequeño. En otro bol pequeño, bata las claras con el cubito de caldo disuelto. Incorpore el aceite y mezcle el pan rallado con las claras. Rectifique de condimentos. Con una espátula metálica pequeña, extienda la pasta con sabor a relleno formando circulitos o cuadraditos sobre una bandeja de horno forrada con papel vegetal o estera de silicona. Espolvoree con sal en escamas y hornee 10-12 minutos hasta que queden crujientes los picatostes. Para la vinagreta, triture todos los ingredientes excepto el aceite. Mientras tritura, incorpore el aceite poco a poco para que todo emulsione. Sale al gusto. Para montar el plato, extienda las hojas de ensalada sobre los platos, coloque el pavo encima, el feta y cucharaditas de Compota de arándano rojo. Disponga los picatostes encima. Rocíe con el aliño y decore con unas hojas de cilantro.

COMPOTA DE ARÁNDANO ROJO

SALEN 2 ¼ TAZAS

350 g de arándanos rojos
1 rama de canela, tostada
200 g de azúcar granulado
2 granos de pimienta de Jamaica
1 tangerina, en 4 rodajas horizontales
¼ de cucharadita de pimienta blanca
una buena pizca de sal

Ponga todos los ingredientes en un cazo con 240 ml de agua y lleve a ebullición suave. Deje cocer unos 8 minutos y luego retire del fuego. Cuele la fruta y especias y reserve. Deje cocer el líquido hasta que reduzca a la mitad.

Devuelva la fruta y las especias al cazo y remueva. Deje templar, luego tape y refrigere hasta su uso.

CACAO, CILANTRO

ENSALADA DE VERDURAS ASADAS CON MANTECA DE CACAO
Y VINAGRETA DE NIBS DE CACAO

Rachel Pol

«La primera vez que visité un cultivo de cacao en mi Panamá natal me enamoré del chocolate. También me sentí responsable de las comunidades indias nativas que han abandonado el cultivo del cacao porque no se les paga un precio justo. Desde entonces, trabajo con pequeños productores para mejorar la consistencia y el comercio justo de sus granos de cacao, con el fin de que las nuevas generaciones retomen el cultivo. Además de fabricar nuestro propio chocolate con solo dos ingredientes, puntillas –o nibs– de cacao y azúcar crudo, buscamos constantemente maneras nuevas de consumirlo. La manteca de cacao es una grasa muy estable de larga conservación, rica en antioxidantes. Las puntillas de cacao están repletas de poderosos nutrientes, antioxidantes y sustancias que levantan el ánimo, y añaden una textura crujiente con notas sutiles de chocolate y un suave sabor a fruto seco. Esta receta se inspira en la selva panameña, donde crece el cacao y se cultivan tubérculos.» RP

4 RACIONES

1 boniato, cortado en cuñas
10 zanahorias pequeñas (baby), partidas por la mitad
20 cebollitas, peladas
1 nabo, cortado en cuñas pequeñas
1 chirivía, cortada en rodajas diagonales de 1 cm
1 patata grande, cortada en cuñas pequeñas
1 calabaza alargada, pelada y cortada en dados de 2,5 cm
1 bulbo de hinojo, cortado en cuñas pequeñas
1 cucharadita de semillas de hinojo
1 cucharadita de semillas de cilantro
1 cucharadita de semillas de comino
3 cucharadas de manteca de cacao, derretida
1 cucharadita de sal
55 g de rúcula, para servir

Para la vinagreta de nibs de cacao:
2 cucharadas de manteca de cacao
2 cucharadas de puntillas (nibs) de cacao
4 cucharadas de aceite de oliva
2 cucharadas de vinagre de vino de arroz
½ cucharadita de azúcar
1 cucharadita de sal

Precaliente el horno a 200 °C/potencia 6. Extienda todas las hortalizas sobre una bandeja forrada con papel de aluminio.

Ponga las semillas de hinojo, cilantro y comino en un cazo pequeño y caliente a fuego medio 2 minutos, sacudiendo de vez en cuando. Páselas a un molinillo de especias y muélalas para obtener un polvo grueso.

Añada la manteca de cacao derretida, la mezcla de especias y la sal a las verduras y remueva para que se impregnen bien. Áselas al horno 45 minutos hasta que queden tiernas y caramelizadas.

Prepare la vinagreta. En un cazo a fuego medio-alto, derrita la manteca de cacao, añada los nibs y deje cocer 30-45 segundos. Incorpore el aceite de oliva, el vinagre de vino de arroz, el azúcar y la sal, y retire del fuego.

Sirva las hortalizas asadas sobre un lecho de rúcula rociadas con la vinagreta de nibs de cacao.

NUEZ MOSCADA

ACELGA ARCO IRIS E HINOJO AL GRATÍN

Este plato gratinado no es el típico: la acelga arco iris de la variedad Bright Lights es de tonos rosas, rojos, naranjas y amarillos, que ofrecen una presentación colorida y una apetecible manera de tomar más verdura. El agradable aroma de la nuez moscada recién molida le dibujará una sonrisa en la cara: ¡se cree que combate la depresión y las arrugas!

4 RACIONES

- 600 g de tallos de acelga arco iris (guarde las hojas para otro plato)
- 2 cucharadas de aceite de semilla de uva o vegetal
- 3 cebollas moradas grandes (300 g), troceadas
- 1 cucharada de hojas de tomillo
- 475 ml de leche entera
- 1 bulbo de hinojo grande, sin el tallo central y cortado verticalmente en finas láminas
- ½ cucharadita de semillas de hinojo, ligeramente tostadas y molidas
- 2 hojas de laurel, cortadas en cuartos
- 3 dientes de ajo, pelados y cortados en láminas
- 2 cucharaditas de nuez moscada recién molida
- 1 cucharadita de macis molida
- 3 cucharadas de mantequilla o aceite
- 3 cucharadas de harina
- 1 cucharadita de pimienta blanca molida
- 200 g de queso Havarti, rallado
- 50 g de queso curado, como Pecorino, parmesano o Cheddar maduro, rallado
- 85 g de panko o pan rallado, condimentado con una pizca de sal, pimienta, hojas de tomillo y páprika
- zumo de ½ limón
- páprika, para espolvorear

Precaliente el horno a 180 °C/potencia 4. Limpie los hilos de los bordes de los tallos de acelga y corte los tallos en trozos de unos 15 cm de longitud, según el tamaño de la fuente para hornear. Eche los tallos a una olla de agua hirviendo con sal y escáldelos hasta que queden tiernos. Escurra y reserve.

Caliente el aceite en una sartén de hierro fundido o de base gruesa y sofría la cebolla y las hojas de tomillo hasta que queden blandas.

Mientras se sofríe la cebolla, caliente suavemente la leche en un cazo pequeño y añada el hinojo y las semillas de hinojo, el laurel, el ajo, la nuez moscada y la macis. Deje cocer hasta que el hinojo esté tierno, luego apague el fuego. Cuando se haya templado, escurra la leche en un tarro y reserve el hinojo.

En una olla de 1 litro, derrita la mantequilla o el aceite a fuego medio-bajo y agregue la harina y la pimienta. Remueva hasta que obtenga una pasta espesa, luego añada un tercio de la leche. Incorpore el resto de la leche por tandas, sin dejar de remover durante 2-3 minutos hasta que se ligue; la salsa espesará al irse cociendo. Retire del fuego y reserve.

Para montar el gratinado, espolvoree una capa de pan rallado condimentado en el fondo de una cacerola, fuente para el horno o molde de 30 cm untada con aceite. A continuación, disponga la mitad de las acelgas, en fila, como cerillas, vierta una capa de salsa, luego una capa de cebolla seguida de una de hinojo, un chorrito de zumo de limón y sal y pimienta al gusto, y una capa de queso Havarti. Repita estas capas, y acabe la última con pan rallado y parmesano. Espolvoree páprika por encima y ponga la fuente sobre una bandeja de horno forrada con papel de aluminio y, con las manos, presione para compactar las capas. Hornee 45 minutos hasta que se dore y burbujee. Saque del horno y deje reposar 30 minutos. Sirva aún caliente.

CILANTRO, CHILE

CEVICHE DE LANGOSTINOS AL CHILE VERDE
CON PALOMITAS AL AZÚCAR DE PALMA

Christine Manfield

«Las semillas de cilantro son de las especias más útiles en la cocina: equilibran otras especias más picantes y combinan de maravilla con innumerables sabores y aromas. La armónica fusión de sabores y texturas de este ceviche se inspira en Sudamérica. En lugar de utilizar maíz fresco, he condimentado las palomitas con semillas de cilantro molidas y sal mezcladas con caramelo de azúcar de palma para potenciar el sabor del maíz y complementar el chile verde, el zumo de lima y el jengibre de la leche de tigre. Evite utilizar langostino tigre, ya que su carne es demasiado firme para esta receta.» CM

6 RACIONES

400 g de langostinos crudos de calidad sashimi pelados y sin intestino, abiertos en diagonal
½ aguacate, en dados
½ mango sin madurar, pelado y en juliana
6 gajos de pomelo, troceados
½ pepino pequeño, pelado, sin semillas y en juliana
6 tomates tipo uva amarillos, en cuartos
1 cebolla morada pequeña, picada
½ chile verde largo, sin semillas y en tiritas
un puñado de berros, sin tallos
un puñado de hojas de cilantro, troceadas
1 manojo de albahaca japonesa

Para la leche de tigre:

4 chiles verdes pequeños, troceados
½ bulbo de hinojo pequeño, troceado
2 cucharaditas de raíces de cilantro, troceadas
2 cucharadas de hojas de cilantro
1 tomate verde pequeño, troceado
2 dientes de ajo pequeños, troceados
1 chalota dorada, troceada
2 cucharadas de jengibre fresco
raspadura de 1 lima
raspadura de ½ naranja (o 1 mandarina)
60 ml de zumo de lima
1 cucharada de azúcar superfino
50 ml de aceite de oliva virgen extra

Para las palomitas al azúcar de palma:

3 cucharadas de aceite vegetal o de semilla de uva
115 g de granos de maíz crudos
85 g de azúcar de palma
1 cucharadita de semillas de cilantro, tostadas y molidas
1 cucharadita de sal marina en escamas

Primero, prepare la leche de tigre: triture todos los ingredientes hasta que obtenga una mezcla homogénea. Refrigere hasta el momento de servir.

Para preparar las palomitas, vierta suficiente aceite en una sartén para cubrir la base y caliéntelo a fuego bajo-medio. Cuando esté caliente, añada el maíz y cubra con una tapa. Sacuda la sartén regularmente hasta que el maíz deje de saltar. Retire del fuego y dispóngalo en una bandeja llana.

En un cazo, caliente el azúcar de palma con 1 cucharada de agua y deje cocer hasta que adopte tono de caramelo. Viértalo sobre las palomitas y remueva con un pincho para que todo se impregne bien. Espolvoree con el cilantro y la sal.

Ponga los langostinos en un bol, riéguelos con la leche de tigre y deje marinar 5 minutos. Añada todos los ingredientes de la ensalada y mezcle con cuidado con las manos.

Disponga el ceviche en platos, esparza las palomitas por encima y sirva.

CACAO, PIMIENTA, CHILE

PESCADO AL HORNO
CON MANTECA DE CACAO Y SALSA DE TOMATE Y CEBOLLA

François Kwaku-Dongo

«Cada país tiene su propia street food. En Abiyán, donde crecí, en Costa de Marfil de África occidental, todo el mundo le hablará del "poisson braisé avec attiéké". Es uno de los platos favoritos de mi infancia y consiste en pescado a la parrilla servido con salsa picante y sémola de mandioca. La manteca de cacao, principal ingrediente del chocolate, también puede emplearse en platos salados. Aquí la utilizo en lugar de mantequilla o aceite para asar el pescado y darle un aroma como a fruto seco.» FKD

4 RACIONES

4 pescados enteros de 550 g, como besugo, lubina estriada o tilapia del Nilo, escamados y destripados
140 g de manteca de cacao derretida
1 cucharadita de sal kosher
1 cucharadita de pimienta negra molida
½ manojo de perejil, con tallos

Para la salsa de tomate y cebolla:
1 cebolla amarilla mediana (140 g), en láminas finas
1 tomate maduro pequeño (140 g), pelado y en láminas finas
1 cucharadita de sal kosher
½ cucharadita de pimienta negra molida
½ cucharadita de chile ojo de pájaro, sin semillas y picado
60 ml de vinagre blanco
3 cucharadas de aceite vegetal
100 g de manteca de cacao derretida
1 ½ manojos de perejil de hoja rizada, troceado

Para la sémola de mandioca:
275 g de sémola de mandioca o cuscús
100 g de manteca de cacao derretida
40 g de ajo picado
40 g de jengibre fresco picado
1 cebolleta, picada
½ manojo de perejil de hoja rizada, picado
1 cucharadita de sal kosher
½ cucharadita de pimienta negra molida

Precaliente el horno a 190 °C/potencia 5. Disponga el pescado en una fuente grande para el horno, úntelo con la manteca de cacao derretida y salpimiéntelo. Rellene el pescado con perejil.

Ase el pescado en el horno a media altura unos 20 minutos, rociándolo de vez en cuando con el jugo. Estará listo cuando la carne quede blanca hasta el interior y un termómetro de cocina introducido en la parte más gruesa indique 57 °C. Deje reposar el pescado 10 minutos, luego con cuidado páselo a una bandeja grande y retire el perejil.

Mientras cocina el pescado, prepare la salsa. Mezcle los ingredientes en un cuenco.

Para cocer la sémola de mandioca, prepare una olla para cocer al vapor. Ponga la sémola en un cuenco mediano y cúbralo con papel film transparente. Disponga el cuenco sobre el agua hirviendo y deje cocer al vapor hasta que quede blanda, unos 5 minutos. Reserve. (Si utiliza cuscús, siga las instrucciones de cocción del envase.)

Mientras, caliente la manteca de cacao en una cacerola, añada el ajo y el jengibre y sofría hasta que queden tiernos. Añada la sémola de mandioca y remueva bien. Deje cocer 3 minutos y luego retire del fuego y pase a un cuenco. Incorpore la cebolleta y el perejil y salpimiente.

Para servir, rocíe el pescado con la salsa y sirva la sémola a temperatura ambiente como acompañamiento.

TAMARINDO, CANELA, ANÍS ESTRELLADO

PATO ASADO AL TAMARINDO Y LIMA TAHITIANA
CON CEBOLLA CARAMELIZADA Y CRUJIENTE DE PATO

Con dulce tamarindo, especias tropicales, limas de piel fina y salsa de cebolla y jengibre caramelizada, este pato se sirve con Polenta crujiente al cardamomo (p. 157) y remolacha pequeña asada.

6 RACIONES

1,5 kg de muslos y pechugas de pato, con hueso y piel
4 cucharadas de aceite de oliva, y un poco más para asar la remolacha
4 cucharadas de jerez seco
475 ml de caldo de pato asado o de pollo
2 hojas de lima kaffir frescas o 4 secas, machacadas
un trozo de 5 cm de jengibre fresco, pelado
250 g de pasta de tamarindo
6 remolachas pequeñas rojas, amarillas o bicolores, limpias
1 cucharadita de pimienta de Jamaica molida
zumo y raspadura de 2 limas tahitianas, mexicanas o italianas
4 cucharadas de salsa de chile dulce
1 cucharada de kecap manis (salsa de soja dulce indonesia)
1 cucharada de salsa de soja
Polenta crujiente al cardamomo (p. 157), para servir
1 puñadito de berros, para decorar
1 manojito de cebollino, troceado, para decorar

Para el condimento:
½ semilla de anís estrellado
2 granos de pimienta de Jamaica
½ rama de canela

Para la cebolla con jengibre caramelizada:
100 g de mantequilla
4 cebollas grandes, partidas por la mitad y cortadas en láminas
un trozo de 5 cm de jengibre fresco, pelado y picado

Precaliente el horno a 180 °C/potencia 4.

Prepare el condimento. Caliente un cazo a fuego medio y tueste las especias hasta que suelten su aroma. Reserve.

Para preparar el pato, retire la piel y resérvela en el frigorífico para hacer el crujiente. Caliente el aceite en una cacerola apta para el horno a fuego medio y fría el pato por todos lados hasta que quede crujiente y dorado. Escúrralo sobre papel de cocina y reserve. Devuelva la cacerola al fuego y añada el jerez. Deje cocer 2 minutos para desglasar la cacerola y retírela del fuego. Agregue el condimento de especias a la cacerola junto con el caldo, las hojas de lima, el jengibre, la pasta de tamarindo y los trozos de pato. Remueva bien, cubra con una tapa y pase al horno para cocer 1 ½ horas o hasta que quede tierno.

Corte la remolacha verticalmente por la mitad y colóquela en una fuente pequeña para el horno con un poco de aceite y sal y ásela hasta que se ablande, unos 25 minutos. Deje templar y luego pélela y córtela por la mitad. Manténgala caliente.

Para el crujiente de pato, corte la piel reservada en trozos de 5 mm y dispóngalos en una bandeja de horno. Espolvoree con la pimienta de Jamaica molida y áselos al horno con el pato 30 minutos, hasta que queden crujientes y la grasa se vuelva de color amarillo claro. Retire del horno, deje escurrir sobre papel de cocina y mantenga caliente.

Para la cebolla caramelizada con jengibre, derrita la mantequilla en una sartén a fuego medio, luego añada la cebolla y el jengibre. Deje cocer a fuego lento, removiendo de vez en cuando, hasta que la cebolla quede tierna y dorada. Condimente al gusto y reserve.

Cuando el pato esté listo, retírelo del horno y pase los trozos de pato a una tabla de cortar. Desmenuce la carne, desechando la piel y los huesos. Pase la carne a una sartén mediana. Escurra el líquido de la cocción y luego viértalo sobre la carne de pato e incorpore el zumo y la raspadura de lima, la salsa de chile y las salsas de soja. Hierva suavemente, salpimiente al gusto, tape y mantenga caliente.

Para montar el plato, disponga la polenta en el centro de cada plato y ponga carne de pato encima. Añada una cucharada de la cebolla caramelizada alrededor del pato y acabe con la remolacha asada y el crujiente de pato. Sirva decorado con berros y cebollino.

PIMIENTA

ENTRECOT FLAMENCO A LA PIMIENTA
CON CEBOLLA REBOZADA PICANTE

Este entrecot y su atractiva salsa a la pimienta me traen a la memoria mi traslado de adolescente a Europa, con la mochila llena de zapatillas de ballet y un diminuto diccionario Berlitz. Encontré trabajo en el Ballet Real de Flandes, en Bélgica, sin comprender el idioma, pero entablé amistad enseguida con una familia de cocineros. Las cebollas de la receta son picantes gracias a la mezcla de pimientas, fáciles de preparar y cocinar y aún más fáciles de comer.

4 RACIONES

4 filetes de entrecot (o chuletón) de 225 g

Para la salsa a la pimienta:

240 ml de salsa española, o caldo de ternera o buey
120 ml de nata espesa para montar
60 ml de coñac o brandy
60 ml de Syrah, Zinfandel u otro vino tinto de sabor pimentado
4 ramas de tomillo
3 cucharadas de granos de pimienta verde en salmuera escurridos, reservando el líquido
2 cucharadas de mantequilla sin sal
una pizca de azúcar moreno al gusto

Para las cebollas rebozadas picantes:

1 litro de aceite de cacahuete o vegetal
125 g de harina leudante
1 cucharada de polenta
1 cucharadita de sal
1 cucharadita de pimentón dulce
½ cucharadita de pimienta negra molida
½ cucharadita de cayena
½ cucharadita de pimentón ahumado o chipotle en polvo
½ cucharadita de cardamomo molido
3 cebollas grandes (350 g en total), en aros finos de 3 mm

Para preparar la salsa, en una cacerola mezcle la salsa española o el caldo con la nata, el coñac, el vino y el tomillo y lleve a ebullición. Deje reducir a la mitad. Chafe 1 cucharada de los granos de pimienta y añádalos, con las otras 2 cucharadas y un poco de líquido de la conserva, a la cacerola. Incorpore la mantequilla poco a poco, removiendo con un batidor de globo para espesar la salsa hasta que quede homogénea. Retire las ramas de tomillo y condimente al gusto con una pizca de azúcar moreno.

Prepare las cebollas picantes. Caliente el horno a 110 °C/potencia ¼. Forre una bandeja de horno con papel de cocina y reserve.

En un cazo hondo, caliente a fuego medio el aceite hasta los 180 °C, usando un termómetro alimentario. En un cuenco mediano, mezcle el resto de ingredientes excepto las cebollas. Añada los aros de cebolla y remueva con cuidado para que se impregnen. Retire la cebolla de la mezcla de harina, sacudiéndola para retirar su exceso, y extiéndala sobre un plato o bandeja. Fría la cebolla en el aceite caliente por tandas de unos cuantos aros, no muchos, unos 10 minutos o hasta que queden crujientes y dorados. Con una espumadera, retire la cebolla y escúrrala inmediatamente sobre papel de cocina. Repita la operación hasta acabar de freírla toda. Manténgala caliente en el horno mientras cocina la carne.

Caliente la barbacoa o una plancha a fuego alto o ponga una sartén a fuego fuerte hasta que esté bien caliente para cocer los filetes. Seque los filetes con papel de cocina, luego úntelos con aceite por ambos lados y sálelos. Cuézalos por un lado a fuego fuerte 3 minutos. Deles la vuelta y cocínelos 5-7 minutos más para que queden entre poco hechos y al punto. Retire los filetes del fuego y deje reposar 5 minutos.

Para servir, vierta la salsa de pimienta sobre la carne (o al lado) y disponga los aros de cebolla por encima. Sirva con un buen vino tinto o cerveza belga.

PIMIENTA

HELADO DE PIMIENTA TOSTADA, LIMÓN Y FRESA

La pimienta negra combina sorprendentemente bien con las bayas dulces veraniegas, y aquí aporta una base especiada adictiva al cremoso helado de limón y fresa. Diviértase con los invitados retándoles a que adivinen el sabor; les desconcertará la dificultad de dar con el ingrediente secreto, pero enseguida se rendirán a sus encantos aromáticos.

6 RACIONES

Para el helado:

raspadura de 2 limones

100 g de azúcar superfino

1 ½ cucharaditas de granos de pimienta negra, tostados y molidos

una pizca de sal

150 ml de zumo de limón recién exprimido

480 ml de nata para cocinar

Para la compota de fresa:

340 g de fresas

100 g de azúcar superfino

2 cucharaditas de limoncello

una pizca de sal

Ponga la raspadura de limón, azúcar, pimienta y sal en el vaso de la batidora o procesador de alimentos y triture hasta que la raspadura quede fina y todo bien combinado. Añada el zumo de limón y mezcle hasta que se disuelva el azúcar. Con el motor en marcha, añada la nata. Cubra y refrigere 1-3 horas para que los sabores se fundan.

Lave, limpie y corte las fresas. Agréguelas a un cuenco, añada el azúcar, el limoncello y la sal y mezcle hasta que las fresas queden bien impregnadas. Chafe ligeramente con un tenedor. Cubra y deje reposar una hora, removiendo de vez en cuando, luego refrigere 1-3 horas.

Congele la mezcla de limón en una heladera, siguiendo las instrucciones del fabricante, o viértala en una fuente y congele, removiendo de vez en cuando, hasta que se congele del todo.

Disponga un tercio del helado de limón en un recipiente para el congelador, luego añada un tercio de la compota de fresas. Repita estas capas dos veces más, cubra y congele.

NUEZ MOSCADA, MACIS, CANELA

PUDIN DE CALABAZA

La nuez moscada y su envoltorio en forma de malla, la macis de color rojo, posee casi la misma capacidad de activar la memoria olfativa que la vainilla. También se cree que favorece la memoria, o sea que, adelante, ¡sírvase otro trozo de este delicioso postre!

6 RACIONES

- 375 g de puré de calabaza asada
- 240 ml de nata espesa para montar
- 1 cucharadita de sal marina
- 1 cucharada de jengibre fresco rallado
- 1 cucharadita de canela en polvo
- 1 cucharadita de nuez moscada recién rallada
- 1 cucharadita de macis en polvo
- 85 g de melaza
- 210 g de jarabe de arce
- ½ cucharada de extracto puro de vainilla
- 1 cucharada de brandy
- 4 huevos grandes
- 4 cruasanes, abiertos horizontalmente y tostados
- mantequilla, para engrasar
- 250 g de ciruelas deshuesadas, cortadas en daditos
- 60 g de jengibre caramelizado, troceado
- 300 g de Compota de arándano rojo (p. 108)
- nata montada o helado de vainilla espolvoreados con nuez moscada, para servir (opcional)

En un bol grande, mezcle el puré de calabaza, la nata, la sal, el jengibre, la canela, la nuez moscada, la macis, la melaza, el jarabe de arce, la vainilla, el brandy y los huevos, y bátalo todo bien.

Añada las rebanadas de cruasán tostadas y deles la vuelta con cuidado en la mezcla para que se impregnen bien. (Puede ponerse guantes, ya que es una tarea algo pegajosa.) Unte con mantequilla una fuente honda para el horno. Con las manos o una cuchara grande, forme una capa con los cruasanes en la fuente preparada, y espolvoree con las ciruelas, el jengibre caramelizado y la Compota de arándano rojo (p. 108) antes de acabar con otra capa de cruasán. Cubra la fuente con papel film transparente y luego con papel de aluminio. Refrigere y deje en remojo al menos 1 hora o preferiblemente toda la noche.

Precaliente el horno a 160 °C/potencia 3.

Hornee 1 hora (al pinchar con un cuchillo, este debería salir limpio). Retire el papel film y el aluminio y hornee 15 minutos más para dorar la parte superior. Saque del horno y deje templar a temperatura ambiente.

Para servir, corte en rebanadas, caliente un poco en el horno o microondas y sira con una cucharada de nata montada o una bola de helado de vainilla.

CACAO

BARRITAS DE NIBS DE CACAO, SEMILLAS Y CEREZA

Irresistibles y crujientes, las puntillas o nibs de cacao son buenas para el corazón, gracias a sus flavanoles. Estas barritas los incluyen en abundancia, además de las antocianinas de las cerezas, ideales para un «cerebro feliz».

SALEN UNOS 16 CUADRADOS

- 115 g de copos de avena, tostados (no utilice copos de avena instantáneos)
- 100 g de nueces del Brasil, troceadas
- 2 cucharadas de semillas de chía
- 30 g de semillas de girasol
- 3 cucharadas de puntillas de cacao
- 90 g de cerezas o arándanos rojos secos
- 55 g de jengibre caramelizado
- 40 g de coco en láminas sin endulzar
- 6 cucharadas de miel líquida o sirope de dátil
- 125 g de manteca de girasol o de frutos secos (como manteca de cacahuete o de almendras)

Precaliente el horno a 160 °C/potencia 3.

En un procesador de alimentos, triture la avena, las nueces de Brasil, las semillas de chía y de girasol, los nibs de cacao, las cerezas o los arándanos y el jengibre hasta que quede todo picado. Incorpore el coco y luego añada la miel y la manteca, removiendo para combinar bien. Vierta la mezcla en un molde rectangular de 23 cm. Presione la mezcla, alise la superficie y hornee 20 minutos. Deje templar y corte en cuadrados o barritas tamaño bocado.

CACAO, CANELA

CAFÉ ESPECIADO CON NIBS DE CACAO

¿Hay mejor manera de disfrutar del saludable cacao? Acompañado de otras especias favoritas, esta es una forma cálida y placentera de obtener la dosis diaria de flavanoles.

2 RACIONES

- 115 g de puntillas de cacao
- ⅛ de cucharadita de semillas de cardamomo
- 1 grano de pimienta de Jamaica
- ½ rama de canela, troceada
- ½ vaina de vainilla, troceada
- leche entera, o de coco o de almendra, y edulcorante para servir (opcional)

En una sartén, ponga las puntillas o nibs de cacao, el cardamomo, la pimienta de Jamaica y la canela y tueste a fuego bajo unos 10 minutos, hasta que suelten su aroma, removiendo para evitar que las especias se quemen.

En un molinillo para especias, triture las especias tostadas con la vainilla hasta conseguir una textura de café molido. Obtendrá más cantidad de la necesaria, de modo que puede conservar la que no utilice en un tarro hermético para otro día.

Ponga 7 cucharadas de la mezcla en una cafetera de émbolo. Vierta 475 ml de agua filtrada hirviendo, cubra con un trapo para mantenerla caliente y deje reposar 7-10 minutos. Presione el émbolo hacia abajo y sirva en dos tazas. Acompañe con su leche preferida caliente y edulcorante si lo desea.

CACAO, CANELA

BATIDO VALENCIANO

La combinación de naranja, cacao en polvo y café es una fórmula natural y baja en azúcar para recuperar la energía.

1 RACIÓN

- 3 cucharadas de avena
- 35 g de anacardos crudos
- 1 cucharada de cacao en polvo
- una pizca de sal kosher
- una buena pizca de cardamomo
- ¼ de cucharadita de canela
- zumo y raspadura de ½ naranja
- 1 plátano, en rodajas
- 2 dátiles sin hueso, troceados
- 120 ml de café infusionado en frío
- 4 cubitos de hielo troceados

Remoje la avena y los anacardos en 60 ml de agua toda la noche.

Escurra la avena y los anacardos y póngalos en una licuadora individual con el resto de ingredientes y triture hasta obtener un líquido homogéneo.

Vierta en un vaso largo y sirva enseguida.

TAMARINDO, NUEZ MOSCADA, ANÍS ESTRELLADO

BATIDO DE TAMARINDO

El tamarindo presenta un aspecto de legumbre parda, polvorienta e insípida, pero la vaina esconde una gran riqueza de sabores, remedios antiguos y propiedades prometedoras e inusuales, desde el alivio del síndrome de sequedad ocular hasta la neutralización de cálculos renales. La pasta de tamarindo puede prepararse con dos días de antelación y la medida puede doblarse fácilmente.

1 RACIÓN

- 1 cucharada colmada de pasta de tamarindo
- ¼ de cucharadita de canela en polvo
- ¼ de semilla de anís estrellado (⅛ de cucharadita si es en polvo)
- ½ vaina de vainilla o ¼ de cucharadita de vainilla en polvo o extracto puro de vainilla
- 1 cucharada de azúcar de coco, o al gusto
- 1 manzana mediana, sin corazón y en cuartos
- 1 cucharadita de zumo de limón
- un poco de raspadura de limón
- 240 ml de leche de coco
- cubitos de hielo, para servir (opcional)
- nuez moscada recién rallada, para servir

Ponga la pasta de tamarindo en un cazo con 175 ml de agua y hierva hasta que se disuelva. Cuele, vuelva a echar el jugo en el cazo y deseche la semilla de tamarindo.

Lleve el jugo de nuevo a ebullición, añada la canela, anís, vainilla y azúcar. Retire del fuego y deje templar. Una vez enfriado, retire la vaina de vainilla y la semilla de anís.

Vierta el jugo de tamarindo en el vaso de la batidora y añada la manzana y el zumo y la raspadura de limón. Incorpore la leche de coco y añada los cubitos para espesar. (Si desea un batido más espeso, congele la leche de coco en forma de cubitos.) Espolvoree con la nuez moscada y sirva.

Especias que aportan calor

Cuando refresca el ambiente, las especias con efectos termogénicos ayudan a calentar cuerpo y alma, y proporcionan bienestar con su capacidad de aumentar la circulación, abrir los poros y los senos, y estimular los mecanismos de defensa del organismo para mantener a raya resfriados, dolores y enfermedades.

Especias que aportan calor

Chile ★ Jengibre ★ Semilla de mostaza ★ Rábano picante ★ Wasabi

Una infusión de especias de efecto termogénico –con jengibre para despejar de la mente, cardamomo para aclarar los pulmones, alholva para calmar el estómago, nuez moscada para aliviar el sistema digestivo y pimienta bioactiva– con fitonutrientes y vitaminas poderosas le hará entrar en calor. Tanto si las incluye en una tisana especiada, un combinado contra el resfriado a base de ajo, miel, limón y jengibre, o un guiso, su fragancia y sabor sanadores propiciarán la liberación endorfinas que protegen la salud y proporcionan bienestar ahuyentando el decaimiento invernal.

Los chiles o pimientos picantes hacen que los sensores del dolor liberen endorfinas rápidamente, y estas inundarán las papilas gustativas y el cerebro, y luego pasarán a los sistemas circulatorio y digestivo transportando la capsaicina, que calentará el organismo hasta los huesos. El rábano picante es un prodigio para el sistema circulatorio, un superantiséptico y un potente descongestionante. Se dice del jengibre que mejora la circulación y se reconocen sus efectos termogénicos. Durante siglos se ha empleado en la medicina tradicional como diaforético para abrir los poros e inducir la sudoración, aumentando la circulación y el calor. Las semillas de mostaza pueden reforzar el sistema circulatorio con su gran riqueza en minerales, que se unen con isotiocianatos activos (compuestos que combaten la enfermedad) para calentar y fortalecer el organismo. El wasabi posee cualidades similares al rábano picante y, además, contiene compuestos de isotiocianatos con efecto termogénico y sus propiedades mejoran la circulación.

Otras especias de efecto termogénico

Ajo Este héroe del calor y estimulante antioxidante y antimicrobiano de la antigua Grecia y la medicina china, también se daba de comer a los esclavos egipcios para mantenerles sanos y fuertes. Sus efectos termogénicos y estimulantes se reconocen desde hace miles de años y se emplea desde siempre como remedio para tratarlo todo, desde el resfriado común hasta enfermedades contagiosas.

Cardamomo Especia de intenso aroma y calidez empleada para el té chai, el cardamomo ayuda a reducir la presión arterial. Su aceite más activo, el cineol, impresionante antibacteriano y antioxidante, se ha probado recientemente como alivio para el asma y otras afecciones respiratorias con resultados prometedores.

Comino El aroma de las semillas de comino tostándose en una cacerola estimula las papilas gustativas, primer paso para una buena digestión. El comino se considera una especia termogénica porque activa la circulación sanguínea, mejora el flujo de oxígeno a través de las células, favorece la buena digestión y protege de los efectos de la intoxicación alimentaria con su poder antibacteriano. También ayuda a desprender la mucosidad y es un potente expectorante. El comino negro estimula el apetito y es un termogénico natural.

Pimienta negra Estos granos picantes actúan como bioactivadores al aumentar el flujo sanguíneo y maximizar la absorción y los beneficios de otros nutrientes. También alivian trastornos del tracto digestivo, reduciendo los gases y a la vez aumentando el ácido hidroclórico en el estómago, lo cual ayuda a disminuir las molestias estomacales y combatir el crecimiento bacteriano en el intestino.

Alholva La alholva, una de las primeras plantas empleadas con fines medicinales, podría ser capaz de mejorar la función hepática y reducir el dolor con sus capacidades para generar calor y diaforéticas (inductoras de la sudoración). Las semillas crudas, ablandadas en remojo en agua, se emplean tradicionalmente para tratar digestiones pesadas. La alholva también alivia el dolor muscular y articular al aumentar el flujo sanguíneo y reducir la inflamación.

Nuez moscada Se dice que ayuda a eliminar toxinas del organismo reforzando la función hepática y biliar; la nuez moscada se cree que es especialmente beneficiosa para quienes padecen enfermedad hepática. El aceite de nuez moscada puede aportar calor y aliviar el dolor de estómago eliminando el exceso de gases intestinales, y además se cree que podría aumentar el apetito.

Chile *La especia de las endorfinas*

Conocido y cultivado en todo el mundo, el pimiento picante o chile es originario de las Américas, donde se consume desde el año 6000 a.C. Los mayas tuvieron una gran idea: estoy enganchada al café con leche con una cucharada de cacao puro en polvo, canela de Ceilán tostada y una pizquita de chile en polvo.

Se le atribuye a Cristóbal Colón el «descubrimiento» de los *Capsicum* (familia entre la que se encuentra el pimiento dulce verde, el dolorosamente picante Scotch Bonnet y otros 3.000 parientes) mientras buscaba, sin éxito, la pimienta negra. Poco después, las semillas viajaban en galeones españoles y portugueses y se repartían por todos los rincones de la India, China, Indonesia, África y Europa.

Diversos estudios han demostrado las propiedades antioxidantes del chile y su capacidad para eliminar radicales libres, reducir el estrés antioxidativo y favorecer la integridad celular. Los países donde más se consume suelen presentar niveles más bajos de enfermedad cardiovascular.

Cuanto más fuerte es el pimiento, más capsaicina contiene, mayores niveles de este alcaloide se hallan en las semillas del pimiento y la membrana interior, responsables de la sensación picante. Cuando se toma pimiento picante, rico en capsaicina, los receptores de dolor del organismo reaccionan de inmediato: «¡Ay! ¡Esto pica mucho!». Entonces el cuerpo libera endorfinas, compuestos naturales similares a la morfina que nos inundan como reacción inmediata al dolor, los cuales se cree que son de las drogas más potentes producidas por el organismo. Es posible que momentáneamente broten lágrimas, pero enseguida se experimenta un zumbido exultante, un subidón –una sensación de dolor seguida de una sensación de placer–. Por cierto, el chile se considera un afrodisíaco por esta misma razón. También se le atribuye la inducción de una sensación eufórica de bienestar, y la mejora del ánimo y la alerta, así como la coordinación.

Otro motivo para comer chiles es, evidentemente, su sabor: hacen que los alimentos sepan mejor, desde el pollo piri piri africano al Cerdo mexicano al chile verde (véase la versión de Anne Conness, p. 40), pasando por el pollo kung pao chino y los curris vegetarianos vindaloo indios. La cultura mexicana tiene dos nombres para casi las 50 variedades de chile del país: un jalapeño verde fresco, por ejemplo, se convierte en un chipotle de color rojo oscuro cuando se seca. Los chiles secos poseen un sabor concentrado, complejo y más dulce, y se conservan indefinidamente siempre que se guarden tapados y secos. Los chiles frescos se presentan en variedades de color verde, amarillo, naranja, rojo, morado y negro, y poseen un frescor y calor hidratante ideal para salsas frescas, gazpacho (véanse las pp. 144-145) y platos vegetarianos.

Al comprar chiles frescos, compruebe su firmeza y elija los de piel brillante y mayor peso en relación al tamaño. Se conservan en el frigorífico alrededor de dos semanas. También pueden congelarse bien envueltos.

‘La capsaicina de los chiles (concentrada en su mayor parte, por este orden, en la vaina de la semilla, los nervios, la semilla y, en menor medida, la pulpa) es lo que activa la secreción nasal y el picor en el paladar. Este picor, el tintineo del séptimo nervio craneal y no uno de los cinco o seis sabores, según a quien crea, es bueno para la salud: ayuda a personas afectadas de cefaleas, dolor neuropático diabético y síndrome del intestino irritable. La capsaicina se comercializa en parches, cápsulas, cremas y espráis nasales, y puede adquirirse sin receta médica.

La capsaicina reduce la sustancia P de las fibras nerviosas del cuerpo, siendo dicha sustancia un neurotransmisor que transmite el dolor de un lugar a otro. La capsaicina, además, insensibiliza el tracto gastrointestinal en las personas que ya sufren dolor. Los chiles más picantes parecen ser los que aportan mayores beneficios, incluida una mayor capacidad de eliminar insulina del torrente sanguíneo. Por cierto, el exceso de picante de un chile puede rebajarse enjuagándose la boca con una bebida fría (5 °C), no necesariamente leche ni algo azucarado, aunque en soluciones frías ambas opciones funcionan. Por desgracia, la cerveza no funciona mejor que el agua.’

John La Puma, doctor en Medicina

http://www.ncbi.nlm.nih.gov/pubmed/7708405 cluster ha; http://www.ncbi.nlm.nih.gov/pubmed/21573941 IBD; http://www.ncbi.nlm.nih.gov/pubmed/24867591 IBD-more; http://www.ncbi.nlm.nih.gov/pubmed/2385629

Jengibre *La especia equilibradora*

Mi pareja, mi madre y mis hermanos se sienten cómodos y relajados surcando el mar en un velero. A mí me encanta preparar comidas sencillas en la cocina de a bordo y cuidar de los cabrestantes, pero cuando el mar embravece y convierte la barca en una montaña rusa, es momento de ir a por el trocito de jengibre con la esperanza de que mi estómago revuelto se calme.

El jengibre, un rizoma que con toda probabilidad es originario del sur de China o el norte de la India, desde la Antigüedad se cultiva y se utiliza para facilitar la digestión y aliviar las náuseas. El punzante sabor del jengibre fresco se debe a los gingeroles, el compuesto dominante, que se transforma en una esencia más dulce y suave, la zingerona, al cocinarlo. El jengibre seco en polvo es más picante que el fresco porque el gingerol se convierte en su forma concentrada, el shogaol. El jengibre caramelizado se elabora cociendo trozos de jengibre fresco en sirope de azúcar, espolvoreándolos con azúcar granulado y secándolos. El jengibre rosa del sushi o nori es jengibre en láminas finas, encurtido con azúcar, vinagre de vino de arroz y sal. El jengibre también se embotella y fermenta para elaborar cerveza de jengibre y con él se hace aceite para aromatizar alimentos y bebidas o para emplearlo en medicina.

El jengibre (*Zingiber officinale*) es también un posible tónico cerebral y superalimento: un amplio estudio llevado a cabo con mujeres de mediana edad y mayores demostró que el jengibre es capaz de mejorar la función cerebral en tareas como la concentración mental, las habilidades cognitivas y la memoria, y puede proteger contra los daños cerebrales relacionados con la edad, sin efectos secundarios evidentes. La química antibacteriana del jengibre también es efectiva contra la gingivitis y la periodontitis.

Las investigaciones farmacológicas actuales señalan la necesidad urgente de desarrollar fármacos nuevos, seguros y eficaces para ayudar a reducir la lacra de enfermedades como la tuberculosis, para la cual los antibióticos actuales son ineficaces y, por logística, casi imposibles de distribuir a las personas necesitadas, la mayoría de las cuales viven en lugares remotos. Los productos naturales, especialmente los del entorno fitogenético (vegetales), se han investigado en menor medida, a pesar de saberse que contienen diversos compuestos activos y haberse empleado como remedios tradicionales durante siglos. Un equipo de investigación médica ha estudiado las plantas medicinales de Ghana, incluido el *Zingiber officinale*, por su actividad contra la tuberculosis. Tradicionalmente utilizado por las comunidades de este país para tratar la tos y otras enfermedades con los síntomas de la tuberculosis, esta planta se está estudiando como posible vía para la prevención o cura de esta enfermedad infecciosa mortal.

La **galanga** (palabra derivada del vocablo chino para el jengibre) es también un rizoma. Utilizada en la cocina tailandesa, malaya e indonesia, posee una piel más fina, de tono rosado, y un sabor más picante pero más delicado que el jengibre y se cultiva casi exclusivamente en la India y los países del este y el sudeste asiático. Rica en hierro, sodio y vitaminas A y C, se emplea en curas tradicionales de modo similar al jengibre.

www.ncbi.nlm.nih.gov/pmc/articles/PMC4801013/

"El tallo subterráneo o rizoma del *Zingiber officinale*, el jengibre comestible amarillo, es una superespecia. El jugo de jengibre fresco se usa para tratar quemaduras, y sus aceites esenciales, para aliviar el dolor. El jengibre puede ralentizar la inflamación del organismo, proteger el ADN, calmar las náuseas, tratar los mareos y la indigestión e incluso la migraña. Apenas un octavo de cucharadita (540 mg) de jengibre en polvo, disuelto en agua, se comparó con el sumatriptán, potente fármaco inyectable antimigraña, y se comprobó que era equivalente cuando se administraba al inicio de la cefalea: alivio similar del dolor en dos horas. ¿Cómo funciona el jengibre para aliviar el dolor de cabeza? Es posible que detenga la producción de sustancias químicas llamadas prostaglandinas, que median en la inflamación y causan contracciones musculares. Yo prefiero que los pacientes recurran a los alimentos en lugar de los extractos cuando es posible… y el jengibre se presenta en piruletas y jarabes.

(Nota: existen datos en ambos sentidos en lo referente a la interacción del jengibre con la medicación anticoagulante, de modo que si toma un fármaco de este tipo, consulte con el médico.)"

John La Puma, doctor en Medicina

http://www.ncbi.nlm.nih.gov/pubmed/23657930; http://www.ncbi.nlm.nih.gov/pubmed/26488162

Mostaza *La especia preventiva*

La diminuta semilla de la mostaza, de la familia de las crucíferas (como el brócoli o las coles de Bruselas), posee propiedades saludables y prometedoras para la prevención de enfermedades. Las semillas son inodoras, pero cuando se activan con la adición de líquido, como agua o vinagre, liberan enzimas que crean un fuerte sabor picante que provoca el goteo nasal; además, están repletas de minerales y vitaminas (selenio, magnesio, vitaminas del grupo B y antioxidantes A, C y K). La semilla de la mostaza se conserva indefinidamente.

La mostaza es capaz de mejorar la inmunidad y contiene un gran número de minerales buenos para el sistema circulatorio (hierro, manganeso y cobre), que se unen a las propiedades de los isotiocianatos (fitoquímicos de sulfuro, compuestos que previenen la enfermedad y que también otorgan a las crucíferas su característico sabor) para fortalecer el organismo.

Existen muchas variedades de mostaza, pero la más común en la cocina y para usos medicinales son las semillas oleosas de mostaza, el condimento que denominamos mostaza. Esta siempre ha sido importante en Europa, ya que es una de las pocas especias que crecen local y prolíficamente, de modo que es económica. La mostaza blanca o amarilla (*Sinapis alba*) suele «prepararse» añadiéndole vinagre, cúrcuma, sal y «condimentos secretos», y habitualmente se comercializa en botes de plástico; en Estados Unidos condimenta hamburguesas y perritos calientes. En el Reino Unido, se añade agua a la mostaza amarilla seca en polvo y se sirve con guisos fríos y calientes, o con hortalizas y vinagre para obtener el condimento de tono amarillo piccalilli. La versión dulce y picante italiana, mostarda di frutta, se elabora tradicionalmente con mostaza en polvo, membrillo y fruta fresca.

La mostaza parda, roja o castaña (también llamada china o india, *Brassica juncea*) es la elaborada tradicionalmente con mosto de uvas, «mostaza», o con vino y vinagre, sal y miel (véase la Mostaza a la vainilla y miel, p. 164), y es popular en toda Europa. En Francia, se precian tres tipos de mostaza: la mostaza de Burdeos, suave y marrón, que contiene vinagre, azúcar y a menudo estragón u otras hierbas suaves; la de Dijon, amarilla, cremosa y de sabor fuerte; y la moutarde à l'ancienne, elaborada con semillas de mostaza machacadas, de sabor suave. Alemania posee su propia mostaza, parecida a la de Burdeos, a veces con cerveza, que se sirve con sus famosas salchichas. La mostaza es también un ingrediente importante en el tradicional chucrut y otras verduras fermentadas de forma natural.

La semilla de mostaza negra (*Brassica nigra*) es bastante más picante y se usa casi exclusivamente en la cocina india y oriental. Las semillas se fríen en aceite para rebajar su sabor y aportar un toque de fruto seco.

El aceite de mostaza se elabora a partir de semillas de mostaza parda y otras variedades. También se emplea en la cocina oriental y posee grandes cualidades conservantes, por lo que se añade a encurtidos y chutneys. El aceite de mostaza también se usa como tratamiento para estimular el crecimiento del cabello.

“Las semillas de la mostaza, una planta crucífera, de las variedades amarilla, parda o negra, se emplean desde la Antigüedad en la cocina y con usos medicinales. De hecho, Hipócrates utilizaba semillas de mostaza. Al chafar las semillas o hidratarlas con agua, se activan las enzimas que le proporcionan su sabor punzante, además de liberar sus propiedades medicinales.

En medicina, la mostaza se ha empleado de forma tópica para dolores corporales y como cataplasma para aliviar la congestión respiratoria. También se utiliza como laxante y emético [para provocar el vómito].

Igual que otras crucíferas, las semillas de mostaza contienen antioxidantes, como los isotiocianatos. Los isotiocianatos de la semilla de mostaza (y otras crucíferas) se han estudiado repetidamente por sus efectos anticáncer. En estudios con animales –en particular, relacionados con el tracto gastrointestinal y el cáncer colonorectal– la ingesta de isotiocianatos ha demostrado inhibir la formación de células cancerosas y el crecimiento de cáncer existente. Para terminar, las semillas de mostaza son fuente de selenio y magnesio, dos minerales que aportan múltiples beneficios para la salud, como la moderación de la presión arterial, y el alivio de migrañas y los síntomas de la menopausia.

(Nota: el uso tópico prolongado puede provocar irritación de la piel, incluidas quemaduras y úlceras.)”

Linda Shiue, doctora en Medicina

Rábano picante *La especia antibiótica*

Este pariente de la mostaza y la col crece en los campos británicos desde el siglo XV. A pesar de su nombre, no tiene nada que ver con los rábanos (a mí me recuerda más bien una zanahoria desgarbada), pero está íntimamente asociado a la alimentación y la medicina. A diferencia del pimiento picante, que sabe picante en la lengua, el sabor fuerte de las crucíferas, como la mostaza, el wasabi y el rábano picante, se inhala: ¡un sistema mucho más rápido!

Este tubérculo crucífero perenne con piel de color gris pardo y pulpa blanca es inodoro cuando se recoge, pero al pelarlo el aceite volátil sinigrina se descompone en una enzima llamada alil-isotiocianato, de aroma parecido al aceite de mostaza. Esta enzima es un potente antibiótico natural. Cargado de sustancias fitoquímicas curativas, el rábano picante contiene abundantes compuestos energéticos que se están probando para favorecer la función pulmonar, la digestión, las articulaciones, los músculos y el sistema inmune, así como para comprobar su efecto anticáncer.

El rábano picante es popular en Europa desde hace siglos. En Estados Unidos, a principios del siglo XIX, un joven empresario llamado Henry John Heinz preparó el rábano picante con vinagre y lo vendió en tarros de cristal: el primer alimento preparado de América. La H. J. Heinz Company, conocida como Heinz, más adelante combinó el rábano picante envasado con el kétchup para inventar la salsa rosa a fin de acompañar marisco hervido con una rodaja de limón. El rábano picante también se mezcla con el vodka para el combinado Bloody Mary, con nata agria para tomar con patatas rellenas y se sirve con costillas o salmón, mezclado con mostaza, nata y un chorrito de limón y eneldo fresco.

Alemania se lleva la palma no solo en lo referente a la investigación médica del rábano picante, sino también por las salsas que lo incluyen, aunque a menudo sirven este condimento que provoca secreción nasal simplemente pelado y rallado como acompañamiento.

Cabe decir que el rábano picante rallado y pelado debe consumirse enseguida, o conservarse en vinagre, ya que pierde su sabor y se oxida una vez preparado. La mayoría de elaboraciones con este ingrediente requieren poco calor, pero al cocerlo se suaviza, de modo que recomiendo añadir el rábano picante al final y al gusto. Si prepara usted rábano picante en casa, cerciórese de ventilar bien la cocina y disponer de todos los ingredientes a mano.

“El rábano picante, de la familia de crucíferas, es una raíz alargada originaria de la zona mediterránea. Es fácil reconocer su sabor picante cuando está rallado, complementando carne de vacuno o pescado ahumado.

El sabor punzante característico del rábano picante procede de la liberación de compuestos volátiles. Medicinalmente, estos compuestos se han utilizado para aliviar la congestión respiratoria, y tratar la sinusitis y la bronquitis. Su eficacia contra estas afecciones se debe al hecho de que el rábano picante es una buena fuente de vitamina C, más que las naranjas o los limones. Además, los compuestos volátiles del rábano picante presentan actividad antimicrobiana. Tradicionalmente, se ha considerado que posee propiedades diuréticas y se ha utilizado para tratar infecciones del tracto urinario, cálculos renales y retención de líquidos. También se ha empleado para tratar el dolor articular, los trastornos vesiculares, el dolor del nervio ciático, la gota, los cólicos y los parásitos intestinales en niños, aunque los datos científicos no demuestran su eficacia para estos usos.

El consumo de rábano picante u otras crucíferas en grandes cantidades podría ser perjudicial por su posible efecto de disminución de la función tiroidea, si bien esto se ha demostrado únicamente en estudios con animales y no sería motivo de preocupación con un nivel normal de consumo de estos nutritivos vegetales.”

Linda Shiue, doctora en Medicina

Wasabi *La especia de manantial de montaña*

La mayoría de aficionados al sashimi nunca han visto el verdadero wasabi: de hecho, existe poco wasabi real en el mercado, ya que casi todo se elabora a partir de rábano picante. Por lo general, el wasabi en polvo suele ser amargo y no suele elaborarse a partir de rizomas de verdadero wasabi, y, sorprendentemente, el más consumido por los americanos es en forma de cápsula, no con sushi. El polvo utilizado en los restaurantes de sushi es rábano picante en un 99 por ciento. Lo cual no significa, por descontado, que el rábano picante sea inferior: como hemos visto, posee una plétora de usos alimentarios y medicinales. Pero ¿dónde se encuentra el verdadero wasabi y en qué se diferencia?

Conocido en un principio como «jengibre silvestre», el wasabi posee atributos similares al los del jengibre y una paleta de sabor similar a la del rábano picante, con el cual está lejanamente emparentado. El rábano picante y el wasabi también comparten el efecto de despeje mental que proporciona un tipo similar de enzima. Pero el wasabi solo crece en condiciones muy concretas y tarda años en madurar. La mayor parte del wasabi verdadero (*Eutrema wasabi* o *Wasabia japonica*) es originario de Japón, donde se cultiva a partir de un total de 17 variedades, forma parte integral de la gastronomía nacional y se valora desde el siglo X por sus propiedades medicinales. Ahora se cultiva también con éxito en otros países, como Canadá, Brasil, Israel, el estado norteamericano de Oregón y las puras regiones montañosas de Nueva Zelanda. En Japón, este rizoma perenne con pulpa de color verde claro se cultiva a orillas de manantiales de montaña desde hace más de mil años. Su cultivo comercial se basa en dos métodos: el wasabi cultivado en el suelo de zonas elevadas y el cultivado en campos inundados o flujos de agua. El último da una planta con una proporción mayor de rizoma por hojas, de modo que, ya que el rizoma es la parte del wasabi más consumida, es el método más rentable.

Nutricionalmente y en cuanto a bienestar, lo que hace destacar al wasabi por encima de la mostaza o el rábano picante son sus prometedoras propiedades anticáncer. Existen pruebas de que sus compuestos isotiocianatos activos podrían ejercer un efecto quimioprotector en el cáncer, incluido el de pulmón, mama, hígado, esófago, vejiga, páncreas, colon y próstata. Siguen realizándose estudios prometedores en esta dirección.

En agricultura, se están llevando a cabo estudios para desarrollar un fungicida natural con extractos fitogenéticos del wasabi para evitar el daño por hongos a los cultivos de semillas oleaginosas de colza.

Si utiliza una lata de «wasabi» en polvo, asegúrese de que se trata de wasabi y no de rábano picante, mostaza y colorante verde. Hidrátelo con agua y disfrútelo con su sushi. También puede añadirlo a aliño para ensaladas, puré de patatas, salsa para marisco ¡o incluso helado!

El wasabi (*Wasabia japonica*) es una planta distinta al rábano picante y originaria de Japón. El tallo se muele para producir un condimento que acompaña al sushi, aunque en los restaurantes occidentales, la pasta de color verde claro que se sirve junto al sushi es más probable que sea rábano picante con colorante combinado con mostaza.

Se cree que el wasabi posee numerosos beneficios para la salud, como antimicrobiano, potencial anticancerígeno (rico en antioxidantes), antiinflamatorio e incluso como anticoagulante de la sangre (específicamente, para reducir la agregación de plaquetas). Existen manuscritos japoneses del siglo VIII que mencionan el wasabi, cuando se empleaba más con fines medicinales que culinarios.

El wasabi es fuente de fibra, proteína, micronutrientes –como vitaminas A, C y muchas del grupo B– y numerosos minerales, como calcio, hierro, magnesio, fósforo, potasio, sodio y cinc. También presenta niveles elevados de antioxidantes, los isotiocianatos. En un estudio reciente sobre las propiedades antibacterianas de diversos alimentos, el wasabi resultó ser el más potente contra *E. coli* y *Staphylococcus aureus*. Esto significa que el wasabi puede no solo potenciar su sabor, sino también ayudar a evitar la intoxicación alimentaria. También se ha demostrado efectivo contra patógenos respiratorios, y puede ayudar a prevenir la sinusitis al actuar como descongestionante, cosa que los comensales notan enseguida cuando ingieren demasiado de golpe.

Linda Shiue, doctora en Medicina

CHILE, PIMIENTA, COMINO

GAZPACHO DE HIERBAS Y SALSA HARISA
CON GARBANZOS CRUJIENTES

A la típica sopa fría de tomate veraniega se le añade aquí un toque internacional con la salsa harisa y los garbanzos, ricos en proteínas, sin gluten y picantes, en lugar de los picatostes. Utilice tomates ya maduros y blandos, pero deben ser frescos y sin moho ni fermentados.

4 RACIONES

- 1,3 kg de tomates frescos pero ya blandos
- 7 ramas de apio, limpias de hilillos
- 2-3 pepinos (550 g), pelados y sin semillas
- ½ cebolla o 2 chalotas
- un puñado (10 g) de hierbas frescas troceadas, como albahaca y perejil
- 1 cucharada de Pasta harisa para gazpacho (véase la p. siguiente)
- zumo de 3 limones
- 1 litro de zumo vegetal bajo en sodio
- 3 cucharadas de aceite de oliva, y más para aliñar
- 1-2 cucharaditas de sal marina fina
- 1 aguacate maduro firme
- Garbanzos crujientes (véase la p. siguiente), para servir

En una olla grande, lleve a ebullición unos 10 cm de agua. Mientras el agua se calienta, vuelva hacia abajo los tomates y márquelos con una pequeña X, justo para rasgar la piel. Prepare un cuenco mediano lleno de hielo y agua y una espumadera. Añada los tomates al agua hirviendo, deje un par de minutos, luego retírelos y échelos al agua helada. Pélelos y límpielos. Vacíe el cuenco de agua y utilícelo para preparar el gazpacho.

Trocee los tomates, el apio, el pepino y la cebolla y agréguelos al cuenco. Añada las hierbas, la pasta harisa, el zumo de limón, el zumo vegetal y el aceite.

Triture la sopa con una batidora de mano, dejando algunos tropezones. Salpimiente y añada más salsa harisa al gusto. Refrigere muy bien.

Pele y deshuese el aguacate y córtelo en trocitos. Sirva el gazpacho en boles refrigerados, añada una cucharada de aguacate y decore con un chorrito de aceite de oliva, luego incorpore los garbanzos.

PASTA HARISA PARA GAZPACHO

SALEN UNOS 2/3 DE TAZA

- 2 cucharaditas de granos de pimienta negra
- 2 cucharaditas de semillas de cilantro
- 1 cucharadita de semillas de comino
- 1 cucharadita de semillas de hinojo
- 2 cucharaditas de ajo troceado (o al gusto)
- ½ chile verde, sin semillas y picado
- raspadura de ½ limón
- 1 cucharada de aceite de oliva
- 1 cucharada de chipotle en polvo o pimentón ahumado
- ½ cucharadita de cayena en polvo
- 2 cucharadas de pimentón dulce

Tueste y muela los granos de pimienta y las semillas de cilantro, comino e hinojo.

En un mortero, pique el ajo, el chile y la raspadura de limón. Añada las especias molidas y el aceite de oliva. Agregue el resto de especias y muela hasta obtener una pasta, añadiendo más aceite de oliva si es necesario.

En un recipiente hermético refrigerada, la pasta se conserva varios meses.

GARBANZOS CRUJIENTES

SALEN UNAS 3 TAZAS

- 200 g de garbanzos secos (o 3 tazas de garbanzos en conserva, escurridos y secados al aire)
- 1 cucharadita de bicarbonato
- 1 cucharada de Pasta harisa para gazpacho (véase arriba)
- ¼ de cucharadita de ajo en polvo
- 250 ml de aceite de semillas de uva o vegetal

En una olla de 1 litro de capacidad, ponga los garbanzos secos y el bicarbonato y añada suficiente agua para cubrirlos. Tape la olla y deje en remojo 8 horas.

Escurra, enjuague y devuelva los garbanzos a la olla. Cubra con agua y lleve a ebullición, luego baje el fuego para mantener un hervor suave y deje cocer 2 horas, o hasta que estén tiernos. Deje templar en una bandeja grande para que los garbanzos se sequen.

Mezcle la salsa harisa con el ajo en polvo en un cuenco mediano y reserve.

Caliente el aceite en una sartén grande a unos 180 °C. Pruebe con un garbanzo: si el aceite burbujea a su alrededor, está listo para freír. Fría los garbanzos por tandas, sin poner demasiados a la vez, durante 3-4 minutos, hasta que queden crujientes.

Escurra sobre papel de cocina, y páselos enseguida por el cuenco con las especias.

Espolvoree sobre el gazpacho.

Fotografía de las pp. 142-143

RÁBANO PICANTE, AJO, NUEZ MOSCADA

SOPA CAMPESTRE DE CEBOLLA Y CHAMPIÑONES

Esta es una sopa rápida y sencilla, espesa, similar a un potaje, que creé cuando era chef del restaurante Bridge Street, en Bigfork, Montana, propiedad de las premiadas bodegas Chateau Montelena de Napa, California. El restaurante estaba rodeado de un encantador huertecito, donde cultivaba el rábano picante que utilizaba para este plato. Cuando llegaba el momento de prepararlo, el equipo de cocina se apartaba, ya que esta especia es inodora cuando se recoge, pero al romper la piel ¡el olor es punzante! El aceite volátil que contiene es un potente antibiótico natural, ¡pero puede provocar lagrimeo!

2-4 RACIONES

1 cabeza de ajos
1 cucharada de aceite de oliva
125 g de Cebollas a la cúrcuma (véase abajo)
1 cucharada de aceite de semilla de uva
250 g de champiñones
⅛ de cucharadita de nuez moscada (una buena pizca)
1 cucharada de hojas de tomillo frescas
50 ml de oporto
475 ml de caldo vegetal
200 g de patata hervida, hecha puré
1-2 cucharaditas de zumo de limón
2 cucharaditas de rábano picante, fresco o en conserva, al gusto
⅛ de cucharadita de nuez moscada recién molida, para decorar
pan de ajo, para servir (opcional)

Precaliente el horno a 180 °C/potencia 4. Corte la parte superior de la cabeza de ajos para dejar los dientes al descubierto, luego pele las capas externas del bulbo, dejando la piel de los ajos. Envuelva en papel de aluminio y rocíe el ajo con una cucharada de aceite. Cierre el paquete de papel de aluminio por arriba, disponga en una bandeja para el horno y ase unos 30-35 minutos hasta que quede blando y dorado.

Mientras se asa el ajo, prepare las Cebollas a la cúrcuma (véase abajo).

En una olla de 2 litros, caliente el aceite de semilla de uva y sofría los champiñones con la nuez moscada y el tomillo hasta que absorban casi todo el líquido, unos 5 minutos.

Baje el fuego, añada las Cebollas a la cúrcuma y la mitad del ajo asado (guarde el resto para otro uso; se conserva unas 2 semanas en el frigorífico) y mezcle bien. Añada el oporto y deje reducir 2 minutos. Agregue el caldo y deje cocer 3-5 minutos.

Incorpore el puré de patata, el zumo de limón y el rábano picante, y salpimiente al gusto.

Sirva caliente en cuencos grandes, con nuez moscada por encima y acompañado de pan de ajo, si lo desea.

CEBOLLAS A LA CÚRCUMA

SALEN 2 TAZAS

50 g de mantequilla
60 ml de aceite de semilla de uva o vegetal
1 cucharadita de cúrcuma en polvo
4 cebollas marrones medianas (450 g), cortadas por la mitad y luego en láminas finas
10 vueltas de molinillo de pimienta negra molida

En una olla, caliente el aceite y derrita la mantequilla a fuego medio-alto, añada la cúrcuma y deje cocer 1 minuto. (Agregar cúrcuma al aceite intensifica el sabor y los nutrientes, la pimienta también añade propiedades al plato.)

Añada las cebollas y, cuando empiecen a soltar vapor, baje el fuego a medio-bajo y deje cocer 20-30 minutos, removiendo de vez en cuando, hasta que queden translúcidas, blandas y de color amarillo pardo.

Añada la pimienta y remueva unos minutos.

Retire del fuego, deje templar, cubra y refrigere hasta el momento de su uso.

CHILE, JENGIBRE, COMINO

KULI KULI DE CACAHUETE
CON CEBOLLA PICANTE Y SEMILLAS DE COMINO NEGRO

Inspirados en el viejo tentempié nigeriano, los kuli kuli están repletos de proteínas y esta versión incluye el toque adicional del chile, combinado con el sutil dulzor de la canela. Son buenos para la circulación y representan un excelente aperitivo sin gluten y vegano.

SALEN 24

200 g de cacahuetes pelados y tostados en el horno
4 cucharaditas de jengibre fresco rallado
12 gotas de salsa picante (Tabasco), o al gusto
2 cucharaditas de azúcar moreno
1 cucharadita de canela molida
¼ de cucharadita de sal en escamas, o al gusto
aceite de cacahuete, para freír
½ rama de canela (opcional)
hojas de perifollo o perejil, para decorar

Para las cebollas picantes:
1 cebolla morada pequeña (unos 100 g), cortada por la mitad y luego en láminas finas
½ chile rojo fresco, jalapeño, Anaheim o Serrano, cortado en rodajas
raspadura de 1 lima y zumo de ½
60 ml de vinagre de vino de arroz
1 cucharadita de perejil picado
1 cucharada de semillas de comino negro (neguilla o semillas de cebolla), y más para decorar

Primero, prepare la cebolla. Mezcle todos los ingredientes en un bol pequeño, cubra y refrigere hasta su uso.

Con el procesador de alimentos o en el mortero, pique los cacahuetes con el jengibre hasta que queden del tamaño de una semilla de sésamo. Añada un poco de aceite de cacahuete si queda demasiado seco, pero no deje que se convierta en manteca de cacahuete.

Incorpore la salsa picante, el azúcar, la canela y la sal. Presione un poco entre las manos para que el kuli kuli no resulte demasiado aceitoso o no quedará crujiente al cocerlo. Utilice hasta 4 cucharadas de agua para ayudar a la mezcla a compactarse. Forme tortitas de 4 cm (unos 15 g) y disponga en una bandeja.

Vierta aceite de cacahuete en una sartén hasta cubrir 4 cm, añada la mitad de la ramita de canela (si la usa) y caliente a 165 °C.

Fría las tortitas por tandas hasta que se doren, unos 2 minutos por cada lado. Escúrralas sobre papel de cocina. Si quedan blandas en lugar de crujientes, póngalas al horno (110 °C/potencia ¼) para que se sequen y endurezcan sin quemarse.

Para servir, amontone un poco de cebolla picante sobre los kuli kuli y decore con una hoja de perifollo o perejil y unas semillas de comino negro por encima.

CHILE, AJO

HUEVOS TURCOS

Peter Gordon

«En Turquía, estos huevos reciben el nombre de çılbır *(pronunciado "chil-bir") y siempre incluyen ajo crudo con el yogur. En The Providores, donde es nuestro plato estrella del brunch, no les añadimos el ajo porque a nuestros clientes les parece demasiado fuerte. Como los cocineros turcos, utilizo una buena cantidad de copos de guindilla de sabor suave y sin semillas, pero muy gustosos, llamados ķirmizi biber, conocidos también como chile Aleppo. También lo he preparado con copos de guindilla coreana, que aportan al aceite una deliciosa tonalidad roja. Siempre los servimos con pan de masa madre tostado.»* PG

4 RACIONES (2 HUEVOS POR PERSONA)

- 300 g de yogur natural espeso
- 1 diente de ajo, machacado
- ½ cucharadita de sal en escamas
- 50 ml de aceite de oliva virgen extra
- 50 g de mantequilla sin sal
- 1 cucharadita de copos de guindilla seca (más o menos, al gusto)
- 1 cucharada de eneldo o perejil cortado
- 8 huevos
- 100 ml de vinagre de vino blanco (puede parecer demasiado, pero ¡no lo es!)

Bata a mano el yogur, el ajo y la sal con la mitad del aceite de oliva 15 segundos, luego resérvelo (es mejor servirlo a temperatura ambiente).

En una cacerola pequeña, cocine la mantequilla hasta que quede de color tostado (beurre noisette). Retire del fuego y agregue los copos de guindilla, luego mueva la cacerola para que se cuezan unos 20 segundos. Añada el resto de aceite de oliva y el eneldo y deje la mezcla aparte, manteniéndola caliente.

En una olla mediana, agregue el vinagre a 1 ½ litros de agua hirviendo y escalde los huevos. Nunca añada sal al agua cuando escalde huevos porque se rompen.

Para servir, reparta tres cuartas partes del yogur entre cuatro boles calientes. Coloque dos huevos escaldados escurridos en cada bol y luego acabe de repartir el yogur. Rocíe con la mantequilla picante y tómese enseguida.

WASABI

ENSALADA DE ARROZ SALVAJE
CON VINAGRETA ASIÁTICA A LA NARANJA

El alimento más consumido en el mundo, el arroz, se combina con cientos de ingredientes; aquí, con uno de mis preferidos: una ensalada de arroz con wasabi y naranja. De la familia de las crucíferas (como el brócoli o las coles de Bruselas), es innegable que el wasabi posee calor y, además de aclarar los senos rápidamente, se estudia por sus posibles efectos anticáncer.

4 RACIONES COMO PLATO PRINCIPAL O 6 COMO ENTRANTE

175 g de arroz integral
175 g de arroz blanco
175 g de arroz salvaje
120 ml de zumo de naranja
200 g de orejones, en rodajas
70 g de jengibre caramelizado, picado
2 ramas de apio, sin las hojas y cortadas en rodajas
225 g de castañas de agua (o 1 lata pequeña, escurrida)
160 g de pacanas tostadas, troceadas
½ manojo de cebollino, troceado

Para la vinagreta asiática a la naranja:
240 ml de vinagre de arroz condimentado
240 ml de aceite de semilla de uva o de colza
2 cucharadas de aceite de sésamo tostado
2 cucharadas de salsa de soja
zumo de 1 o 2 limas y raspadura de 1
120 ml de zumo de naranja (de los orejones, véase abajo)
2 cucharaditas de wasabi fresco rallado, o 1 cucharada de polvo de mostaza para wasabi, mezclado con agua para convertirlo en pasta

Cocine los diferentes tipos de arroz según las instrucciones de los envases. Escurra y refrigere.

Caliente el zumo de naranja, añada los orejones y el jengibre y deje cocer 10 minutos. Retire del fuego y deje templar. Escurra y reserve el jugo para la vinagreta.

Para preparar la vinagreta, mezcle todos los ingredientes en un cuenco y remueva bien.

En un bol grande, eche el arroz, el apio, las castañas, las pacanas y el cebollino. Añada los orejones y el jengibre escurridos. Vierta el aliño por encima y mezcle bien.

Refrigere, tapado, en el frigorífico, durante al menos 2 horas y hasta un día.

GALANGA, CARDAMOMO

PARGO ENVUELTO EN HOJA DE PLÁTANO
CON SALSA DE CILANTRO Y PLÁTANO, Y POLENTA AL CARDAMOMO

Esta receta de inspiración tailandesa y tropical es ideal para cocinar y compartir fuera de casa un día de verano. La galanga, similar al jengibre, posee un sabor más suave al cocerla y se utilizaba en la antigua Indonesia –y sigue utilizándose en la medicina indonesia tradicional– para combatir el dolor y la inflamación articulares. Sus cualidades termogénicas aportan un equilibrio perfecto a este cálido y radiante plato.

4 RACIONES

1 hoja grande de plátano
4 filetes de pargo de 175 g, sin espina
115 g de galanga fresca (o jengibre), rallada
1 pimiento rojo grande, en tiras finas
1 pimiento verde grande, en tiras finas
1 pimiento amarillo grande, en tiras finas
8 hojas de lima kaffir frescas, la mitad troceadas
3 chalotas, cortadas en aros
3 cucharadas de mantequilla, a temperatura ambiente
2 cucharadas de vinagre de vino de arroz
¼ de cucharadita de sal
pimienta recién molida, al gusto
1 cucharada de aceite de semilla de uva o vegetal, para pintar

Para la salsa de cilantro y plátano:
1 plátano
2-3 cucharadas de leche de coco
raspadura y zumo de 2 limas
2 cucharaditas de salsa de chile dulce
unas gotas de salsa de pescado
2 cucharaditas de galanga fresca rallada (o jengibre)
¼ de cucharadita de cardamomo en polvo
55 g de palmitos o brotes de bambú, en dados
30 g de cebolla morada, en dados
¼ de manojo de albahaca tailandesa, o al gusto
⅓ de manojo de cilantro, o al gusto

Prepare la Polenta al cardamomo y las Chalotas crujientes (véase la p. siguiente).

Precaliente el horno a 180 °C/potencia 4 o caliente la barbacoa.

Pase la hoja de plátano sobre una llama de gas, o utilice una antorcha o vela, unos segundos para que quede brillante y flexible. Córtela en cuatro corazones unos 5 cm más largos y más anchos que el pescado. (Si no consigue hoja de plátano, utilice papel vegetal.) Lave el pescado y séquelo con papel de cocina.

En una cacerola, mezcle la galanga o jengibre, pimientos, hojas de lima kaffir troceadas y un tercio de las chalotas con 1 cucharada de la mantequilla y sofría para que se ablanden.

Pinte los dos lados de cada corazón de hoja de plátano con aceite y ponga dentro la mezcla de pimientos y cebolla, luego disponga un filete de pescado sobre cada una. Acabe con 1 hoja de lima kaffir. Doble la hoja como si fuera un sobre y fíjela con un palillo o hilo de cocina. Cocine en la parrilla o la barbacoa unos 15 minutos, dándole la vuelta a media cocción.

Prepare la salsa mientras se asa el pescado. En un cazo, derrita 1 cucharada de la mantequilla con el resto de chalotas. Remueva 2 minutos y añada el vinagre y 2 cucharadas de agua. Sofría hasta que se reduzca un cuarto. Poco a poco incorpore el resto de mantequilla hasta que empiece a emulsionar/espesar. Reserve hasta el momento de servir.

Prepare la salsa de plátano y cilantro. Pele y corte el plátano en dados y reserve. Mezcle la leche de coco, el zumo de lima y la raspadura, la salsa chile, la salsa de pescado, la galanga o jengibre y el cardamomo. Añada los palmitos, la cebolla, la albahaca y el cilantro. Salpimiente al gusto.

Para servir, corte el hilo de cocinar o retire los palillos y abra la hoja de plátano. Con cuidado, disponga el pescado sobre la polenta. Esparza los pimientos alrededor del pescado. Vierta salsa sobre el pescado y acabe con chalotas crujientes por encima. Sirva con la salsa de plátano y cilantro.

POLENTA AL CARDAMOMO

La leche de coco aporta un saludable sabor tropical a la polenta. Al incorporarla como se indica, añade cremosidad y el sabor agradable de cardamomo. Este plato también es un nutritivo desayuno si se complementa con fruta fresca y azúcar de coco por encima.

4 RACIONES

500 ml de leche de coco y 500 ml de agua
1 cucharada de azúcar moreno
1 cucharadita de sal
140 g de polenta (no instantánea) o harina de maíz amarilla
85 g de yogur griego o de coco
1 cucharadita de semillas de cardamomo negras (o verdes), tostadas y molidas

En una cacerola de 2 litros, lleve la leche de coco y el agua a ebullición con el azúcar y la sal. Añada la polenta poco a poco, removiendo constantemente con una cuchara de madera. Cocine a fuego moderado, removiendo sin parar, 3 minutos.

Baje el fuego y deje cocer la polenta, tapada, removiendo 1 minuto cada 10 minutos, durante 30-35 minutos.

Retire del fuego e incorpore el yogur. Sirva en platos o en una fuente y espolvoree una pizca de cardamomo por encima.

La polenta puede prepararse 30 minutos antes y conservarse tapada a temperatura ambiente (no la deje reposar más tiempo o se solidificará). Justo antes de servir, recaliéntela a fuego bajo –es posible que deba añadir más líquido caliente si está espesa– y luego incorpore el yogur hasta que quede bien mezclado.

VARIACIÓN: POLENTA CRUJIENTE AL CARDAMOMO

Si prepara la polenta para la receta de pato de la p. 118, disminuya la cantidad de líquido que emplee a 700 ml y añada 2 cucharadas de mantequilla o aceite. Cocine como se indica arriba, luego disponga la polenta en una bandeja de horno untada con aceite allanando la superficie. Deje enfriar y corte formando figuras. Fría en una sartén a fuego medio con un poco de mantequilla o aceite por ambos lados hasta que se dore y quede crujiente.

CHALOTAS CRUJIENTES

3 chalotas, cortadas y separadas en aros finos
harina de arroz, para rebozar
aceite, para freír
sal en escamas

Mezcle los aros de chalota con la harina.

Vierta una capa de aceite de 2,5 cm en una sartén pequeña y caliéntelo a 180 °C.

Sacuda la harina de los aros de chalota y fríalos por tandas, hasta que se doren y queden crujientes. Escurra sobre papel de cocina y espolvoree con escamas de sal.

Fotografía de las pp. 154-155

MOSTAZA, JENGIBRE, AJO, CARDAMOMO

POLLO TONGA CON CHILE Y LIMA

Creado en una plantación de vainilla de Tonga, con los ingredientes disponibles en la plantación, como maracuyá, limas recién exprimidas, jengibre y vainilla, que yo preparé como mostaza, este plato se adapta fácilmente para servirlo en una fiesta sustituyendo los muslos y jamoncitos de pollo por la misma cantidad de alitas de pollo.

6 RACIONES

750 g de muslos y/o jamoncitos de pollo, con piel y hueso
1 puñadito de hojas de cilantro, para decorar

Para la marinada:
2 dientes de ajo, troceados
1 cucharada de jengibre fresco rallado
1 cucharadita de semillas de cilantro, tostadas
½ cucharadita de semillas de cardamomo, tostadas
240 ml de aceite de semilla de uva o vegetal
60 ml de zumo de lima
½ cebolla, troceada
120 ml de zumo de maracuyá (o zumo de piña fresco), o 4 maracuyás sin semillas
1 cucharada de azúcar de coco o moreno
¼ de cucharadita de sal
120 ml de vinagre de vino de arroz condimentado
2 cucharaditas de mostaza Dijon, o Mostaza a la vainilla y miel (p. 164)
una buena pizca de nuez moscada
30 g de hojas de cilantro fresco, troceadas
2 chiles rojos frescos, cortados finos

Corte el exceso de grasa del pollo y deséchela, luego pase el pollo a un cuenco mediano o fuente de horno. En el mortero, pique el ajo, el jengibre y las semillas de cilantro y el cardamomo hasta obtener una pasta. Pase esta pasta al vaso del procesador de alimentos (o de la batidora de mano), añada el resto de ingredientes de la marinada, excepto los chiles, y triture. Incorpore los chiles troceados y vierta la marinada sobre el pollo para que se impregne. Cubra o póngalo todo en una bolsa de cierre hermético, y refrigere 2-8 horas.

Precaliente el horno a 180 °C/potencia 4.

Escurra el pollo de la marinada y reserve. Hornee el pollo 25 minutos o hasta que el jugo salga claro. Retire del horno, pase a una fuente, cubra y deje reposar 10 minutos.

Para servir, reduzca el resto de marinada y rocíe con ella el pollo, luego espolvoree con las hojas de cilantro y los chiles de la marinada y sirva enseguida.

RÁBANO PICANTE, AJO

PASTEL DE CARNE «THE THATCHED COTTAGE»

La primera vez que probé este plato típico de la cocina británica fue en el restaurante The Thatched Cottage, lejos del bullicio de Londres. La versión de este local incluye una especia secreta que hace gotear la nariz mezclada con la carne picada y el puré de patata. Contemplé cómo se recogía el tubérculo de una maceta hecha con un viejo barril de madera, se cepillaba, pelaba, troceaba, escaldaba brevemente (para mantener el color blanco) y se trituraba con vinagre blanco caliente. Todos aguantamos la respiración cuando abrieron la tapa y metieron el picante tubérculo en un tarro de cristal que cerraron rápidamente. El rábano picante es el contrapunto ideal para el puré de patata, cremoso y casero, y estudios recientes llevados a cabo en Alemania señalan que contiene grandes cantidades de antibióticos naturales, útiles para combatir infecciones respiratorias como la de garganta y enfermedades como la bronquitis o la neumonía.

4 RACIONES

2 cucharadas de aceite
500 g de carne picada de vacuno
2 cebollas, troceadas
2 zanahorias, peladas y troceadas
2 dientes de ajo, picados
1 cucharada de hierbas secas variadas
1 cucharada de salsa Worcestershire
1 cubito de caldo de ternera
240 ml de vino blanco seco
10 g de hojas de perejil, troceadas
3 cucharadas de salsa HP
2 cucharadas de pasta de tamarindo
salsa Worcestershire y rábano picante adicionales, para servir

Para el puré con rábano picante:

1 kg de patatas harinosas para asar, peladas y cortadas por la mitad
½ cucharadita de sal marina, o al gusto
120 ml de leche
55 g de mantequilla con sal
2 cucharadas de rábano picante fresco o envasado (sin crema)

Precaliente el horno a 180 °C/potencia 4.

Caliente una sartén grande y añada el aceite. Sofría la carne a fuego bajo, removiendo con una cuchara de madera para deshacer grumos. Añada la cebolla, la zanahoria, el ajo y las hierbas, removiendo bien. Agregue la salsa Worcestershire, el cubito de caldo y 500 ml de agua. Cubra y deje cocer 10 minutos.

Añada el vino, el perejil, la salsa HP y la pasta de tamarindo, luego deje cocer y reducir para que espese. Salpimiente al gusto.

Para el puré, ponga las patatas en una olla con la sal y cúbralas con agua. Lleve a ebullición y luego baje el fuego para mantener un hervor suave y deje cocer hasta que las patatas queden tiernas.

Escúrralas y cháfelas. Incorpore la leche, la mantequilla y el rábano picante, rectificando de sal y pimienta al gusto, hasta que quede una mezcla homogénea.

Reparta la carne entre cuatro fuentes individuales para el horno o una fuente grande. Disponga el puré encima, con una cuchara o manga pastelera, cubriendo la carne completamente, y dibuje un patrón decorativo con el dorso de un tenedor. Ponga la fuente o las fuentes en una bandeja forrada con papel de aluminio y hornee hasta que burbujeen, alrededor de 20 minutos si son platos individuales o 30 si es una fuente grande. Si lo desea, puede ponerlo bajo el gratinador 10 minutos más para que se dore.

Sirva con más salsa Worcestershire y rábano picante.

CHILE, JENGIBRE, AJO, COMINO

TERNERA ASADA CON SAZÓN
Y SALSA CHIMICHURRI

El «cuadril» es un corte de vacuno popular en Sudamérica, también conocido como rabillo de cadera, que mantiene la capa de grasa intacta. La costra de especias se inspira en el condimento de especias secas popular en Sudamérica llamado «sazón». La mezcla contiene abundante orégano fresco y ajo. Se puede aplicar el adobo a la carne con un par de días de antelación, y la salsa también puede prepararse la vigilia. La salsa chimichurri lleva perejil y orégano, es una salsa tipo pesto aderezada con vinagre y chile.

4-6 RACIONES

1 pieza de 1 kg de rabillo de cadera (de una ternera de 3 meses es ideal)

Para el adobo de sazón:

1 cucharada de aceite de semilla de uva, y más para pintar
1 cucharada de zumo de lima
1 cucharada de semillas de cilantro, chafadas
1 cucharada de semillas de comino
1 cucharada de sal
2 cucharaditas de orégano fresco
2 cucharaditas de chipotle en polvo
1 cucharadita de jengibre fresco rallado
1 cucharadita de granos de pimienta negra
1 cucharadita de copos de guindilla
1 cucharadita de menta seca
½ cucharadita de cúrcuma en polvo

Para la salsa chimichurri:

2 manojos (60 g) de perejil fresco
1 manojo (25 g) de orégano fresco
4 dientes de ajo, pelados
120 ml de sidra o zumo de manzana
½ manzana, pelada, sin corazón y troceada
1 cucharada de vinagre de sidra
1 jalapeño verde entero u otro tipo de chile, sin semillas y troceado
120 ml de aceite de oliva virgen extra

Mezcle los ingredientes del adobo en un bol pequeño.

Seque la carne con papel de cocina. Practique cortes en la capa de grasa, con incisiones de 1 cm de profundidad cada 5 mm. Pinte con aceite. Introduzca el adobo en los agujeros de la grasa, luego cubra la carne y refrigérela 2 horas. Saque la carne del frigorífico al menos una hora antes de cocerla para que se temple a temperatura ambiente.

Prepare la salsa chimichurri. Ponga todos los ingredientes excepto el aceite en el procesador de alimentos o el vaso de la batidora, y triture para obtener trozos más o menos gruesos. Poco a poco incorpore el aceite y vaya mezclando, añadiendo más si lo desea. Pase la salsa a un cuenco para servir, tape y refrigere hasta su uso.

Encienda el extractor de humos de la cocina, luego caliente una parrilla o plancha, o la barbacoa, a fuego medio-alto, ponga la carne, con la grasa hacia arriba, y ásela unos 6 minutos, luego con cuidado dele la vuelta y cocine el lado de la grasa 6-8 minutos más. Compruebe la cocción con un termómetro si lo desea (debería alcanzar los 55 °C para estar entre poco hecha y al punto).

Retire del fuego y pase a una tabla. Cubra con papel de aluminio y deje reposar 15-20 minutos. Corte la carne en rodajas finas y sirva con la salsa chimichurri.

MOSTAZA, PIMIENTA

RECETA BÁSICA DE PEPINILLOS ENCURTIDOS

Este encurtido, de sabor intenso pero dulce, es delicioso y se prepara con pepinos llamados persas (o libaneses), de piel más gruesa, y pocas semillas o ninguna.

SALEN 3 TARROS MEDIANOS

900 g de pepinos persas, en rodajas finas
450 g de cebollas blancas, cortadas en finas medias lunas
2 pimientos grandes (rojo y amarillo), sin semillas y en tiras
2 cucharadas de sal marina
140 g de azúcar moreno
140 g de azúcar granulado
1 cucharada de cúrcuma
2 cucharaditas de granos de pimienta negra, tostados
1 cucharadita de cada de semillas de mostaza amarillas y negras
1 cucharadita de cada de semillas de apio, hinojo y ajowan, tostadas
¼ de cucharadita de clavos enteros
1 litro de vinagre blanco

Disponga las hortalizas en un colador y mézclelas suavemente con la sal. Cubra con un trapo limpio y deje reposar 3 horas. Escurra las hortalizas, lávelas bien y vuelva a escurrir.

En una olla grande de acero inoxidable o esmalte (¡recuerde que la cúrcuma mancha!), ponga los azúcares, las especias y el vinagre, y lleve a ebullición. Añada las hortalizas y hierva de nuevo 1 minuto. Apague el fuego y pase las hortalizas a tarros esterilizados, luego cúbralas con el líquido. Selle los tarros, enjuáguelos bajo el grifo y deje templar sobre la encimera.

Guarde en una despensa oscura y conserve en el frigorífico una vez abiertos los tarros.

MOSTAZA, RÁBANO PICANTE

MOSTAZA A LA VAINILLA Y MIEL

Creé esta receta para mi primer libro, Vanilla Table, *pero la guardé porque me interesaba más investigar y crear una línea de condimentos, conservas y verduras fermentadas. Como la vainilla y la mostaza son amargas por naturaleza, al mezclarlas con un poco de miel y vinagre y con un poco de rábano picante se consigue una combinación dulce, picante y aromática ideal para aportar un poco de chispa a un plato desaborido.*

SALEN UNOS 500 ML

115 g de semillas de mostaza amarilla
55 g de semillas de mostaza negra
325 g de vinagre de vino blanco, y más si es necesario
2 ½ cucharadas de miel líquida suave
1 cucharadita de rábano picante rallado, fresco o en conserva
½ cucharadita de estragón seco
1 cucharada de sal marina
1 vaina de vainilla abierta, rascada y cortada en 6 trozos, o 1 cucharadita de pasta de vainilla

Muela las semillas de mostaza amarilla en un molinillo o en el mortero hasta obtener la textura deseada, pero deje las semillas negras enteras. Mézclelas en un bol e incorpore la mitad del vinagre. Deje reposar 15 minutos, luego agregue el resto de ingredientes, removiendo bien y añadiendo más vinagre si queda demasiado seco. Cubra con un trapo limpio y deje reposar toda la noche.

Pase la mostaza a tarros esterilizados y séllelos. Estará lista para usar en 4 semanas y se conservará, en un lugar fresco y seco, hasta 12 meses.

JENGIBRE

TARTA DE PERA Y CEBADA

CON SORBETE DE LECHE Y JENGIBRE

Sarah Johnson

«Este postre es verdaderamente la suma de sus partes. El sabor a fruto seco de la cebada aporta profundidad a las sutiles notas florales de la pera. Y si bien el pastel tibio con helado es una combinación clásica, el limpio frescor del sorbete cede paso al calor del jengibre. Vale la pena usar peras maduras para esta receta. Cuando las seleccione, presione la base de la fruta ligeramente con el pulgar. La pulpa debería ceder, aunque levemente. Evite las peras demasiado blandas porque se deshacen al cocerlas y descarte las que no estén maduras porque aún no poseen todo el sabor. El jengibre se ha convertido en uno de mis ingredientes preferidos a la hora de cocinar. En este sorbete, me gusta la textura más ligera que la de los helados tradicionales, ya que subraya el frescor de limón del jengibre que se perdería en la riqueza de un helado. Aunque este postre es más bien otoñal, el sorbete también combina a la perfección con frutas de otras temporadas. Pruebe la misma tarta con ruibarbo y fresas en primavera, o moras y melocotones en verano. En invierno, sirva el sorbete de jengibre en un cuenco con clementinas y kumquats, y espolvoree la cebada tostada por encima.» SJ

6-8 RACIONES

Para el sorbete de leche y jengibre:
500 ml de leche entera
70 g de jengibre fresco, pelado y en rodajas finas
1 clara de huevo pequeño
55 g de azúcar
1 cucharadita de jengibre rallado

Para la costra de cebada crujiente:
85 g de harina de cebada
40 g de harina blanca
3 cucharadas de azúcar moreno natural (demerara)
2 cucharadas de azúcar granulado
una pizca de sal
85 g de mantequilla sin sal, a temperatura ambiente, en dados
10 g de copos de cebada

Para la masa de cebada:
175 g de mantequilla, a temperatura ambiente
115 g de azúcar superfino
45 g de azúcar glas
2 yemas de huevo
85 g de harina de cebada
160 g de harina blanca
¼ de cucharadita de sal

Para el relleno de pera:
alrededor de 1 kg de peras maduras, sin corazón, pero con piel, cortadas en trozos tamaño bocado
100 g de azúcar, y más al gusto
zumo y raspadura de ½ limón
½ cucharadita de jengibre fresco rallado

Para preparar el sorbete de leche y jengibre, ponga la leche y el jengibre en rodajas en una olla y lleve a ebullición. En cuanto hierva, retire del fuego y deje templar. Cubra y refrigere. (Esto se puede hacer el día antes y refrigerar toda la noche.)

Cuando esté fría, cuele la leche en un colador de malla fina, desechando el jengibre. Bata la clara, con batidora o a mano, hasta que quede ligera y espumosa. Poco a poco incorpore el azúcar mientras sigue batiendo el merengue hasta que se formen picos suaves. Añada el jengibre rallado a la leche, luego incorpore el merengue. No se preocupe si no queda bien mezclado; la combinación parecerá no ligar, pero lo hará a continuación. Procese la mezcla en una heladera según las instrucciones del fabricante. Pase el sorbete al congelador y manténgalo en frío. El sorbete es ideal para tomar el mismo día, pero se conserva varios días.

Para la capa crujiente de cebada, mezcle las harinas, azúcares y sal en un cuenco grande. Añada la mantequilla y remueva. Trabaje la mantequilla con los dedos para mezclarla con los ingredientes secos hasta obtener una textura como de migas gruesas.

Agregue los copos de cebada y mezcle hasta que la masa se compacte al presionarla entre las manos. Procure no amasar demasiado la harina o la mezcla perderá la textura de migas tiernas al cocerla. Cubra y deje en el frigorífico hasta que la utilice. (La capa crujiente puede prepararse con una semana de antelación.)

Para la masa, en un procesador de alimentos con pala, bata la mantequilla. Detenga la máquina, rasque las paredes del bol, luego añada los dos tipos de azúcar y mezcle a velocidad media. Detenga la máquina, rasque las paredes del bol, y luego, de nuevo en marcha, incorpore los huevos de uno en uno, para que cada uno emulsione y pueda rascar las paredes. Añada las harinas y la sal, amase lo justo para combinarlo todo.

Pase la masa a una superficie de trabajo y, con cuidado, forme una bola (no debería tener que amasar). Envuélvala en papel film transparente, deje reposar y refrigere al menos 30 minutos. Precaliente el horno a 160 °C/potencia 3.

Retire la masa del frigorífico y deje que se temple a temperatura ambiente. Mientras se ablanda, engrase con mantequilla un molde de 28 cm de diámetro y forre la base con papel vegetal.

Estire la masa sobre papel vegetal y páselo al molde con ayuda de un rodillo. Corte los márgenes que sobresalgan. Deje reposar en el frigorífico otros 30 minutos.

Saque la masa del frigorífico, pinche el fondo con un tenedor y hornee 15-20 minutos hasta que se dore un poco. Saque del horno y deje enfriar antes de rellenar la tarta.

Ponga las peras en un bol y espolvoréelas con el azúcar, la raspadura y el zumo de limón, y el jengibre. Mezcle para que se impregnen. Deje reposar al menos 10 minutos. Pruebe la fruta y añada más azúcar si lo desea. Pase las peras al molde con la masa prehorneada, añadiendo el azúcar y el zumo que quede en el bol. Espolvoree con la mezcla para la capa crujiente, presionándola suavemente sobre la fruta. Hornee 25-35 minutos, hasta que se dore y burbujee.

Saque del horno y deje reposar 20-30 minutos. Sirva caliente con una buena cucharada de sorbete de leche y jengibre.

Fotografía de las pp. 166-167

JENGIBRE

GALLETAS TRADICIONALES DE MELAZA DE LA BISABUELA

La melaza y el jengibre son una combinación estupenda para recargar minerales y no hay mejor manera de disfrutar de ellos que estas galletas blandas y deliciosas, repletas de hierro, calcio, magnesio y cobre. La receta data de los años 1930; si bien yo he añadido más jengibre que la bisabuela Tupper, el azúcar granulado por encima y el crujiente del azúcar que contienen estos caprichos dulces pero saludables son intemporales.

SALEN UNAS 20

225 g de azúcar granulado, y más para espolvorear
1 cucharadita de sal
2 ½ cucharaditas de jengibre en polvo
2 cucharaditas de canela en polvo
¼ de cucharadita de clavo en polvo
325 g de melaza
1 ½ cucharaditas de bicarbonato
2 huevos grandes, batidos
225 g de manteca vegetal o mantequilla sin sal
2 cucharaditas de jengibre fresco rallado
550 g de harina blanca, y un poco más para enharinar la tabla
150 g de uvas pasas
35 g de jengibre caramelizado, troceado

En un bol grande, mezcle el azúcar, la sal y las especias.

En otro bol, mezcle la melaza con el bicarbonato.

Añada los huevos batidos, la manteca vegetal o la mantequilla y el jengibre rallado a la mezcla de azúcar y especias y bata bien, luego incorpore la melaza.

Tamice la harina, añada las uvas pasas y el jengibre caramelizado y mezcle bien. La masa debería ser suave y pegajosa; si es un día húmedo, seguramente deberá añadir más harina. Divida la masa en tres partes, deles forma de disco y envuélvalas individualmente en papel film transparente. Refrigere 1-2 horas.

Precaliente el horno a 160 ºC/potencia 3. Enharine una tabla y extienda la masa hasta que su grosor sea de unos 5 mm, luego córtela dándole forma que prefiera con un cuchillo enharinado o un cortapastas redondo.

Espolvoree con azúcar granulado, pase a una bandeja de horno y hornee 15 minutos.

Deje templar unos minutos en la bandeja, luego pase a una rejilla para que se enfríen por completo.

Las galletas se conservan en un recipiente metálico o de cristal cerrado durante 3 semanas, ¡si es que duran tanto!

Especias reparadoras

Cuando uno se ve ante un exceso de decisiones que tomar y una lista de quehaceres más larga que el día, una especia reparadora incluida en un batido, la cena o el té ayudará al organismo a recobrarse y restaurar su salud, esplendor, fuerza y equilibrio.

Especias reparadoras

Ajo ★ Cardamomo ★ Granada ★ Alholva ★ Tomillo

Los poderosos y abundantes compuestos activos que contienen estas especias son prometedores a la hora de recuperar la salud y el equilibrio al favorecer las funciones automáticas naturales del organismo para sanarse y recobrar la fuerza, la vitalidad y el equilibrio a fin de regularse mejor.

El ajo, con su dilatada reputación como antibiótico natural y su capacidad para reducir las nitrosaminas (sustancias cancerígenas), es mágico para curar y evitar resfriados, gripes y enfermedades inflamatorias. El compuesto activo del cardamomo, el cineol, que se halla en sus semillas, tiene propiedades antibacterianas, antioxidantes y antisépticas. La alholva restituye y reequilibra el nivel de azúcar en sangre con su compuesto activo, la diosgenina, que ayuda a restablecer los niveles de insulina y triglicéridos. Además, contiene gran cantidad de fibra para favorecer la buena digestión. El tomillo ayuda a recuperar una respiración sana y una función pulmonar equilibrada. Rico en compuestos volátiles, como el timol, entre sus numerosas bondades está la desactivación de las infecciones bacterianas y enfermedades contagiosas, así como la disminución de los efectos del consumo excesivo de bebidas alcohólicas. La granada, y su componente polifenol activo, el ácido elágico, muestra resultados prometedores con sus efectos antiarrugas: se utiliza para combatir la degradación del colágeno que provoca el envejecimiento de la piel. También podría favorecer la recuperación rápida de la energía tras un ejercicio intenso, y puede coadyuvar en la normalización de la calidad y cantidad de esperma y los niveles de testosterona en hombres.

Otras especias reparadoras

Caña de limón Una taza de esta infusión ayudará a la recuperación del cuerpo y la mente gracias a su antioxidante, el citral, activador de enzimas depurativas clave que pueden defender a las células del daño de los radicales libres. Se está probando su eficacia como tratamiento para aftas bucales e infecciones vaginales por levaduras. Ofrece resultados prometedores ante la actividad anticáncer: el citral se cree que ayuda a proteger, restaurar y reconstruir las células dañadas.

Hoja de laurel El aceite de la hoja de laurel, el cineol, es un conocido antioxidante. Más potente que otros fitoquímicos como la vitamina C, los compuestos antioxidantes de las hojas se liberan al cocinarlas, cuando el aroma del laurel da sabor a la comida. Algunos estudios indican que consumir hojas de laurel puede ayudar a combatir la diabetes tipo 2 al restaurar los niveles óptimos de azúcar en sangre y de colesterol LDL.

Hibisco El ácido activo del hibisco (ácido hidroxicítrico) ayuda a reequilibrar la digestión y la función hepática al inhibir la producción de amilasa, enzima que ayuda al organismo a digerir los hidratos de carbono. El hibisco contiene niveles muy elevados de vitamina y restaura la salud digestiva con sus ligeras propiedades laxativas.

Cacao Delicioso y ansiado, el cacao está repleto de antioxidantes fenólicos y también contiene triptófano, el aminoácido del buen humor, utilizado por el cerebro para elaborar serotonina, neurotransmisor que ayuda a restituir la sensación de equilibrio y calma vital.

Albahaca El aroma familiar de la albahaca alivia el estrés, refuerza las glándulas suprarrenales, ayuda a restaurar y reequilibrar los niveles de cortisol y se está estudiando por sus posibles beneficios antiedad. Los poderosos fitonutrientes antioxidantes de la albahaca, orientina y vicenina, y los aceites volátiles, eugenol y apigenina, pueden favorecer el reequilibrio de las hormonas del estrés.

Azafrán Estas hebras de tono amarillo y rojo vivo esconden poderosas propiedades en su principal fitoquímico, la crocetina. Algunos estudios han señalado la capacidad del azafrán en infusión para reequilibrar la tensión arterial elevada. Este compuesto fitonutriente activo puede mejorar la visión y la salud ocular en caso de cataratas. Asimismo, la crocetina es un potente antiinflamatorio que puede ayudar a recuperar la función pulmonar en pacientes con asma al reducir la inflamación de los pulmones.

Ajo *La penicilina rusa*

«¡Ajo! ¡Ajo! ¡El secreto de la juventud!» Así empieza una canción dedicada al ajo en el musical de Broadway *El baile de los vampiros*. Los miles de años de historia, mitos, creencias y ciencia medicinal entorno al ajo son abrumadores. Documentos históricos chinos del año 2700 a.C. revelan que el ajo se usaba como remedio por sus cualidades termogénicas y estimulantes; los esclavos egipcios que construían las grandes pirámides se alimentaban con ajo para conservar la fuerza; los antiguos griegos daban ajo a los soldados, y a los atletas olímpicos se les recetaban tónicos a base de ajo, o incluso mascar ajo como remedio contra diversas afecciones. El ajo era tan preciado que se ofrecía en los templos dedicados a los dioses griegos. En la Edad Media, los médicos árabes elogiaban el ajo por su mágico y asombroso poder curativo, mientras que en Europa Oriental ¡se creía que su olor ahuyentaba a los vampiros! Durante la Segunda Guerra Mundial, se lo denominó penicilina rusa porque, tras quedarse sin penicilina, el gobierno ruso administró a sus soldados ajo para mantenerlos fuertes y sanos.

El ajo (*Allium sativum*) contiene compuestos activos organosulfurados, responsables de sus propiedades sanadoras (véase abajo). Aunque el olor del ajo fresco repele a algunos, la impresionante cantidad de datos positivos sobre su efecto saludable debería animarle a incluir este superhéroe en su dieta diaria.

www.ncbi.nlm.nih.gov/pmc/articles/PMC3249897/

El ajo se usa en cocinas de todo el mundo: se añade a los platos clásicos de Italia, Francia, Grecia, México, China e India, por nombrar unos pocos. Seleccione cabezas de ajo –varían de tamaño y pueden contener hasta dos docenas de dientes– firmes y sin dientes blandos, y consérvelas en un recipiente abierto en un lugar fresco y seco en lugar del frigorífico, para evitar que se enmohezca ¡o el resto de productos del frigorífico se impregnen con su olor! Debidamente conservado, el ajo dura hasta tres meses. Si empieza a germinar, simplemente corte los brotes verdes, que serán amargos. Si utiliza muchos ajos en una receta, eche los dientes enteros sin pelar en una olla de agua hirviendo durante un minuto, extráigalos con la espumadera y sumérjalos enseguida en agua helada hasta que se enfríen. La fina piel se ablandará y se pelarán fácilmente. Granulado y en polvo se conserva alrededor de un año.

Los dientes de ajo elefante, de sabor más suave, no son en realidad ajos, sino un tipo de cebolla de la familia del puerro. No obstante, los ajetes o ajos tiernos, que se venden en manojitos, son los tallos florales de la planta producidos antes de que el bulbo madure. De principios de verano, los ajetes se parecen a las cebolletas y son ideales para degustar salteados y añadidos a la tortilla, o troceados y esparcidos sobre la ensalada. También se pueden usar para elaborar pesto de albahaca y ajete.

‘El ajo debe su sabor y olor a los compuestos organosulfurados, que han demostrado poseer propiedades anticancerígenas. Cuando el ajo se trocea o se chafa, se libera la enzima alinasa, que activa su efecto anticáncer y antiinflamatorio. Por eso es importante dejar pasar al menos diez minutos antes de cocinar el ajo cortado. Las investigaciones de laboratorio y los estudios con humanos muestran la capacidad del ajo para reducir la formación de nitrosaminas, que son carcinógenos químicos. También es posible que la reducción de formación de nitrosaminas sea el resultado de las propiedades antimicrobianas del ajo. Las investigaciones revelan que el ajo modifica el metabolismo de las hormonas, como el estrógeno y la progesterona, a través de la inducción de enzimas de citocromo P450. Esto podría resultar importantísimo para la regulación de cánceres que dependen de las hormonas, como el de próstata y el de mama. El ajo y sus compuestos parecen capaces de bloquear la acción carcinogénica de diversas sustancias químicas que atacan diferentes tejidos corporales. Los compuestos de sulfuro de alilo presentes en el ajo poseen efectos antiinflamatorios y disminuyen el riesgo de enfermedades cardiovasculares y cerebrovasculares.

A nivel científico, todavía hay mucho que descubrir.’

Eleni Tsiompanou, doctora en Medicina y Medicina Nutricional

Cardamomo *La bomba especiada*

La tercera especia más cara del mundo, el cardamomo, elogiada como «reina de las especias», sedujo a emperadores y aventureros durante siglos por sus usos culinarios y medicinales. Pariente lejano del jengibre, lleva miles de años utilizándose como remedio contra problemas digestivos, como el mal aliento o molestias estomacales. También se cree que sus numerosos aceites volátiles ayudan a reducir la presión arterial, y su aceite más activo, el cineol –impresionante antibacteriano y antioxidante– se ha probado recientemente como ayuda para combatir el asma y otras afecciones respiratorias.

Esta bomba especiada se cree que se descubrió en las Colinas Cardamomo del sur de la India. Sus altos arbustos hoy crecen prolíficamente y se cosechan comercialmente, en especial, en la India y Guatemala, y se recogen las vainas de la base de cada arbusto.

El cautivador aroma del cardamomo incluye tonos cítricos, de escaramujo, clavo, alcanfor y pimienta negra. Considerada por muchos chefs la especia más versátil de la despensa, se utiliza –como vaina entera, en forma de semillas o en polvo– en condimentos indios y chinos, estofados de cocción lenta, platos modernos de cocina de fusión asiática y panes y postres tradicionales escandinavos, y combina a la perfección tanto con especias dulces como saladas, como anís, canela, clavo, comino, alcaravea, chile, jengibre, páprika, azafrán o vainilla. Documentos escritos del siglo XV hablan del cardamomo en platos de arroz y «sorbetes», y hoy sigue empleándose para proporcionar al arroz al vapor un misterioso sabor. La mayor parte del cardamomo que se cultiva actualmente se consume en bebidas, de inolvidable sabor vivo y duradero, a base de café en Oriente Medio y la India. Los beduinos de la península arábiga llevan consigo una cafetera especial con una cámara secreta donde se mete una vaina de cardamomo. El cardamomo blanco, más apreciado por los británicos, escandinavos y otros países europeos, es la vaina verde escaldada para amortiguar el aroma de alcanfor, que se cree que aporta más dulzor.

Lo ideal es comprar y usar las vainas enteras y elegir las más pequeñas y suaves, de tono verdoso homogéneo. Se conservan años en un recipiente hermético alejado de la luz solar. Abra las vainas para obtener las semillas y solo las que necesite, porque los aceites volátiles enseguida pierden su intensidad. Si adquiere cardamomo molido, utilícelo antes de seis meses.

El cardamomo negro es una variedad con un perfil aromático muy distinto. Cuando se secan, las vainas tienen un sabor ahumado con notas pimentadas que combina con carnes guisadas, hortalizas y fruta cocida.

“El cardamomo ofrece más que su dulce encanto aromático. Sus aceites esenciales han demostrado a lo largo de los siglos su poder antiséptico (salud oral y dental), antiespasmódico (digestivo, calmante y regulador), diurético (salud urinaria), expectorante (salud pulmonar) y estimulante (sensación de bienestar).

Como reserva de antioxidantes, el cardamomo favorece la protección del organismo contra el estrés y las enfermedades comunes. Estudios con animales han demostrado su capacidad de aumentar el glutatión, enzima antioxidante clave del organismo. Además de ser una rica fuente de minerales (potasio, calcio, magnesio, manganeso, cobre y hierro) y vitaminas (riboflavina, niacina y vitamina C), ahora está cobrando interés como defensa contra cánceres de base hormonal. El cardamomo contiene indol-3-carbinol (I3C), que reduce la actividad estrogénica al impedir la actividad del receptor de estrógeno, y diindolilmetano (DIM), que induce la apoptosis, de efecto contrario a la proliferación de las células cancerígenas. Estos fitonutrientes suelen ser motivo de elogio de las hortalizas crucíferas como el brócoli, las coles de Bruselas, la berza, la coliflor y la col verde. El I3C y el DIM se están estudiando para reducir el riesgo de cáncer de mama, de ovarios y de próstata.

En el ámbito de la salud cardiovascular, el cardamomo reveló su eficacia para disminuir la presión arterial al estudiarse los efectos en un pequeño número de participantes que lo consumieron a diario durante tres meses. Las investigaciones sugieren que su acción es similar a la de los llamados bloqueadores de canales de calcio.

(Nota sobre seguridad: las vainas de cardamomo deben usarse en cantidades pequeñas, ya que esta especia puede irritar el revestimiento gastrointestinal y favorecer la aparición de úlceras estomacales.)”

Param Dedhia, doctor en Medicina

Granada *La especia hipocrática*

Esta «fruta del paraíso» repleta de joyas es originaria de Persia. «Haz del alimento tu medicina y de la medicina, tu alimento» es una famosa frase atribuida a Hipócrates, padre de la medicina moderna, quien, al parecer, favorecía el uso de esta especia. Se dice que utilizaba extractos de semilla de granada contra numerosas dolencias, como la inflamación de ojos y piel, además de favorecer la digestión y purificar la sangre. En muchas culturas antiguas, la granada es símbolo de salud, suerte, fertilidad e inmortalidad.

El poder de la granada procede de su extensa y activa gama de polifenoles. Casi todas las partes de la granada –incluida la flor, la cáscara del fruto, las hojas, la semilla seca (anardana) y fresca, la corteza de raíz y tallo, y el zumo– se han empleado en el mundo entero en casi todas las disciplinas de medicina tradicional. Hoy, todas las partes están sometidas a estudio para analizar sus posibles beneficios anticáncer, no solo para ayudar a equilibrar los niveles de antígeno prostático específico (PSA) sino también para colaborar en la batalla no tóxica contra el cáncer de próstata, y posiblemente revertirlo (superado solo por el cáncer de pulmón como más mortífero para los hombres). Y la granada, deliciosamente rica como remedio natural y envuelta en su bella piel de color rubí, no presenta efectos secundarios.

Las semillas de granada se utilizan desde hace milenios con propósitos medicinales y hoy se cree que el zumo extraído de las semillas podría ser beneficioso también contra la enfermedad cardíaca, la hipertensión, la inflamación y algunos tipos de cáncer. Su aceite antioxidante revela prometedores efectos antiedad cuando se utiliza en el rostro y las manos, y se está estudiando para la prevención del cáncer de piel. También ofrece una recuperación rápida tras una carrera al aliviar la sed y refrescar y rehidratar el organismo.

Una sola granada contiene unas 500 semillas y de ella se puede obtener una taza de semillas o media de zumo, de sabor dulce, ácido, casi seco pero refrescante gracias a sus polifenoles ricos en nutrientes.

La granada fresca entera se encuentra en otoño e invierno y se conserva hasta un mes si se refrigera. Las semillas frescas pueden congelarse hasta seis meses. Los botes de zumo, semillas secas, polvo y melaza se conservan mucho tiempo si no se abren, de modo que se puede disfrutar de los beneficios de la granada a diario. Pruebe la melaza de granada (elaborada mediante la reducción del zumo a sirope) con marinadas de carne, para glasear el salmón o simplemente por encima del labneh con muesli y bayas frescas. O acabe una saludable crema de calabaza con un puñado de semillas frescas de granada y otro de semillas tostadas de calabaza y un chorrito de zumo de lima.

> La granada es una de las frutas más antiguas, considerada sagrada por muchas religiones. Es símbolo de vida, regeneración, nacimiento, fertilidad, prosperidad y un futuro brillante. La granada es rica en vitamina C, potasio y antioxidantes, además de otras sustancias químicas. Existe un interés creciente por sus beneficios para reducir el riesgo de cáncer de próstata, linfoma, diabetes, presión arterial alta y enfermedad cardiovascular. Diversos estudios de laboratorio y con animales señalan que la granada posee un efecto en el crecimiento celular y el tamaño de los tumores. Los estudios en humanos también han arrojado resultados prometedores para la reducción del PSA, el marcador del cáncer de próstata tras la cirugía, la ralentización del crecimiento tumoral y, por tanto, el aumento de la tasa de supervivencia y la calidad de vida. También se ha demostrado que posee propiedades antivíricas y antibacterianas contra la placa dental. No tiene efectos secundarios.
>
> **Eleni Tsiompanou,** doctora en Medicina y Medicina Nutricional

Alholva *La especia fascinante*

¿Qué tienen en común las noches neoyorquinas con la alholva? Las noches húmedas en que el viento soplaba moderadamente de oeste a este atravesando el río Hudson, que separa Manhattan de Nueva Jersey, llegaban a los servicios pertinentes quejas por un misterioso olor. Tras numerosas llamadas a la alcaldía y algunas pesquisas, los investigadores descubrieron que el olor procedía de una fábrica situada en North Bergen, Nueva Jersey, ¡que procesa semillas de alholva! Aunque no haya oído usted hablar de la alholva o fenogreco, es probable que la haya probado: la alholva que procesaba la fábrica de Nueva Jersey seguramente estaba destinada a aromatizar jarabes de vainilla, de arce u otros siropes.

Como la canela, la alholva libera una suave fragancia, y se está estudiando su uso como posible coadyuvante para reducir el azúcar en sangre, una preocupación vital para los enfermos de diabetes. Las semillas crudas remojadas en agua se ablandan, se hinchan y se utilizan tradicionalmente para normalizar la digestión. En muchas culturas la alholva también se considera que aumenta la libido en los hombres y el tamaño de los pechos en las mujeres, y que actúa como potente afrodisíaco. Esto parece sensato, ya que uno de los componentes activos de la alholva posee propiedades bioidénticas a la hormona estrógeno. La alholva es una de las plantas medicinales que lleva más tiempo cultivándose: se la elogia en papiros egipcios que datan del 1500 a.C. Originaria del sur de Europa y Asia, también crece en América del Norte y del Sur, África del Norte y Oriente Medio.

Es una planta versátil que crece hasta unos 60 cm de altura y produce hojas de color verde claro y flores blancas pequeñas que pueden utilizarse para tomar en ensalada y, secas, en sopas, estofados y pastas. Las vainas, largas, planas y finas salen de las ramas y contienen 10-20 semillas pequeñas, duras, de color marrón dorado. Las semillas frescas poseen un aroma punzante y un sabor bastante amargo, que se ha descrito como algo parecido al apio quemado, pero cuando se tuestan un poco, huelen a jarabe de arce. Tueste las semillas con cuidado; si lo hace en exceso, se volverán tan amargas que no serán comestibles. La alholva, tradicionalmente usada para salsas, chutneys, encurtidos, estofados de cocción lenta y pan naan, es además homenajeada en el presente libro con una receta dulce: Pera con alholva y dukkah para postres (p. 206).

Busque la alholva, fenogreco o menthi en tiendas especializadas en alimentos de Oriente Medio o en internet. Guarde las semillas enteras en un tarro de cristal hermético en un lugar fresco y oscuro, donde se conservarán varios meses. La alholva en polvo o pasta debe guardarse envasada al vacío en el frigorífico.

www.ncbi.nlm.nih.gov/pubmed/26098483

“La alholva es una semilla interesante, ya que cruda resulta amarga al paladar pero rica en sabor y aroma al tostarla ligeramente. Esta hierba honra una vida saludable y de bienestar desde muy antiguo. Históricamente, se ha utilizado para fomentar el bienestar digestivo con su rico contenido en fibra (polisacáridos sin almidón) y para ayudar a las madres lactantes a producir leche. Es una fuente rica en vitaminas –A, C, K y B (las vitaminas del grupo B incluyen la tiamina, riboflavina, niacina y piridoxina)– y minerales clave –potasio, calcio, magnesio, manganeso, cobre, hierro, cinc y selenio–. La alholva también ha demostrado su eficacia para reducir el colesterol y equilibrar el nivel de azúcar en sangre.

Los polisacáridos sin almidón de la alholva incluyen saponinas, pectina, taninos, hemicelulosa y mucílago. Además de favorecer la digestión, disminuyen la reabsorción de sales biliares en el colon. También es posible que reduzcan el riesgo de cáncer de colon al unirse a las toxinas presentes en los alimentos.

La alholva puede ayudar en casos de diabetes con dos propiedades: su aminoácido 4-hidroxi-isoleucina, que ayuda a liberar insulina, y su fibra natural, el galactomanano, que ralentiza el ritmo al cual el azúcar se absorbe en el torrente sanguíneo. Juntos regulan la liberación y disponibilidad de azúcar en la sangre.

Al seguir aumentando el riesgo cardiovascular en hombres y mujeres, es momento de reconsiderar la capacidad de las especias tradicionales para equilibrar los niveles el colesterol y el azúcar.

(Nota sobre seguridad: la ingesta excesiva de semillas de alholva en mujeres embarazadas puede aumentar el riesgo de parto prematuro.)”

Param Dedhia, doctor en Medicina

Tomillo *El aliento de la vida*

Originario de la Europa mediterránea y del sur, el tomillo (*Thymus vulgaris*) forma parte de la familia de la menta y está emparentado con el orégano. En la actualidad se cosechan cientos de especies, cultivares y variedades que se saborean en el mundo entero, como: Variegated Lemon; Caraway; Azores, de aroma a tangerina; Silver Queen; Goldstream y Bressingham Pink. El tomillo prefiere lugares soleados y rocosos para crecer, y sus flores estivales atraen abejas, que producen la deliciosa miel de tomillo, además de ayudar a ahuyentar la mosca blanca.

El tomillo culinario, de seto, silvestre y todos los demás, contiene una gran cantidad del fitonutriente timol, que también se halla en menor medida en el orégano y la menta. Se cree que el timol ayuda a los pulmones a defenderse de síntomas y enfermedades pulmonares. Al oler su aroma, entran ganas de respirar profundamente y relajarse. La palabra griega para designar el tomillo se traduciría a grandes rasgos por 'fumigar', y griegos y romanos quemaban ramas de aromático tomillo como incienso para purificar templos y hogares e inhalaban el humo para invocar valor y fuerza.

Desde la Grecia hipocrática hasta la década de 1930, el aceite de tomillo se utilizaba en apósitos quirúrgicos y se quemaba en los hospitales como prevención de enfermedades contagiosas. Las hojas, frescas y secas, y el aceite esencial extraído al vapor, son sustancias medicinales potentes, y el tomillo es una de las plantas más versátiles de la medicina tradicional. Las virtudes antibacterianas del timol se están analizando con el fin de descubrir nuevas soluciones para combatir el SARM (*Staphylococcus aureus*, resistente a la meticilina) y otras cepas bacterianas resistentes. El tomillo también puede proteger cuerpo y cerebro en caso de resaca gracias a sus cualidades desintoxicantes, y su compuesto activo dominante se añade a los enjuagues bucales y pomadas analgésicas de uso tópico. La ingesta abundante de tomillo fresco o seco no presenta efectos adversos, pero el aceite de tomillo en dosis extremas sí puede ser tóxico. Consulte antes con el médico.

Junto con el laurel, el perejil y el romero, las hojas de tomillo son un componente clásico del hatillo de hierbas utilizado en sopas, caldos y muchos platos típicos franceses. El tomillo fresco y seco tiene una presencia constante en muchas cocinas del mundo, pero las recetas francesas, griegas e italianas se vuelven mágicas cuando se añade tomillo. Una de las especias más usadas de la despensa, el tomillo posee un aroma potente y un sabor suave que acepta usos diversos. Pruebe el Rape asado con tomatitos al aceite de tomillo y cebada tostada con puerros de Lidia Bastianich (p. 196) o los Paquetitos de calabacín y pimiento rojo (p. 24). Los postres o las galletas con chocolate negro resultan exquisitos con un poco de tomillo, y esta hierba también combina bien, en platos dulces y salados, con los cítricos.

El tomillo fresco se conserva bien envuelto en papel humedecido en el frigorífico. Seis ramitas suelen equivaler a una cucharada de hojas de tomillo.

'El tomillo, cuya distintiva fragancia se utiliza ampliamente en la cocina francesa, es una especia de la cual se aprovechan flores, hojas y aceite en medicina.

Las hojas de tomillo se administran oralmente para tratar afecciones respiratorias, como la bronquitis y la tos, y hay pruebas que apoyan este uso. También se emplea tradicionalmente para tratar síntomas gastrointestinales y como diurético. El tomillo puede tener efecto anticoagulante y antiplaquetario, de modo que las personas que toman "aclaradores de la sangre" deberían evitar el consumo de grandes cantidades de tomillo.

El aceite de tomillo, rico en compuestos volátiles como el timol, se utiliza como antimicrobiano en enjuagues bucales y linimentos. Comercialmente, el timol se combina con el antiséptico clorhexidina como esmalte dental para evitar la caries. El aceite de tomillo también se usa tradicionalmente como aplicación tópica: aplicado al cuero cabelludo para tratar la calvicie y a las orejas para combatir infecciones bacterianas y fúngicas.'

Linda Shiue, doctora en Medicina

TOMILLO, ALHOLVA

GALLETAS ANZAC AUSTRALIANAS CON SEMILLAS

Ligeras y delicadas, estas galletas finas, crujientes, con semillas y especias resultan sorprendentemente dulces y saladas a la vez. La alholva de aroma dulce combina armoniosamente con las otras especias y, aunque se utiliza muy poca, ¡es una especia potente! Tradicionalmente añadida al curri, la alholva se está estudiando como ayuda terapéutica para la pérdida de peso y para equilibrar el nivel de colesterol.

SALEN 24

- 125 g de harina blanca
- 40 g de coco seco sin endulzar
- 55 g de copos de avena, ligeramente tostados (no utilice avena instantánea)
- 40 g de azúcar de coco o superfino
- 1 cucharada de semillas de sésamo
- 1 cucharada de semillas de amapola
- 1 cucharada de hojas de tomillo fresco
- 1 cucharadita de semillas de anís
- ⅛ de cucharadita de alholva en polvo
- 1 cucharadita de raspadura de naranja
- 1 cucharadita de levadura en polvo
- ¼ de cucharadita de sal
- 90-120 ml de aceite de oliva virgen extra
- 1 clara de huevo, para glasear
- azúcar crudo y sal marina en escamas, para glasear

Precaliente el horno a 200 °C/potencia 6.

En el vaso de una batidora eléctrica con pala, o en un cuenco grande y con cuchara, mezcle la harina, el coco, la avena, el azúcar, las semillas de sésamo y amapola, las hojas de tomillo, las semillas de anís, la alholva, la raspadura, la levadura y la sal, lo justo para combinarlo.

En un cuenco pequeño, bata el aceite de oliva con 80 ml de agua helada. Añada el líquido a la mezcla de ingredientes secos y remueva, rascando las paredes del vaso si es necesario.

Tome una cucharada de masa y forme una bola. Disponga cuatro bolas a la vez sobre un trozo de papel vegetal, separadas unos 10 cm entre ellas y cubra con otro papel vegetal o con papel film transparente. Pase el rodillo para obtener óvalos finos, de unos 20 cm de largo. Pase la masa y el papel vegetal a una bandeja de horno. Retire el papel superior.

Bata la clara de huevo con 1 cucharada de agua, una pizca de sal y azúcar, hasta que quede espumosa. Pinte los óvalos con este glaseado y espolvoree con una pizca de azúcar crudo y escamas de sal.

Hornee, haciendo rotar las bandejas a media cocción, hasta que las galletas se doren de los bordes y por encima, unos 8 minutos. (Compruebe que se cuecen uniformemente y gire las bandejas; no deje de vigilarlas, ya que se queman en un abrir y cerrar de ojos.)

Repita hasta acabar la masa; obtendrá unas 24 galletas. Pase las galletas a una rejilla para que se templen, luego guárdelas amontonadas entre capas de papel vegetal en un recipiente hermético.

TOMILLO

SCONES DE CEREZA, TOMILLO Y QUESO

Creados para el restaurante Sausal El Segundo, en Los Ángeles, estos scones no demasiado dulces son muy saludables, con cereales, hojas de tomillo supuestamente antiedad y cerezas ricas en antocianina, buenas para el cerebro. Se cree que la pimienta aumenta los beneficios de estos compuestos activos, además de añadir apetecibles aromas pimentados.

SALEN 9 GRANDES O 15 PEQUEÑOS

- 250 g de harina blanca
- 25 g de copos de avena (no utilice copos instantáneos)
- 2 cucharadas colmadas de azúcar moreno
- 1 ½ cucharaditas de hojas de tomillo fresco, o ¾ de cucharadita de tomillo seco
- raspadura de ½ limón
- 1 cucharada de semillas de lino molidas
- 1 ½ cucharaditas de levadura en polvo
- ½ cucharadita de pimienta negra tostada y molida, y más para espolvorear encima
- ¼ de cucharadita de sal kosher o sal marina
- ¼ de cucharadita de anís estrellado tostado y molido
- 55 g de mantequilla, fría, cortada en dados de 1 cm
- 1 huevo grande, batido
- 90 ml de nata agria, fría
- 55 g de queso curado rallado Cheddar o parmesano
- 1 huevo batido, para glasear
- 2 cucharadas de copos de avena, para espolvorear por encima
- 185 g de mermelada o compota de cerezas baja en azúcar

En un bol grande, mezcle la harina, los copos de avena, el azúcar moreno, el tomillo, la raspadura de limón, las semillas de lino, la levadura, la pimienta, la sal y el anís. Trocee la mantequilla e incorpórela con dos tenedores o un amasador hasta que la mezcla parezca harina de maíz gruesa.

Añada el huevo batido y la nata y remueva rápida y ligeramente con un tenedor para incorporarlo a la mezcla, sin trabajar demasiado la masa.

Pase la masa a una superficie enharinada y extiéndala hasta formar un rectángulo de 1 cm de grosor, utilizando más harina si es necesario. Espolvoree con todo el queso excepto 3 cucharadas.

Doble en tres tercios, selle los lados y allane de nuevo para formar otro rectángulo. Corte con un cuchillo en cuadrados de 8 cm (o 15 cuadraditos más pequeños) y disponga sobre una bandeja forrada con papel vegetal o una estera de silicona. Presione con el pulgar el centro de cada scone para dejar una marca hundida. Tape y refrigere 30 minutos o hasta que vaya a hornearlos, o envuélvalos y congélelos para utilizarlos hasta pasado un mes.

Justo antes de hornearlas, precaliente el horno a 190 °C/potencia 5. Pinte cada scone con huevo batido y espolvoree con los copos de avena, el resto del queso y un poco de pimienta negra, luego rellene el centro hundido con unas 2 cucharaditas de mermelada de cereza.

Hornee 15-17 minutos (12-14 si son cuadraditos más pequeños) hasta que la parte superior se dore. Pase a una rejilla para templar.

AJO

PATÉ DE BERENJENA ASADA

(BAINGAN BHURTA)

Raghavan Iyer

«Es tradición en los pueblos del norte de la India y los restaurantes de la zona asar la berenjena directamente sobre carbón en unos hornos cerámicos en forma de campana (tandoor) que suelen generar un intenso calor (hasta 370 °C). Es fácil replicar esta técnica con una parrilla de carbón o gas. El sabor de la berenjena ahumada ofrece la contrapartida ideal a los sutiles aromas de clavo y canela del condimento garam masala. Yo suelo servir el paté con pan naan, pan de pita o rebanadas de pan tostado como aperitivo.» RI

6 RACIONES

2 berenjenas pequeñas (unos 450 g cada una)
2 cucharaditas de semillas de cilantro molidas
1 cucharadita de semillas de comino molidas
1 cucharadita de sal marina gruesa o sal kosher
1 cucharadita de garam masala
½ cucharadita de cayena en polvo
¼ de cucharadita de cúrcuma en polvo
1 cebolla morada pequeña, picada
115 g de passata (concentrado de tomate)
zumo de ½ lima mediana (1 cucharada)
1 cucharada de jengibre fresco rallado
2 dientes de ajo medianos, picados
25 g de hojas y tallos tiernos de cilantro fresco picados
2 cucharadas de mantequilla clarificada o aceite vegetal
1 cucharadita de semillas de comino
1 lima grande, cortada en 8 cuñas

Caliente el gratinador del horno o un grill de carbón o gas para cocer directamente sobre el fuego.

Pinche las berenjenas con un tenedor en cinco o seis puntos.

Para gratinar: disponga las berenjenas a 5-8 cm del gratinador, dándoles la vuelta de vez en cuando para que se cocinen por todos lados, hasta que la piel ennegrezca por completo y se churrusque, 20-25 minutos.

Para asarlas a la barbacoa o grill: disponga las berenjenas sobre el grill o directamente sobre el carbón, dándoles la vuelta de vez en cuando para que se cocinen por todos lados, hasta que la piel ennegrezca por completo y se churrusque, 20-25 minutos. Pase las berenjenas a un cuenco grande, cubra con papel film transparente y reserve unos 30 minutos. El vapor que se forme levantará la piel y ayudará a pelarlas más fácilmente.

Pélelas y deseche piel y tallo. Ponga la pulpa en un cuenco y cháfela con un utensilio o con las manos, hasta obtener una consistencia suave. Guarde el líquido que vaya quedando en el fondo del cuenco.

Añada el cilantro, el comino, la sal, el garam masala, la cayena, la cúrcuma, la mitad de la cebolla, el concentrado de tomate, el zumo de lima, el jengibre, el ajo y la mitad del cilantro; mezcle bien.

Caliente la mantequilla en un wok o sartén honda de 30 cm a fuego medio-alto. Agregue las semillas de comino y deje que se tuesten y se vuelvan de color rojo pardo, unos 15 segundos. Inmediatamente, añada el resto de la cebolla y sofría hasta que se dore por los bordes, 2-3 minutos.

Añada la mezcla de berenjena y sofría hasta que casi todo el líquido se evapore, 15-20 minutos.

Pase a una fuente de servir y decore con el resto del cilantro y las cuñas de lima.

GRANADA

TABULÉ CON SEMILLAS DE GRANADA

De sabor a frutos secos y nutritivos, con saludables arilos de granada, dulces, ácidos y de sabor embriagador, este plato es un fantástico acompañamiento o almuerzo para llevar.

4-6 RACIONES

200 g de trigo sarraceno tostado o farro
1-2 chalotas grandes, troceadas
120 ml de aceite de oliva virgen extra
60 ml de zumo de limón
1 cucharada de melaza de granada
2 cucharaditas de semillas de comino, tostadas y molidas
3 manojos de perejil de hoja plana picado
25 g de menta fresca picada
raspadura de 1 limón
4 cucharadas de semillas de granada

En una cacerola con 500 ml de agua, ponga el trigo sarraceno o farro, tape y lleve a ebullición. Baje el fuego y deje cocer hasta que quede tierno, unos 15-20 minutos. Deje templar.

Mezcle las chalotas con el aceite de oliva, el zumo de limón, la melaza de granada y el comino. Salpimiente.

En un cuenco grande, mezcle el trigo sarraceno o farro con el perejil picado, la menta y la raspadura de limón, luego incorpore el aliño y los arilos de granada. Sirva frío.

AJO, CARDAMOMO

ENSALADA DE REMOLACHA, HINOJO Y MANZANA CRUJIENTE

Esta superensalada repleta de nutrientes es ideal como almuerzo y es rica en especias beneficiosas. La crujiente receta incluye menta, granada y quinoa tostada, y le ayudará a superar los bajones de energía de la tarde.

4 RACIONES COMO GUARNICIÓN

115 g de hinojo, en láminas finas, y unas hojas reservadas para decorar
½-1 diente de ajo pequeño, picado
1 cucharada de vinagre de sidra
1 cucharada de aceite de oliva virgen extra
¼ de cucharadita de sal
115 g de remolacha, rallada fina
70 g de manzana Granny Smith, sin corazón y en dados
20 g de nueces tostadas troceadas, algunas para decorar
10 g de cebolleta en láminas finas (solo la parte blanca)
15 g de hojas de menta, troceadas
1 cucharada de perejil picado
raspadura y zumo de ½ lima
raspadura de ½ naranja, zumo de 1 naranja pequeña
2 cucharadas de aceite de oliva virgen extra
1 cucharadita de semillas de comino, tostadas y molidas
½ cucharadita de semillas de hinojo, tostadas y molidas
½ cucharadita de semillas de cardamomo, tostadas y molidas
½ cucharadita de páprika ahumada
½ cucharadita de melaza de granada
¼ de cucharadita de sal
10 vueltas de molinillo de pimienta negra
1 cucharada de quinoa tostada

Marine el hinojo y el ajo en el vinagre, aceite y sal, y refrigere hasta que se ablande, al menos 30 minutos o toda la noche.

Mezcle con el resto de ingredientes excepto la quinoa.

Decore con la quinoa tostada y las nueces y hojas de hinojo.

AJO, AZAFRÁN, LAUREL

PAELLA DE VERDURAS

José Andrés

«La paella es el plato de arroz por excelencia en España. Esta receta incluye azafrán, que aporta un sabor distintivo, además de ajo –en el campo español crecen diversas variedades–. La belleza de esta receta reside en que se adapta a las estaciones. Me encanta ir al mercado con mis hijas y elegir las verduras para la paella del fin de semana. Opte por productos de temporada en su mercado.» JA

4-6 RACIONES

60 ml de aceite de oliva virgen extra
1 manojo de cebolletas, en láminas finas
100 g de champiñones, cortados por la mitad si son grandes
85 g de pimiento rojo en dados
70 g de calabacín en dados
70 g de zanahoria en dados
1 cucharadita de ajo picado
55 g de sofrito (véase derecha)
240 ml de vino blanco seco
una pizca de azafrán
1,2 litros de caldo de champiñones o vegetal
200 g de arroz bomba (si utiliza arroz valenciano, utilice solo 1 litro de caldo)
40 g de guisantes frescos
alioli, para servir (véase derecha)

Para el sofrito (salen unas 3 tazas):
10 tomates maduros, cortados por la mitad
350 ml de aceite de oliva virgen extra
4 cebollas pequeñas, picadas
1 cucharadita de azúcar
1 cucharadita de sal
1 cucharadita de pimentón ahumado
3 hojas de laurel

Para el alioli (sale 1 taza)**:**
1 huevo pequeño
240 ml de aceite de oliva virgen extra
1 diente de ajo
1 cucharadita de vinagre de jerez o zumo de limón
sal marina, al gusto

Primero, prepare el sofrito. Ponga el rallador sobre un bol y ralle el tomate hasta la piel. Deseche las pieles. Caliente el aceite en una cacerola a fuego medio-bajo. Añada la cebolla, el azúcar y la sal. Sofría, removiendo ocasionalmente, hasta que quede blanda y caramelizada, unos 45 minutos. Incorpore el tomate rallado, el pimentón y las hojas de laurel y deje cocer a fuego medio hasta que el tomate haya reducido y el aceite se separe de la salsa, unos 20 minutos. Deseche las hojas de laurel y reserve la salsa en el frigorífico, tapada, hasta que vaya a usarla.

Para hacer el alioli, ponga el huevo, 2 cucharadas del aceite de oliva, el ajo y el vinagre o zumo de limón en el vaso de la batidora. Triture a potencia alta hasta que el ajo se haga puré y la mezcla parezca una pasta suelta. Mientras tritura, empiece a incorporar poco a poco el resto del aceite. Si la mezcla resulta demasiado espesa, añada una cucharada de agua para aligerarla. Siga añadiendo el aceite hasta obtener una salsa cremosa de color amarillo claro. Salpimiente al gusto.

Para elaborar la paella, en una paellera caliente el aceite de oliva a fuego medio-alto. Añada la cebolla y sofría hasta que se ablande y se dore ligeramente, unos 3 minutos. Agregue los champiñones, el pimiento, el calabacín, la zanahoria y el ajo, y sofría 2 minutos más. Incorpore el sofrito y deje cocer 1 minuto. Vierta el vino blanco y deje reducir a la mitad, unos 2 minutos.

Desmenuce el azafrán en la paellera y vierta el caldo. Suba el fuego y lleve a ebullición. Deje hervir 2-3 minutos, luego añada el arroz y los guisantes, y remueva. Baje el fuego a medio-alto, sale al gusto y deje cocer 4 minutos. No remueva más el arroz, ya que puede provocar una cocción poco uniforme.

Cueza a fuego bajo otros 7 minutos. Retire la paella del fuego, cubra con un trapo limpio y deje reposar 5 minutos. Sirva con el alioli.

Fotografía: Christopher Banks

TOMILLO, AJO

FALSOS ESPAGUETIS CON ALBÓNDIGAS
AL AJO Y ACEITE DE TOMILLO

Una versión más saludable del clásico plato italiano. Aquí, la «pasta» se elabora con calabaza. Las albóndigas son veganas, pero la textura y el sabor se parecen tanto a la ternera que querrá sorprender a sus amigos con esta variante.

4 RACIONES

Para las albóndigas:
150 g de lentejas pardas secas, lavadas
3 dientes de ajo, en láminas
10 ramas de tomillo, y más para decorar
3 cucharadas de Aceite de tomillo (véase abajo)
100 g de cebolla (1 pequeña), troceada
350 g de champiñones blancos, troceados
3 cucharadas de concentrado de tomate bajo en sodio
1 ½ cucharadas de mostaza de Dijon, o al gusto
85 g de copos de avena, tostados y molidos
1 ½ cucharaditas de tomillo seco
240 ml de caldo vegetal
más aceite o espray antiadherente

Para los «espaguetis»:
1 kg de calabaza alargada (salen unos 750 g)
2 cucharadas de Aceite de tomillo (véase abajo)
unas hebras de azafrán (opcional)

Precaliente el horno a 180 °C/potencia 4. En una cacerola con 350 ml de agua, ponga las lentejas, el ajo y las ramas de tomillo. Lleve a ebullición, luego deje cocer a fuego lento 10 minutos –las lentejas quedarán crujientes–. Retire del fuego, escurra y deje templar, desechando las ramas de tomillo. Reserve.

Añada el aceite de tomillo a una sartén y sofría la cebolla a fuego medio hasta que quede translúcida, unos 4 minutos. Agregue las setas y deje cocer 4-5 minutos más, hasta que suelten su jugo.

Pase al procesador de alimentos, añada la mezcla con las lentejas y triture, dejando algunos trozos enteros.

Ponga el concentrado de tomate en la sartén y sofríalo 2 minutos para que caramelice, luego añada a la mezcla de las lentejas, la mostaza, la avena, el tomillo y el caldo. Remueva y deje cocer hasta que se absorba el líquido y la mezcla quede aromatizada. Salpimiente y reserve.

Cuando la pasta se haya templado, forme unas 20 albóndigas (de unos 25 g cada una) y dispóngalas en una bandeja de horno forrada y engrasada con aceite.

Para preparar los «espaguetis», corte la calabaza por la mitad y retire las semillas para otra preparación o deséchelas. Ponga el aceite de tomillo, unas hebras de azafrán (si lo usa) y 60 ml de agua en una bandeja de horno y coloque encima la calabaza con la parte cortada hacia abajo. Ásela 30-40 minutos, o hasta que quede tierna al pinchar con un tenedor. Al cabo de 10 minutos de hornearla, introduzca las albóndigas en el horno para cocerlas hasta que se doren, unos 20-25 minutos.

Saque la calabaza del horno y vuélvala hacia arriba para que se temple unos 10 minutos. Con un tenedor, rásquela para formar los «espaguetis». Rocíe con aceite y hojas de tomillo, y salpimiente al gusto. Reparta los «espaguetis» entre cuatro platos y añada cinco albóndigas a cada uno. Sirva con su salsa para pasta preferida.

ACEITE DE TOMILLO

SALEN 350 ML

350 ml de aceite de oliva virgen extra
unas 15 ramas de tomillo

Inserte el tomillo en una botella donde se mantenga en vertical. Con un embudo, vierta poco a poco el aceite en la botella hasta que cubra el tomillo. Presione el tomillo hacia abajo para que permanezca sumergido.

Selle la botella y guarde en un lugar fresco y oscuro. El aceite estará listo para usar al cabo de una semana y se conservará, bien cerrado, un mes en un lugar fresco o 2 meses en el frigorífico.

TOMILLO, AJO

RAPE ASADO

CON TOMATITOS AL ACEITE DE TOMILLO Y CEBADA TOSTADA CON PUERROS

Lidia Bastianich

Trabajé con Lidia hace unos años en un complejo turístico de playa donde entonces se celebraba el principal evento de vino y alimentación del mundo, «Cuisines Of the Sun», en Big Island, Hawái. Lidia me inspiró con su apasionada disciplina al aplicar las técnicas culinarias clásicas italianas. Creó sabores simples y sabrosos para platos de pescado condimentados con los abundantes productos disponibles. Este plato, adaptado a partir de una receta de su libro Lidia's Italian Table *(William and Morrow, 1998) capta su estilo sencillo.*

6 RACIONES

- 300 g de tomates cherry enanos en rama (o de tamaño normal, partidos por la mitad)
- 4 dientes de ajo, sin pelar
- 9 ramas de tomillo largas
- 5 cucharadas de Aceite de tomillo (p. 194)
- 200 g de cebada o fregola sarda
- 450 g de puerros (3 medianos), en rodajas
- 1 kg de filetes de rape
- 175 ml de aceite de oliva virgen extra
- 50 g de harina blanca
- 3 dientes de ajo, en láminas finas
- 240 ml de vino blanco seco
- 120 ml de caldo vegetal o de pescado
- 45 g de mantequilla sin sal
- 2 cucharadas de perejil picado
- ¼ de limón en conserva, en tiras finas
- unas hojas de tomillo, para decorar

Precaliente el horno a 120 °C/potencia ½. Disponga los tomates y los dientes de ajo sobre una bandeja de horno forrada junto con cinco ramas de tomillo. Rocíe con 3 cucharadas de Aceite de tomillo y salpimiente. Ase 35 minutos o hasta que el tomate se caramelice ligeramente. Reserve hasta que emplate el pescado.

Ponga la cebada en una olla con 600 ml de agua. Tape y lleve a ebullición, luego baje el fuego y deje cocer suavemente. Cueza con un suave hervor 45-55 minutos hasta que quede tierna y haya absorbido el agua. Pase a una bandeja de horno, espárzala sobre ella y deje templar.

Escalde los puerros en una olla con agua hirviendo 3 minutos. Escurra bien y deje templar.

Con un cuchillo, retire las membranas grises y las partes de color rojo oscuro de los filetes de pescado. Córtelo en medallones de 1 cm de grosor, con un poco de ángulo. Disponga los medallones, unos cuantos a la vez, entre dos láminas de papel film transparente y golpéelos suavemente con la parte plana de un mazo para carne o la base de un cazo pequeño para aplanarlos un poco.

En una sartén grande, caliente 3 cucharadas de aceite de oliva a fuego medio-alto. Añada los puerros y la cebada. Salpimiente y cocine, removiendo a menudo, hasta que todo se dore, unos 12 minutos. Retire la sartén del fuego y tape para mantenerlo caliente.

Mientras, espolvoree el pescado con sal y harina, sacudiendo el exceso de la misma. En una sartén grande, caliente el resto de aceite de oliva y el ajo en láminas a fuego medio. Agregue los medallones de pescado que quepan sin que se superpongan y cocínelos dándoles la vuelta una vez, hasta que se doren por ambos lados, unos 5-7 minutos. Pase el pescado a una fuente y manténgalo caliente; repita con el resto de medallones.

Escurra el aceite sobrante de la sartén. Añada el vino y lleve a ebullición, rascando los lados y fondo de la sartén. Incorpore el caldo de pescado, la mantequilla y las cuatro ramas de tomillo restantes, y salpimiente ligeramente al gusto. Deje cocer hasta que la salsa reduzca más o menos a la mitad y espese un poco, unos 7 minutos. Cuele la salsa y pruebe de sal y pimienta.

Para servir, incorpore el perejil en la mezcla de cebada y puerro, luego dispóngala sobre la base de una fuente de servir caliente. Rocíe con el resto de Aceite de tomillo. Ponga encima los medallones de rape, rocíe con la salsa, luego espolvoree con hojas de tomillo y limón en conserva, y esparza los tomates y el ajo asados alrededor.

AJO, ALHOLVA, CARDAMOMO

POLLO «SPAZCHOOK» PICANTE

CON CHIRIVÍAS AL ESTILO HASSELBACK ESPECIADAS CON BAHARAT

La palabra «spatchcook» se refiere a la técnica de abrir el pollo estilo mariposa para cocerlo. En una zona de Nueva Zelanda a los pollos se les llama «chook». Un día, uno de mis comensales, de diez años, exclamó: «¡Qué bueno está este "spazchook"!». Pruebe la receta con su propia combinación de especias y hierbas: será un éxito tanto si la prepara al grill como en la barbacoa. La guarnición de chirivía es una versión de las elegantes patatas estilo hasselback; aquí, las chirivías se asan con aceite especiado con mezcla de especias baharat.

4 RACIONES

1 pollo grande entero, limpio y abierto estilo mariposa
2 cebollas grandes

Para la marinada:

2 cucharadas de mostaza seca en polvo
2 cucharadas de pimentón dulce
½ cucharadita de vainas de cardamomo partidas
3 o 4 dientes de ajo, picados (1 cucharada)
2 cucharadas de zumo de limón
1 puñado grande de hierbas variadas (perejil, albahaca, tomillo, orégano, romero, salvia)
20 vueltas de molinillo de pimienta negra
1 cucharadita de sal marina
2 cucharadas de azúcar moreno
240 ml de aceite de semillas de uva o vegetal

Para el aceite especiado con baharat y alholva:

120 ml de aceite de oliva
2 cucharaditas de jarabe de arce o miel
1 cucharada de granos de pimienta negra tostados y molidos
1 cucharada de páprika
2 ½ cucharaditas de canela en polvo
2 ½ cucharaditas de semillas de cilantro, tostadas y molidas
2 ½ cucharaditas de clavo en polvo
2 cucharaditas de semillas de hinojo, tostadas y molidas
1 cucharadita de nuez moscada en polvo
¾ de cucharadita de semillas de comino, tostadas y molidas
½ cucharadita de alholva molida
¼ de cucharadita de semillas de cardamomo, tostadas y molidas

Para las chirivías al estilo hasselback con baharat:

8 chirivías de 2,5-4 cm de grosor, cepilladas y recortadas de modo que todas tengan el mismo tamaño al cocerlas
aceite especiado con baharat y alholva (véase izquierda)
120 ml de caldo vegetal o agua caliente
12 hojas de alholva, frescas o secas
un trocito de mantequilla

En un cuenco pequeño, mezcle los ingredientes de la marinada y úntela sobre el pollo. Introduzca el «spazchook» en una bolsa de plástico con cierre, refrigere y deje marinar 3 horas o toda la noche.

En un cuenco, mezcle los ingredientes para el aceite especiado.

Precaliente el horno a 200 °C/potencia 6. Saque el pollo del frigorífico.

Corte un lateral de las chirivías para evitar que rueden. Coloque un palillo chino a lo largo de la chirivía y con cuidado «sierre» la hortaliza en rodajas de 3 mm. (El palillo impedirá que el cuchillo corte la hortaliza hasta abajo.) Con la punta de un cuchillo, entreabra los cortes. Rocíelos con el aceite especiado y disponga las chirivías en una fuente de horno. Vierta en la fuente caldo caliente hasta una profundidad de 5 mm, añada las hojas de alholva y rocíe con más aceite especiado. Sale. Cubra con papel de aluminio y ase 30-40 minutos.

Si asa el pollo al horno, precaliente el gratinador a 180 °C/potencia 4. Corte cebollas sin pelar en cinco o seis rodajas gruesas y dispóngalas sobre una bandeja de horno con aceite. Ponga el pollo boca abajo sobre la cebolla. Gratine 20 minutos, dele la vuelta y gratine 20-25 minutos más hasta que el jugo salga limpio. Saque del horno, cubra y deje reposar 15-20 minutos. Mientras el pollo reposa, vuelva a meter las chirivías en el horno, sin tapar, y áselas 15 minutos más para que se doren. Para cocer el pollo a la barbacoa, hágalo sobre las brasas. Invierta el mismo tiempo de cocción y reposo indicado para asarlo al horno. Con cuidado, retire las chirivías de la fuente del horno y sírvalas con el pollo «spazchook». Si queda líquido en la fuente, mézclelo con un poco de mantequilla para espesarlo y viértalo sobre las chirivías.

AJO

KIMCHI

Judy Joo

«La comida coreana es conocida por sus sabores fuertes y vibrantes, que en gran parte se deben al uso de ingredientes punzantes como el jengibre, el ajo y los chiles. El kimchi es un plato clásico que ilustra la afición de los coreanos por las especias. Es el plato nacional coreano y se toma a diario con cada comida. Mi madre preparaba grandes cantidades de este plato a base de col fermentada una vez al año y lo conservaba en recipientes de cerámica en el porche. Es cierto que huele un poco raro, por lo que conviene envolverlo bien. Se puede tomar recién hecho, añadirlo a estofados y sofritos, o usar el jugo para alegrar cualquier receta. Cuando lo pruebe, comprenderá por qué cada vez aparece en más menús de todo el mundo.» JJ

SALE 1 TARRO GRANDE

2,5 kg de col coreana (napa o china)
325 g de sal gruesa coreana
150 g de cebolletas, cortadas en trozos de 5 cm
200 g de zanahorias, cortadas en bastoncitos con un pelador de juliana
200 g de rábano japonés (o coreano), cortado en bastoncitos con un pelador de juliana

Para el caldo dashima:
7 anchoas secas medianas, sin tripa ni cabeza
6 setas shiitake deshidratadas
un cuadrado de 5 cm de alga dashima
3 cebolletas (55 g), troceadas
1 cebolla pequeña (115 g), troceada
3 dientes de ajo grandes (13 g), machacados

Para la pasta especiada:
80 g de ajo (unos 18 dientes)
40 g de jengibre fresco, rallado
100 g de seojutt (gambas coreanas saladas)
20 g de azúcar granulado
130 g de gochugaru (copos de guindilla coreanos)
100 g de salsa de anchoas coreana
200-250 ml de caldo dashima (véase izquierda)

Primero prepare la col. Lávela bien y pártala en cuartos cortando la parte inferior y rasgando para separar la parte superior. Disuelva la mitad de la sal en 60 ml de agua. Reparta el resto de la sal por encima y entre las hojas de la col. Sumerja la col, con la parte cortada hacia arriba, en el agua salada (añada más agua si hace falta) y manténgala hundida colocando un plato encima. Déjela en el frigorífico toda la noche.

Al día siguiente, enjuague la col bajo un chorro de agua fría dos o tres veces y escúrrala bien. Con cuidado, presiónela para eliminar el exceso de agua y déjela en un colador para que acabe de soltarla toda.

Prepare el caldo dashima. Remoje las anchoas, las setas y el alga 20 minutos en 500 ml de agua fría, luego póngalo en una olla a fuego alto. Añada las cebolletas, la cebolla y el ajo y lleve a ebullición, luego baje el fuego y deje cocer con un hervor suave 20 minutos. Retire y escurra. Deje templar del todo.

Prepare la pasta especiada. Mezcle el ajo, el jengibre, el seojutt, el azúcar, el gochugaru y la salsa de anchoa en el procesador de alimentos y triture hasta obtener una pasta homogénea. Añada solo el caldo dashima suficiente para que la pasta quede más disuelta, unos 200-250 ml deberían bastar. Incorpore la cebolleta, la zanahoria y el rábano.

Embadurne la col con la pasta especiada, por fuera y entre las hojas. Dispóngala en un recipiente grande de cierre hermético y guarde en un lugar fresco (alrededor de 2 °C) para que fermente 2-3 semanas, luego conserve en el frigorífico, donde se conservará al menos durante un año, ¡si no se acaba antes!

GRANADA, CARDAMOMO

POSTRE HELADO DE GRANADA Y PISTACHO

Con semillas de chía, ricas en proteínas, y zumo de granada, de seductor color rojo y repleto de antocianinas y antioxidantes para la salud prostática, este postre ligero y fácil de preparar endulzado con miel es una delicia sin lácteos: ¡refrescante, romántico y saludable!

4 RACIONES

Para la crema de chía:
3 cucharadas de semillas de chía
240 ml de leche de almendra
⅛ de cucharadita de extracto de almendra
una pizca de sal en escamas
2 cucharadas de miel
¼ de cucharadita de cardamomo en polvo

Para la gelatina de granada:
4 hojas de gelatina oro (véase la p. 46, o 3 ¼ cucharaditas de gelatina en polvo)
475 ml de zumo puro de granada
1 cucharada de miel

Para el labneh de vainilla:
¼ de cucharadita de extracto de vainilla
¼ de cucharadita de azúcar granulado, o al gusto
una pizca de cardamomo en polvo
85 g de labneh

Para servir:
25 g de pistachos, troceados
2 higos frescos, en cuartos o abiertos, o higos secos, troceados
unas gotas de agua de rosas

Para hacer la crema de chía, mezcle los ingredientes en un bol, cubra y refrigere 3 horas o toda la noche.

Cubra las hojas de gelatina con agua helada y deje reposar hasta que se ablanden. En un cazo pequeño, caliente el zumo de granada con la miel para que se disuelva. Escurra y exprima las hojas de gelatina y luego mézclelas en el zumo. Reparta el líquido en cuatro copas de postre. Refrigere hasta que cuaje.

Mezcle la vainilla, el azúcar y el cardamomo con el labneh.

Sirva la crema de chía sobre la capa de gelatina de granada y luego vierta el labneh de vainilla. Espolvoree con los pistachos y decore con los higos. Rocíe con unas gotas de agua de rosas.

CARDAMOMO

HELADO DE NARANJA AL CARAMELO DE CARDAMOMO

Deliciosa y especiada, esta receta presenta un helado ligero que no contiene yema de huevo y solo la mitad de nata.

SALE 1 LITRO

Para el caramelo:

5 vainas de cardamomo negro, machacadas

1 cucharadita de vainas de cardamomo verde (unas 8-10), machacadas

120 ml de zumo de naranja, colado

1 cucharada de zumo de limón

raspadura de ½ naranja

300 g de azúcar granulado

1 vaina de vainilla, abierta y cortada en 8 trozos

120 ml de nata espesa para montar

1 cucharada de aceite de coco

Para el helado:

240 ml de nata de coco

240 ml de nata para montar

100 g de azúcar granulado

una buena pizca de sal

1 cucharada de ron blanco (opcional)

2 claras de huevo, a temperatura ambiente

En una sartén pequeña, tueste en seco el cardamomo, y luego muela las vainas y semillas en el mortero.

Para el caramelo, en una sartén pequeña, caliente el zumo de naranja y limón, la raspadura de naranja, el azúcar, cardamomo, la mitad de los trozos de vainilla (reserve el resto para el helado) y una pizca de sal, con cuidado de que no se salga. Remueva de vez en cuando y cocine hasta que la salsa sea espesa como la miel. Incorpore la nata y el aceite de coco y bata hasta que esté bien combinado. Deje reposar 10 minutos fuera del fuego, luego cuele los trozos más grandes de cardamomo y deje enfriar del todo. Cubra y refrigere hasta su uso.

Para preparar el helado, en una olla mediana, caliente la nata de coco y la nata para montar con tres cuartas partes del azúcar, los trozos de vainilla reservados y una buena pizca de sal hasta que forme vapor y el azúcar se haya disuelto. Apague el fuego, bata para ayudar a que se enfríe y añada el ron si lo usa. Tape y refrigere.

Bata las claras en un cuenco con varillas hasta que queden espumosas. Vierta poco a poco el resto del azúcar y siga batiendo hasta que las claras formen picos firmes y brillantes.

Incorpore la mezcla al merengue por tandas hasta que quede bien mezclado.

Congele en una heladera según las instrucciones del fabricante. Disponga un tercio del helado en un recipiente y luego vierta encima el caramelo. Repita las capas. Cubra con papel film transparente y congele hasta que quede firme.

ALHOLVA

PERA COCIDA CON ALHOLVA
Y DUKKAH PARA POSTRES

A los catorce años estaba obsesionada con las peras al vapor con nata y azúcar de canela. De sabor, textura y color un tanto más sofisticados, estas peras son sublimes sobre un lecho de dukkah. El sabor a arce tostado de la alholva se arremolina en la lengua, pero procure no tostarla en exceso o tendrá que empezar de nuevo.

4 RACIONES

- 350 g de azúcar granulado
- 2 cucharadas de zumo de limón
- ½ rama de canela, tostada
- 2 granos de pimienta de Jamaica, tostados
- ½ cucharadita de semillas de alholva, tostadas
- 3 hojas de alholva
- 4 peras, variedad Bosc o Concorde, con tallos
- 60 ml de vino de postre, como Sauternes, Botrytis Semillon o Riesling
- 2 tiras de piel de limón
- Dukkah para postres (véase abajo), para servir
- labneh o nata montada, para servir (opcional)

En una cacerola de 2 litros de base gruesa, ponga el azúcar, el zumo de limón, la canela, la pimienta y la alholva y añada 120 ml de agua. Lleve a ebullición suave a fuego medio-alto, removiendo ligeramente el líquido de vez en cuando, y deje reducir hasta que adopte un aspecto de sirope y un tono ámbar. Con cuidado, añada 350 ml más de agua (vigile, porque se formará burbujeo). Remueva para diluir el caramelo, luego añada las hojas de alholva, las peras, el vino y la piel de limón. Disponga una muselina humedecida o un círculo de papel vegetal con un corte en el centro sobre las peras dentro de la cacerola para que se mantengan sumergidas. Cuézalas hasta que queden tiernas pero aún firmes, unos 18 minutos.

Retire las peras del líquido, luego enfríe el caramelo de la cocción sobre un baño de agua helada. Devuelva las peras al caramelo líquido, cúbralas y refrigérelas hasta su uso. Prepare el Dukkah para postres (véase abajo).

Para servir, ponga 1 cucharada colmada de dukkah en cada plato. Con un cuchillo afilado, corte la base de las peras para que se mantengan en pie. Disponga cada pera sobre el dukkah y sirva con la salsa de caramelo y labneh o nata montada si lo desea.

DUKKAH PARA POSTRES

SALEN 140 G

- ⅛ de cucharadita de semillas de alholva
- ½ rama de canela, troceada
- 1 cucharada de semillas de lino
- 2 cucharaditas de semillas de cilantro
- 1 cucharadita de semillas de comino
- ½ cucharadita de semillas de alcaravea
- 25 g de pacanas, tostadas y templadas
- 25 g de almendras en láminas, tostadas y templadas
- 40 g de semillas de calabaza, tostadas y templadas
- 2 cucharaditas de azúcar de dátiles o crudo
- 1 cucharadita de sal en escamas
- ¾ de cucharadita de vainilla en polvo (opcional)

En una sartén pequeña, a fuego bajo, tueste las semillas de alholva muy ligeramente durante solo unos minutos y páselas al molinillo de especias para que se templen. A fuego medio, tueste los trozos de canela. Temple y muélalo junto, y páselo a un cuenco. Tueste las semillas de lino, cilantro, comino y alcaravea juntas a fuego medio hasta que suelten sus aromas. Deje templar y muela finamente.

Con el mortero, machaque las pacanas, las almendras y las semillas de calabaza. Añádalas al cuenco pequeño junto con las especias, el azúcar, la sal y la vainilla en polvo (si la usa) y mezcle bien.

En un recipiente tapado, se conserva en un lugar fresco hasta 3 semanas, o se puede congelar hasta 2 meses.

CARDAMOMO

TISANA DE CHAI Y CARDAMOMO

Esta bebida para entrar en calor es especiada, aromática y no contiene cafeína ni productos lácteos. Las especias se hierven a fuego lento para dejar que aromaticen la bebida con su delicado y saludable sabor. Perfecta para los meses fríos, esta tisana le ayudará a protegerse de resfriados y es también una manera de mantener a raya el apetito cuando entran las ganas de picar por la tarde. La adición de leche de coco o almendra la hace ideal como alternativa sin cafeína al café con leche de la tarde.

2 RACIONES

- 1 semilla de anís estrellado
- 6 vainas de cardamomo verde, algo chafadas
- 2 clavos de olor
- 2 granos de pimienta negra, machacados
- 1 cucharada de jengibre fresco picado
- un trozo de 5 cm de vaina de vainilla, abierta, o ½ cucharadita de pasta de vainilla
- 160 ml de leche de coco o almendra (opcional)
- ½ cucharadita de miel o néctar de agave

Vierta 450 ml de agua filtrada en una olla y lleve a un suave hervor a fuego lento. Añada el anís, el cardamomo, el clavo, la pimienta, el jengibre y la vainilla, cubra la olla y deje cocer 30 minutos, removiendo de vez en cuando.

Mientras, en un cazo, caliente la leche de coco o almendra hasta que empiece a burbujear. Retire del fuego e incorpore la miel. Mantenga caliente.

Vierta la tisana a través de un colador en una jarra para colar las especias. Reparta el líquido colado entre dos tazas.

Pase la leche caliente a un tarro de cristal con cierre de rosca. Cierre bien la tapa y agite hasta que la leche forme espuma, luego viértala sobre la tisana. Sirva inmediatamente.

Especias calmantes

En el caos y el ajetreo de la vida actual, que tan a menudo activa la hormona cortisol que prepara al organismo para luchar o huir, necesitamos un remanso de paz para reorganizar los pensamientos y reequilibrar nuestra vida. Estas especias contienen abundantes fitonutrientes que pueden ayudar a sosegar el cuerpo y calmar la mente.

Especias calmantes

Salvia ★ Albahaca ★ Azafrán ★ Menta ★ Caña de limón

Como sorber una reconfortante infusión en la taza preferida, estas especias apaciguadoras proporcionan sosiego con sus compuestos activos fitonutritivos inherentes y tranquilizantes naturales. Muchas de ellas son ricas en antidepresivos naturales, mientras que otras ayudan a relajar y aliviar los sistemas del organismo. No hace mucho, la gente aliviaba el estrés haciendo una pausa para fumar, pero ahora se puede usted mimar y sustituir hábitos poco saludables con una infusión especiada relajante o preparar un plato de las recetas recogidas en el presente capítulo.

La albahaca, una planta que huele a eugenol, favorece la salud del corazón y la glándula suprarrenal con sus fitofenoles multiantioxidantes capaces de calmar y cambiar los niveles de la hormona cortisol, activada de manera reactiva y liberada cuando la persona se halla en situaciones estresantes. La sutil pero poderosa crocetina –compuesto químico carotenoide que se halla en las flores de azafrán– lleva siglos utilizándose como antidepresivo natural. La agradable caña de limón calma los nervios y ayuda a encauzar los pensamientos y preocupaciones. El humo de la salvia quemada se utiliza para limpiar la energía entre las tribus indígenas americanas, y la salvia se está estudiando por su capacidad para sosegar, ayudar en la meditación y centrar el pensamiento. La menta no solo es un carminativo (para aliviar los gases) digestivo recomendado con frecuencia, sino que también ofrece alivio para el dolor, tranquiliza la mente y calma la ansiedad.

Otras especias calmantes

Nuez moscada Esta preciada especia alivia un gran número de afecciones, incluida la ansiedad y la depresión, además de la pérdida de la memoria y la libido baja. No obstante, el compuesto activo de la nuez moscada, la miristicina, es un potente narcótico natural, de modo que hay que ir con cuidado para no usarla en exceso.

Orégano La clásica especia italiana equilibra la balanza de ácidos y álcalis del sistema digestivo, protegiendo de los radicales libres que pueden sembrar el caos con su efecto corrosivo y acelerar el envejecimiento del organismo. Proporciona un efecto calmante al estómago y los intestinos, y alivia el dolor y malestar del sistema digestivo con sus compuestos activos carvacrol y timol.

Romero Algunos estudios demuestran que puede aliviar los síntomas de depresión en animales tan efectivamente como la fluoxetina, antidepresivo con receta médica, gracias a sus aceites esenciales concentrados y multiantioxidantes, el ácido rosmarínico, carnósico y carnosol. Según la revista científica *International Journal of Medical Science*, los estudios con humanos muestran que el romero es capaz de mejorar la memoria, mientras que en la medicina tradicional se usa como tónico para calmar los nervios.

Jengibre Los compuestos de gingerol del jengibre sosiegan y calman los síntomas de náusea que conllevan las migrañas, mareos, mareos matutinos del embarazo y los efectos secundarios de fármacos necesarios por prescripción facultativa, como la quimioterapia. El jengibre, además, actúa como carminativo, calmando el sistema digestivo y aliviándolo de gases.

Raspadura de cítrico Más efectivos que el aroma de lavanda, el olor y sabor de la piel de cítrico poseen un efecto calmante y pueden reducir el estrés y la ansiedad. La piel de limón, naranja y en especial pomelo, pueden favorecer la reconcentración para trabajar mejor cuando se llevan a cabo tareas analíticas difíciles.

Cúrcuma Entre sus múltiples cualidades, es elogiada no solo por su potencial para aliviar el dolor de la inflamación articular, sino también por ser un tranquilizante natural. Su compuesto activo, la curcumina, es un sedativo natural: calma los nervios, tranquiliza antes de una presentación y, con té y leche, puede ayudar a conciliar el sueño. Un reciente estudio reveló que al tomar 1.000 mg de curcumina al día se obtienen los mismos resultados que con un antidepresivo, y además puede aliviar a los que sufren insomnio.

Salvia *La especia de la meditación*

La salvia hace siglos que es cultural y religiosamente significativa para muchas culturas: los antiguos griegos y los druidas de Irlanda la utilizaban para invocar la serenidad clara, tranquila y meditativa, mientras que las tribus nativas americanas la quemaban como incienso para protegerse de energías negativas o diabólicas, aumentar la claridad y purificar el hogar.

De los casi mil tipos de salvia, una planta originaria de la cuenca mediterránea y extendida por toda Europa y Norteamérica, solo un puñado son comestibles, como la verdadera, la morada o la mexicana, con sabor afrutado, a piña. Resistente a las sequías, esta especia sagrada para los indígenas americanos suele prepararse en infusión para aclarar y tranquilizar la mente, y para aliviar el dolor de garganta y el resfriado. La *Salvia sclarea*, una variedad suave y dulce, se utiliza desde hace tiempo para tratamientos oculares. En medicina tradicional china, en lugar de las hojas de la variedad china, también llamada salvia roja, se utiliza la raíz en infusión para un tónico denominado *danshen* que se receta principalmente por sus propiedades calmantes y curativas, y también se usa para tratar la enfermedad cardiovascular. La industria alimentaria utiliza el aceite volátil de salvia para mejorar la estabilidad y el tiempo de almacenamiento de los aceites de cocina.

Este conocido arbusto perenne vive a pleno sol en suelos arenosos bien drenados, y presenta tallos con hojas de color verde claro que producen hojas ovaladas tiernas pero robustas. Las hojas venosas poseen una textura aterciopelada con bordes minúsculamente dentados, y algunas variedades crecen hasta adquirir el tamaño de las hojas para ensalada (hasta 5 cm de longitud). Por lo general, son de tono gris verdoso por el anverso, a veces con bordes morados y un tono más claro de gris en el reverso, y la planta libera un fuerte aroma a pino, picante. Las flores de salvia, atractivas para las abejas, florecen en verano y son blancas, azules o moradas.

La salvia se utiliza en platos italianos, alemanes y griegos, como el clásico Saltimbocca a la romana, ternera a la salvia y el prosciutto. La salvia fresca también aparece en quesos británicos, y es un ingrediente básico del clásico acompañamiento al asado elaborado con salvia y mezcla para rellenar cebollas.

Las amargas hojas frescas se emplean para platos cocinados o se escaldan brevemente para rebajar el amargor. Una manera divertida de disfrutar de la salvia recién recogida, y excelente para dar un toque a sopas, ensaladas y platos principales, consiste en freír las hojas hasta que estén crujientes (véase la p. 230). La salvia se vende fresca y seca. La salvia picada es la mejor salvia seca y la recomiendo, está levemente molida y aporta un sabor y aroma plenos, pero recuerde que debe usarla con moderación, porque es mucho más fuerte que la fresca: 1 cucharadita de salvia seca picada equivale a 1 cucharada de salvia fresca.

“Esta hierba lleva utilizándose miles de años en el Mediterráneo: suele encontrarse esculpida en bellas esculturas de figuras romanas, cultura que la consideraba una planta sagrada y ceremoniosa. Desde un punto de vista medicinal, la salvia presenta uno de los historiales más largos de uso como hierba medicinal.

Los numerosos antioxidantes de terpeno [compuesto orgánico de fuerte olor] que contiene la salvia son el motivo por el que se empleaba a menudo como conservante para la carne antes de la invención del frigorífico.

Es interesante el hecho de que posea potencial para reforzar la memoria y prevenir la enfermedad de Alzheimer. Un estudio de doble ciego con control placebo llevado a cabo con 44 participantes reveló la mejora, tanto inmediata como al cabo de unas horas, del recuerdo de palabras y conocimientos. Los resultados evidencian que la salvia es capaz de modificar la capacidad cognitiva en adultos jóvenes sanos.

Los constituyentes polifenólicos, que facilitan la acción antioxidante, pueden proporcionar neuroprotección sustancial, lo cual podría reducir la probabilidad de desarrollar las placas amiloides presentes en la enfermedad de Alzheimer.”

Geeta Maker-Clark, doctora en Medicina

http://www.ncbi.nlm.nih.gov/pubmed/12895685; Adv Exp Med Biol. 2015;863:95-116. doi: 10.1007/978-3-319-18365-7_5.

Albahaca *La especia de la veneración*

El nombre en latín de esta planta, *Ocimum basilicum*, deriva de la palabra griega *basilikos*, que significa 'regio'. Pariente de la familia de la menta, la albahaca alivia el estrés, refuerza el funcionamiento de las glándulas suprarrenales, normaliza los niveles de cortisol y se estudia por sus posibles beneficios antiedad. La albahaca actúa contra los radicales libres gracias a sus fitonutrientes antioxidantes, orientina y vicenina, y los aceites volátiles eugenol y apigenina pueden favorecer el reequilibrio de las hormonas del estrés. Actualmente se estudia si podría reducir los niveles de la hormona cortisol, que prepara al organismo para la respuesta de lucha o huida, y de la enzima creatina (ambas corrosivas cuando se precisan con exceso).

Las numerosas variedades de albahaca incluyen la tailandesa, la de limón, la dulce, la morada y la sagrada (tulsi). Todas pueden cultivarse a partir de semillas y viven a pleno sol, con las raíces bien regadas y protegidas de fuertes brisas hasta que la planta es madura. Corte las hojas con frecuencia para fomentar su crecimiento.

El mejor uso de la albahaca es en fresco o en aceite: cuando se seca, pierde su aroma, aunque conserva los beneficios de forma concentrada y es la mejor opción para condimentar platos de larga cocción. Compre solo la albahaca fresca que vaya a utilizar, ya que las hojas ennegrecen y se manchan tras cosecharla y refrigerarla.

Todos los tipos de albahaca funcionan en numerosas cocinas y recetas. Nada es más sencillo que la ensalada italiana de tres ingredientes con mozzarella de búfala, tomate y albahaca, o un buen manojo de albahaca, ajo, piñones y aceite de oliva triturados en un delicioso pesto. La albahaca tailandesa es un toque final perfecto para sofritos orientales, platos de marisco y ensaladas. El Agrodolce de la p. 228 es un homenaje a la albahaca dulce combinada con cebolla roja y boniato glaseado con guinda para servir como guarnición o plato principal, mientras que el Helado de albahaca y canela, de Mindy Segal (p. 248), es una combinación perfecta y deliciosa.

La albahaca sagrada (tulsi) es de hojas más pequeñas pero más sustanciosa, de modo que va bien con curris y platos con aves o carne, y se emplea para condimentar recetas malayas, indias e indonesias. Originaria de la India y cultivada y preciada principalmente allí, la albahaca sagrada, o tulsi, es popular como ingrediente de mezclas para infusiones que suelen incluir aromáticos y sosegadores pétalos de rosa. Esta albahaca recibe el adjetivo de *sagrada* por su uso en reuniones ceremoniales religiosas indias. Su aroma, que recuerda al del clavo, se debe a su mayor contenido en aceite eugenol, el compuesto fitonutriente activo que se halla en el clavo y la pimienta de Jamaica (véase la p. 18). También se encuentra seca y como suplemento nutricional.

"La albahaca, una hierba muy aromática cuyas múltiples variedades se utilizan ampliamente en la cocina mediterránea y asiática, posee sustancias químicas volátiles de propiedades antimicrobianas y antioxidantes. También es rica en nutrientes y contiene muchas vitaminas y minerales cardioprotectores, como vitamina A, magnesio, betacaroteno, vitamina C y vitamina K, además de calcio, hierro, folatos y ácidos grasos omega 3.

La albahaca sagrada es una especie distinta de la albahaca dulce o tailandesa, que se utilizan más frecuentemente en la cocina italiana y tailandesa, respectivamente. La albahaca sagrada es originaria de la India, donde se conoce como tulsi, y lleva miles de años empleándose en la medicina ayurvédica. Se elaboran preparaciones medicinales con sus hojas, tallos y semillas. En la medicina ayurvédica, la albahaca sagrada se considera un "adaptógeno", una sustancia que ayuda a gestionar el estrés y la ansiedad. Además de estos usos, la albahaca sagrada se utiliza para tratar el resfriado, la gripe, el asma, la bronquitis, la diabetes, la enfermedad cardíaca, la malaria y la tuberculosis. También se usa como repelente para mosquitos y para contrarrestar la picadura de serpientes y escorpiones. La albahaca sagrada se aplica por vía tópica en la piel contra la tiña. Ha suscitado reciente interés el uso de aceite de albahaca sagrada para tratar el cáncer, aunque solo hay por el momento estudios preliminares con animales.

(Nota: la albahaca sagrada puede interactuar con algunas medicaciones que aclaran la sangre.)"

Linda Shiue, doctora en Medicina

Azafrán *La especia seductora*

La especia más cara del mundo es el estigma amarillo seco de un pequeño croco morado. Cada flor produce solo tres estigmas, largos y delicados, y se precisan unas 250.000 hebras para obtener 1 kg de azafrán puro –¡más de 4.000 m^2 de flores!–. Esta seductora y cara especia es intensamente aromática cuando se mezcla con bebidas o alimentos, por lo que, afortunadamente, con poca basta.

El azafrán se utiliza desde la Antigüedad para tratar diversas afecciones, como la depresión, la ansiedad y los desequilibrios y trastornos hormonales tanto en hombres como en mujeres. Su principal fitoquímico activo, la crocetina, es un carotenoide fitonutriente que actúa contra los radicales libres y es antitumoral. El azafrán protege al organismo de los estragos del estrés y la infección bacteriana. Se ha estudiado y se ha demostrado que ejerce un efecto quimioprotector significativo contra el cáncer de hígado. Rico en minerales y vitaminas, especialmente potasio y vitamina C, el azafrán también se considera útil para reducir la presión arterial, serenar el ritmo cardíaco y facilitar la digestión.

Algunas de las primeras menciones del azafrán en la Grecia antigua datan del siglo VIII. En la Edad Media, a pesar de su elevado coste, era valorado y se añadía para dar sabor, color y hacer más saludables una serie de platos como potajes a base de carne y cereales, y el popular blancmange, a menudo endulzado con miel y servido con o sin carne.

El encanto dorado del azafrán traspasa culturas y gastronomías: es verdaderamente una especia internacional y se cultiva en España, Grecia, Italia, Turquía e Irán, hasta la India e incluso Tasmania y Nueva Zelanda.Se usa para dar sabor a platos de la mayoría de culturas: el arroz con pollo mexicano, el risotto milanés, la paella, la sopa bullabesa, los biryranis indios, el tradicional lussekatter escandinavo y el británico pan de azafrán de Cornualles (véanse los Bollos cornualleses al azafrán, p. 222, como receta inspirada en este). Compre hebras de azafrán enteras en su forma más pura: cuanto más oscuro el tono amarillo anaranjado, más crocetina activa y fragancia. Para cerciorarse de la autenticidad del azafrán, eche unas hebras en un cuenco pequeño con agua caliente. El azafrán verdadero se disolverá y teñirá el agua de color amarillo anaranjado, listo para usar en su receta; la cúrcuma y otros impostores, no. El azafrán se conserva hasta tres años bien envasado sin contacto con el aire, la luz ni la humedad, por lo que es aconsejable envolver con papel de aluminio el vial de cristal o la cajita de plástico en que suele venir. La mejor manera de prepararlo que he encontrado es la que describe el chef Todiwala en la p. 36.

“El azafrán es una de las especias más antiguas y la más cara. La región de Kozani, en el norte de Grecia, Irán y España son los principales exportadores de esta preciada especia, que toma su nombre de la palabra árabe *asfar* o *za'faran*, que significa 'amarillo', debido al color dorado amarillento que otorga a los alimentos. No hay que confundirlo con la cúrcuma, la especia dorada india mucho más barata. Se ha descubierto que el azafrán posee numerosos efectos –antitumoral, antidepresivo, antiinflamatorio y antioxidante–, que actualmente se están investigando. Utilizado en conjunción con la medicina moderna, puede ayudar en la conservación y la recuperación de la salud cuando se sufren diversas enfermedades. Pero recuerde que, como pasa con cualquier sustancia que ejerce efectos farmacológicos en el organismo, si se abusa de él, puede resultar tóxico. La cantidad que se emplea para cocinar no es dañina para nadie. Se puede encontrar azafrán de gran calidad en las tiendas de alimentación oriental, donde suele ser más económico que en los supermercados selectos.”

Eleni Tsiompanou, doctora en Medicina y Medicina Nutricional

Menta *La especia refrescante*

Una planta versátil y multiclimática, que vive con facilidad en campos, pantanos, montañas y el alféizar de su ventana, la menta crece todo el año. La menta verdadera pertenece al género *Mentha*, del cual se estima que existen entre 12 y 25 especies, pero también hay cientos de híbridos, cultivares y variedades, y sus nombres son deliciosos: menta limón y menta naranja, menta bergamota, manzana y piña, e incluso menta de chocolate. Comercialmente, las dos más cultivadas, conocidas y utilizadas son la menta verde (*M. spicata*) y la menta piperita (*M. piperita*, una mezcla de *M. spicata* y menta de agua, *M. aquatica*).

La menta verde se diferencia por ser poco ramosa y por sus hojas aserradas con textura de mosaico. En la mitología vegetal, se considera que trae sabiduría. Esta trepadora prefiere vivir a media sombra y hay que ponerle barreras o enmacetarla si no se desea que invada el jardín. El sabor de la menta verde es más suave que el de la menta piperita, ya que su principal compuesto aromático es el aceite volátil carvona. La menta verde también contiene el flavonoide timonina y derivados del ácido cafeico, rosmarínico y limoneno.

La menta verde es un remedio seguro para su uso con niños; su sabor es suave y sus compuestos activos menos potentes. Para fiebres infantiles, prepare una infusión con menta verde y marrubio, para aliviar dolores y escalofríos. En Japón, en 2001, un grupo de investigadores médicos afirmó que el aceite esencial de la menta verde mostraba actividad bactericida significativa contra agentes de la enfermedad como *Staphylococcus aureus*, *E. coli* y *Helicobacter pylori*.

El mentol, el principal ingrediente activo de la menta piperita (*M. piperita*), se halla en las hojas y flores de la planta. Es responsable de la sensación refrescante de la hierba y suele secarse y utilizarse como especia culinaria u otros usos beneficiosos para la salud. La menta piperita se cultiva principalmente por su aceite, que se extrae de las hojas de la planta en flor mediante destilación al vapor. El contenido en mentol determina la calidad de su aceite esencial, que se usa como carminativo (alivio de gases) y estimulante, por su mentol derivado y para aromatizar, especialmente chicle y caramelos de menta, y para enmascarar el sabor de lo que sería una pastilla poco apetecible.

Las partes medicinales de la menta piperita derivan de la planta entera e incluyen un aceite volátil, flavonoides, ácidos fenólicos y triterpenos. Los aceites volátiles esenciales, además del mentol, son la mentona y el acetato de mentilo (que le otorga su sabor característico).

El té a la menta estimula el sistema inmune y facilita la congestión cuando hay resfriado, gripe febril e infecciones de las vías respiratorias altas. La Comisión E alemana (véase p. 94) ha reconocido oficialmente la capacidad de la menta piperita para reducir la inflamación de las vías nasales. Cuando se inhalan vapores de mentol, las vías nasales se abren para ayudar a combatir los virus que causan afecciones como la gripe, el herpes, las infecciones por levaduras y las paperas. También se usa como remedio para el dolor de oído, para disolver cálculos biliares, aliviar la tensión muscular, el estrés y la ansiedad, y los síntomas de la menstruación.

La menta también tiene innumerables usos en comidas y bebidas, desde la salsa a la menta o la crema de guisantes hasta bombones de chocolate y cócteles.

“La familia de la menta incluye muchas plantas distintas, como las conocidas menta verde y menta piperita. El aceite de menta presenta un agradable y refrescante sabor que se emplea para aromatizar desde enjuagues bucales hasta caramelos, y sirve para refrescar la boca precisamente porque es antibacteriano. Yo receto el aceite de menta piperita a menudo en mi consulta a personas con problemas digestivos, particularmente síndrome del intestino irritable. Algunos excelentes estudios revelan que la piperita es capaz de reducir los síntomas de dolor abdominal y malestar gastrointestinal que acompañan dicho diagnóstico. Este aceite, no obstante, debe tomarse en forma de cápsulas con recubrimiento entérico, ya que el aceite puro es demasiado fuerte para tomarlo directamente.

Una infusión de menta piperita puede aliviar el sistema digestivo, ¡aunque puede empeorar el ardor de estómago! Como antibacteriano, antifúngico, digestivo y analgésico, las plantas de la familia de la menta son de fácil cultivo y muy apreciadas.”

Geeta Maker-Clark, doctora en Medicina

http://www.ncbi.nlm.nih.gov/pubmed/16121521

Caña de limón *La especia tranquilizante*

De suave aroma, el grácil limoncillo o caña de limón (*Cymbopogon citrus*) es originario de Sri Lanka y el sur de la India, y ahora se cultiva ampliamente en zonas tropicales de las Américas y Asia. En muchos países, como Brasil, una bebida medicinal tradicional con siglos de antigüedad, llamada *abafado*, es un remedio popular contra la ansiedad que se toma varias veces al día. Doble y rasgue unas hojas frescas de caña de limón y échelas al agua hirviendo, deje reposar 10-15 minutos y sirva en una taza. A mí me gusta añadirle un poco de jengibre fresco rallado y azúcar de coco. El vapor del limoncillo, delicadamente aromatizado, proporciona una pausa para disfrutar, y esta infusión calma los nervios y fomenta la concentración y la reorganización de la lista de quehaceres mental.

La resistente caña de limón, gramínea fasciculada perenne con hojas enmarañadas de color verde amarillento y bulbos tipo rizoma, crece fácilmente en climas tropicales y subtropicales de todo el mundo, desde Australia hasta las Américas, las islas del Pacífico al Caribe, e incluso en los jardines de Cornualles.

Los beneficios de la caña de limón son numerosos y prometedores. Algunos remedios antiguos tailandeses utilizan la caña de limón para tratar trastornos gastrointestinales y fiebres, y también se cree que activa la circulación. En otras culturas, se emplea como analgésico, antifúngico y antiséptico, y como remedio para tratar el nerviosismo. Para bajar la fiebre, se recomienda una taza de infusión de limoncillo cada cuatro horas. Muchos estudios señalan que los esteroles vegetales de la caña de limón pueden ser efectivos para bloquear la absorción del colesterol dietético.

El ligero aroma de esta especia combina a la perfección con caldos (véase el Carpacho con fideos de té verde, caña de limón y jengibre, de la p. 246) y se usa para infusiones y curris. También se emplea para recetas con aves, pescado y marisco, y es un ingrediente importante de la cocina tailandesa y vietnamita.

La caña de limón puede adquirirse seca y en conserva, pero recomiendo que se compre y utilice fresca si es posible. (O compre una planta entera: crecerá sin problemas y aportará un toque tropical a su jardín o balcón.) Suele encontrarse en manojos –elija los de tallos firmes– y, si compra más de la que necesita, puede congelarla, bien envuelta en una bolsa con cierre para el congelador. Cuando la añada a un líquido, primero corte el bulbo en rodajas o bien macháquelo entero para que libere los aceites y luego añádalo a la receta. Como la hoja de laurel, a menos que lo pique bien, es mejor retirar los tallos antes de servir.

‘La caña de limón se utiliza tradicionalmente como infusión y en aromaterapia. Como fuente rica en aceites volátiles, contiene citral, que actúa como antioxidante al activar la enzima purificante del organismo, glutatión S-transferasa, capaz de defender a las células del daño de los radicales libres. Los radicales libres son un factor importante en la mayoría de enfermedades crónicas como la aterosclerosis.

Además de contener vitaminas del grupo B (folatos, tiamina, piridoxina y ácido patoténico) y minerales (cinc, calcio, hierro, cobre, magnesio y manganeso), la caña de limón destaca por estar presente en las terapias tradicionales y en la ciencia moderna, tanto en estudios con animales como con personas. Históricamente, se ha usado para reducir los síntomas de carácter gastrointestinal, deprimir el sistema nervioso central y favorecer la sedación. Mientras los estudios con animales han destacado su posible actividad beneficiosa como antiinflamatorio, anticáncer, antialérgico y ansiolítico, algunos estudios modestos con humanos destacan su acción coadyuvante junto a otras modalidades para tratar la periodontitis crónica y las aftas bucales en pacientes VIH positivos. Aunque no se demostró tan potente como los fármacos antifúngicos, sí manifestó propiedades antifúngicas contra la pitiriasis versicolor, infección fúngica común de la piel que afecta el torso. Algunos estudios demuestran que la breve inhalación del aceite esencial puede acelerar la recuperación en casos de ansiedad.

(Nota sobre seguridad: como aceite de uso tópico, la caña de limón puede causar irritación de la piel en algunas personas cuando se utiliza en cosméticos, perfumes y aceite para masaje.)’

Param Dedhia, doctor en Medicina

AZAFRÁN, RASPADURA DE LIMÓN

BOLLOS CORNUALLESES AL AZAFRÁN

CON MANTEQUILLA DULCE AL AZAFRÁN

Inspirados en la receta clásica del Yorkshire pudding británico, estos bollos se preparan de manera similar y suelen incluir queso. Con los ingredientes tradicionales del pan de azafrán cornuallés, son ideales para una merienda rápida o como postre dulce y con el toque distinguido de esta asombrosa y cara especia.

SALEN 24 BOLLITOS O 10-12 DE TAMAÑO NORMAL

1/8 de cucharadita de hebras de azafrán, algo tostadas
2 cucharadas de zumo de naranja
raspadura de ½ naranja
125 g de harina blanca
1 cucharadita de sal marina
240 ml de leche entera, a 38 °C
4 huevos enteros grandes, batidos
1 cucharada de aceite de semilla de uva

Para la mantequilla dulce al azafrán:
1/8 de cucharadita de hebras de azafrán, algo tostadas
3 cucharadas de azúcar granulado
100 g de mantequilla, a temperatura ambiente
½ cucharadita de raspadura de lima
½ cucharadita de semillas de cardamomo molidas
una buena pizca de sal
2 cucharadas de grosellas hidratadas con 1 cucharada de agua o brandy

Para preparar la mantequilla dulce al azafrán, mezcle las hebras de azafrán con el azúcar. Échelo en un cuenco pequeño con el resto de ingredientes y bata a mano o con varillas eléctricas hasta obtener una crema suave. Cubra y refrigere hasta su uso.

Para preparar los bollos, desmenuce el azafrán tostado y añádalo al zumo de naranja junto con la raspadura. Reserve.

Mezcle la harina con la sal en un bol. Añada la leche caliente poco a poco. Remueva bien y añada 80 ml de agua fría y el zumo de naranja con el azafrán, y remueva hasta que burbujee. Incorpore el huevo batido, pase a una jarra, tape y refrigere de 30 minutos a un día.

Cuando vaya a hornear los bollos, precaliente el horno a 240 °C/potencia 9. Pinte unos moldes para minimagdalenas o magdalenas normales con aceite y póngalos sobre una bandeja de horno. Métalos al horno, en el estante inferior, hasta que empiecen a humear.

Remueva de nuevo la masa enfriada, saque con cuidado las bandejas del horno, vierta la masa en los moldes calientes llenándolos hasta tres cuartas partes de su capacidad y vuelva a meterlos en el horno. No abra la puerta del horno mientras se cuecen o no subirán.

Hornee los bollitos 8-10 minutos, los de tamaño normal unos 20 minutos, luego baje la temperatura del horno a 200 °C/potencia 6 y hornee 8-10 minutos más hasta que se doren, queden crujientes y suban.

Sirva calientes con la mantequilla al azafrán.

MENTA, RASPADURA DE CÍTRICO

ENSALADA DE GARBANZOS
CON VINAGRETA A LA MENTA

Francesco Carli

«Deliciosa, sencilla, refrescante y repleta de proteínas de fácil digestión gracias a los garbanzos, esta ensalada puede prepararse para más comensales fácilmente doblando las cantidades y está lista en un momento para picnics, fiestas y almuerzos para llevar. La menta piperita, con mayor sabor mentolado que la menta verde, libera un intenso frescor cuando se toma, y posee excelentes propiedades que favorecen la digestión y combaten la infección. El toque final de mango, dulce, relajante y de suave textura, aporta una sustancia sublime a esta ensalada simple de estilo brasileño.» FC

4 RACIONES

2 cucharadas de aceite de oliva
2 cucharadas de zumo de limón
1 cucharadita de raspadura de limón, o al gusto
1 cucharada de vinagre de sidra
3 dientes de ajo, picados
400 g de garbanzos en conserva, escurridos
125 g de tomates cherry, cortados por la mitad
½ pepino, sin semillas y troceado
½ pimiento rojo, sin semillas y troceado
60 g de cebolla (½ pequeña), troceada
30 hojas de menta piperita, troceadas
100 g de pulpa de mango, en dados

En un cuenco mediano, mezcle el aceite de oliva, el zumo y la raspadura de limón, el vinagre, el ajo, y sal y pimienta al gusto.

Incorpore los garbanzos, el tomate, el pepino, el pimiento, la cebolla y las hojas de menta. Pruebe y rectifique de sal y pimienta. Para terminar, agregue el mango troceado.

Sirva enseguida o tape y refrigere un rato antes de servir.

SALVIA, ALBAHACA, JENGIBRE, CÚRCUMA

RAVIOLIS DE CALABAZA
CON PESTO DE PIÑONES Y SALVIA

El relleno de estos raviolis no solo es delicioso, sino beneficioso para la salud gracias al jarabe de arce, equilibrador de ácido y alcalino, el ajo reparador, el cálido jengibre y el sabor a pino de la salvia, que aclara la mente.

6 RACIONES

Para el relleno:
120 ml de nata espesa para montar
350 g de calabaza asada
175 g de Cebollas a la cúrcuma (p. 146)
40 g de mantequilla
2 cucharadas de jarabe de arce o azúcar moreno
1 cucharada de puré de ajo asado (2 dientes)
1 ½ cucharadita de jengibre fresco rallado
1 cucharadita de cúrcuma en polvo
una buena pizca de canela, pimienta de Jamaica y alholva
½ cucharadita de sal kosher, o al gusto
¼ de cucharadita de pimienta machacada, o al gusto
1-2 cucharaditas de zumo de limón, o al gusto
225 g de requesón

Para la pasta de los raviolis:
2 huevos enteros, más 1 yema
2 cucharaditas de aceite de oliva virgen extra
175 g de harina para pan
85 g de sémola
1 ½ cucharaditas de sal

Para acabar:
3 cucharadas de semillas de calabaza tostadas

Para el relleno, hierva la nata en una olla a fuego medio, añada la calabaza, la cebolla, la mantequilla, el azúcar, el puré de ajo y las especias. Salpimiente y aliñe con zumo de limón. Triture con una batidora de mano. Incorpore el requesón a mano hasta que se mezcle bien. Cubra y refrigere hasta que esté a punto de elaborar los raviolis.

Para preparar la pasta, en un cuenco pequeño, bata los huevos con el aceite. En un cuenco mediano, mezcle la harina para pan, la sémola y la sal. Forme un volcán en el centro, añada el huevo con el aceite y remueva. Añada 1 cucharada de agua, amase y forme una bola. Cubra con papel film transparente y refrigere 30 minutos. Sobre una superficie enharinada, extienda la pasta, luego pásela por una máquina de estirar pasta para obtener una lámina de 5 mm de grosor, o bien pase el rodillo. Corte dos hojas del mismo tamaño. Disponga cucharaditas del relleno con 3 cm de separación sobre una lámina. Pase un dedo mojado alrededor de cada cucharada de relleno, luego ponga la otra lámina encima. Selle cada ravioli desde el centro hacia fuera para expulsar el aire y, con el dorso de un cortapastas, presione alrededor del relleno. Corte los raviolis, páselos a una bandeja enharinada y refrigere.

Con cuidado, hierva los raviolis por tandas en agua salada, y deje cocer hasta que estén al dente. Escúrralos bien, dispóngalos sobre una fuente y cúbralos con el pesto (véase abajo). Decore con unas semillas de calabaza y sirva.

PESTO DE PIÑONES Y SALVIA

SALEN UNOS 480 ML

50 g de anacardos
50 g de piñones
20 g de hojas de salvia, troceadas
15 g de hojas de albahaca
2 cucharadas de hojas de perejil
4 dientes de ajo, pelados y picados
un chorrito de zumo de limón
240 ml de aceite de oliva virgen extra o de semilla de calabaza
55 g de parmesano rallado
sal, pimienta y chile chipotle molido o pimentón ahumado, al gusto

Ponga los frutos secos, la salvia, la albahaca, el perejil, el ajo y el zumo de limón en el vaso de un procesador de alimentos con hoja en forma de S y triture. Rasque las paredes del vaso; luego, con el motor en marcha, vierta el aceite poco a poco hasta que se mezcle y forme una pasta verde. Pase el pesto a un cuenco mediano e incorpore con cuidado el parmesano rallado. Salpimiente y agregue chipotle en polvo o pimentón ahumado al gusto.

ALBAHACA, ROMERO, CÚRCUMA

BONIATO CON AGRODOLCE

El agrodolce es una salsa agridulce típica italiana. Esta versión, servida con boniatos, lleva abundantes cerezas, ricas en antocianinas para el cerebro, y especias. El toque final lo da la aromática albahaca, rica en antioxidantes.

4-6 RACIONES

- 3 cucharadas de cerezas secas, troceadas
- 350 g de boniatos, batatas o ñames, pelados y cortados en trozos de 1 cm
- 3 cucharadas de aceite de semillas de calabaza, de oliva virgen extra o de semilla de uva
- 2 cucharaditas de semillas de comino, tostadas y molidas
- 60 ml de vinagre balsámico o vincotto de naranja
- 2 jalapeños, sin semillas y en rodajas finas
- ½ cucharadita de cúrcuma en polvo
- 2 cucharadas de miel
- 2 cebollas moradas medianas (unos 450 g), en láminas finas
- 2 ramas de romero
- 2 ramas de tomillo
- 1 diente de ajo, en láminas finas
- 20 g de hojas de albahaca frescas, y más para decorar, rasgadas

Precaliente el horno a 200 ºC/potencia 6.

En un cuenco pequeño, ponga las cerezas secas, cubra con agua caliente y deje que se empapen 10 minutos. Escurra y reserve.

Ponga los boniatos en un bol y mezcle con 2 cucharadas del aceite, el comino y un poco de sal, luego extienda uniformemente sobre una bandeja de horno. Áselos, moviéndolos de vez en cuando, hasta que se doren y queden tiernos, 17-20 minutos. Saque del horno y deje en la bandeja hasta que se templen.

En una olla mediana, mezcle las cerezas con el vinagre, los jalapeños, la cúrcuma y la miel, y sazone. Cocine, removiendo, hasta que la salsa reduzca hasta convertirse en un sirope líquido, unos 5 minutos.

En una olla grande, caliente a fuego medio-alto la cucharada de aceite restante. Añada la cebolla, el romero y el tomillo y sofría hasta que todo se dore. Añada el ajo, deje cocer unos 3 minutos más, luego agregue la mezcla de las cerezas y deje reducir.

Incorpore con cuidado los boniatos. Añada la albahaca y remueva con cuidado. Pase a una bandeja o a platos individuales. Decore con más hojas de albahaca rasgadas y sirva enseguida.

SALVIA, ALBAHACA

«AMOR ARDIENTE» VEGETARIANO
CON MANTEQUILLA MARRÓN A LA SALVIA

Mette Helbak

«El "Amor ardiente" es un plato diario clásico danés a base de puré de patata y beicon y cebolla fritos. Esta es una versión vegetariana con muchas verduras, donde el sabor umami procede de la mantequilla marrón a la salvia y los champiñones.» MH

4 RACIONES COMO PLATO PRINCIPAL

Para el puré:
500 g de apio nabo, pelado y troceado
500 g de patatas, peladas y troceadas
50 g de mantequilla, en dados
2 cucharadas de salvia, troceada
2 cucharadas de albahaca, troceada
un poco del agua de cocción del apio nabo y las patatas

Para la mantequilla marrón:
85 g de mantequilla
hojas de 5 ramas de salvia

Para el «amor»:
150 g de champiñones
4 cebollas, en dados
200 g de zanahorias, en dados
200 g de raíz de perejil, en dados
200 g de coles de Bruselas, en cuartos o mitades
1 cucharadita de sal

Para preparar el puré, ponga el apio nabo y la patata en una olla, cubra con agua y hierva 20 minutos o hasta que quede todo tierno.

Escurra, reservando unos 240 ml del líquido. Añada la mantequilla, la salvia y la albahaca, chafe y trabaje con un batidor de globo. Sazone y añada el líquido reservado poco a poco hasta que el puré quede suave y cremoso.

Para la mantequilla marrón, derrita la mantequilla en una sartén pequeña y deje que se dore lentamente a fuego medio 10-15 minutos. Cuando huela a avellanas tostadas, estará lista. Retire del fuego y añada la salvia.

Para preparar el «amor», corte o rompa los champiñones en trocitos y fríalos en una sartén caliente en seco 3-4 minutos. Baje el fuego a medio y agregue el resto de verduras y un par de cucharadas de la mantequilla marrón. Deje cocer hasta que las verduras oscurezcan y se ablanden, unos 4-5 minutos.

Sirva las verduras fritas y la mantequilla marrón sobre el puré.

SALVIA, RASPADURA DE CÍTRICO

BUÑUELOS DE MAÍZ DE WAIMATE CON MEJILLONES

CON BEICON A LA SALVIA Y ALIOLI DE TOMATE AHUMADO

En Waimate Norte, una de las comunidades granjeras más antiguas de Nueva Zelanda, se cultiva un maíz exquisito y se celebra la feria agrícola más antigua del país, la Bay of Islands Pastoral and Industrial Show. La picante y aromática salvia suele parecer polvorienta y gris, pero no se engañe: está repleta de compuestos que aclaran la mente y, además, ¡puede ayudar a aliviar el dolor de garganta!

4 RACIONES

4-6 lonchas de beicon o cinta de lomo
1 cucharadita de salvia seca picada
¾ de cucharadita de miel de salvia
½ cucharadita de chipotle en polvo
4-8 mejillones, cocidos al vapor, con las conchas
hojas pequeñas de ensalada, para servir

Para el alioli de tomate ahumado:
1 yema de huevo grande
1 diente de ajo, picado
una pizca de sal
raspadura y zumo de 1 limón
2 cucharaditas de miel
20 g de tomates semisecos ahumados, picados
120 ml de aceite de semilla de uva

Para los buñuelos:
500 g de granos de maíz frescos, crudos o descongelados
3 huevos grandes
1 cucharada de cebollino picado
¼ de cucharadita de salsa de chile picante
1 cucharadita de salvia seca picada
½ cucharadita de levadura
70 g de harina de arroz
85 g de calabacín picado
un poco de aceite vegetal, para freír

Precaliente el horno a 160 °C/potencia 3.

Para elaborar el alioli, en un cuenco pequeño o con una batidora de mano, bata la yema de huevo con el ajo, la sal, la raspadura y el zumo de limón, la miel y los tomates hasta combinarlo bien. Siga batiendo mientras incorpora el aceite lentamente, hasta que la salsa empiece a ligar y espesar. Si queda demasiado espesa, incorpore una cucharadita de agua y bata. Cubra y refrigere hasta su uso; se conserva en el frigorífico hasta 2 días.

Disponga las lonchas de beicon sobre una bandeja de horno forrada con papel vegetal. En un cuenco pequeño, mezcle la salvia, la miel y el chipotle con una pizca de sal, hasta obtener una pasta. Pinte con ella el beicon, luego cúbralo con otra hoja de papel vegetal y cubra con otra bandeja de horno para que el beicon se mantenga plano. Hornee 12 minutos hasta que se dore y quede crujiente. Reserve.

Para la masa de buñuelos sin gluten, cubra el maíz con agua hirviendo, deje reposar 3 minutos y luego escúrralo bien. Ponga la mitad del maíz en un procesador de alimentos con los huevos y cebollino y triture hasta obtener un puré con tropezones. Añada la salsa de chile picante, salvia, levadura, harina de arroz, una pizca de sal y un poco de pimienta negra recién molida, luego triture hasta que se forme una masa espesa. Incorpore el maíz reservado y el calabacín.

En una cacerola de base gruesa, caliente un poco de aceite y fríalos por tandas a fuego medio, formando buñuelos de unas 3 cucharadas de masa. Deje que se doren, unos 3-4 minutos por cada lado. Añada aceite a la cacerola entre tandas si es necesario.

Coloque un buñuelo en el centro de cada plato, ponga un poco de alioli encima y repita dos veces más. Acabe cada plato con dos mejillones, salvia, una loncha de beicon partida en dos trozos y un poco más de salsa. Eche unas hojas verdes por encima y sirva inmediatamente.

AZAFRÁN

BULLABESA DE LA BAHÍA DOVES
CON SALSA ROUILLE PICANTE

En la zona neozenlandesa de Far North, donde se pesca el pargo en abundancia, los pescadores acostumbran a ahumarlo, de modo que adquiere un exquisito dulzor ahumado que aporta una asombrosa profundidad de sabor a este plato. El uso de pimienta de kavakava da a la sopa un suave toque picante subrayado por el sabor especiado, sutil y ahumado de la salsa rouille con pimiento rojo y pimentón que se sirve para acompañarla.

8 RACIONES

Para el caldo de pargo ahumado:

espinas de 2 pargos ahumados u otro tipo de pescado ahumado

2 cebollas, sin pelar, en cuartos

3 zanahorias, en trozos grandes

1 tallo de apio

un puñadito de perejil

1 hoja de laurel

4 hojas de kavakava o 6 hojas de pimentero silvestre, troceadas

8 granos de pimienta negra

½ limón, cortado por la mitad

Para la salsa rouille:

1 pimiento rojo, asado (véase la p. 24), pelado, sin semillas y troceado

2 dientes de ajo, troceados

1 rebanada de pan blanco, troceado

1 yema de huevo

1 cucharada de mostaza de Dijon

zumo de 1 limón

¼ de cucharadita de pimentón ahumado o chipotle en polvo

120 ml de aceite de oliva virgen extra

16 rebanadas de baguette, para servir

Para la bullabesa:

4 patatas nuevas medianas, en dados

2 cebollas grandes, en dados grandes

1 litro de caldo de pargo ahumado (véase izquierda)

240 ml de vino blanco seco

12 hebras de azafrán

2 hojas de kavakava o 4 hojas de pimentero silvestre, troceadas

8 tomates pera, pelados, sin semillas y cortados en dados

350 g de vieiras

350 g de langostinos grandes, pelados

225 g de pargo ahumado, desmenuzado

1 cola de langosta grande, pelada y en rodajas

16 mejillones, limpios

20 g de perejil picado, para decorar

hojas de 8 ramas de tomillo, para decorar

Primero, prepare el caldo. Ponga los ingredientes en una olla, añada agua para cubrirlos y lleve a un hervor suave. Deje hervir 2 horas, luego temple y cuele.

Para elaborar la salsa rouille, en un procesador de alimentos con hoja en forma de S, ponga el pimiento, el ajo, el pan, la yema de huevo, la mostaza, el zumo de limón y el pimentón y tritúrelo todo bien. Con el motor en marcha, poco a poco incorpore el aceite hasta que la mezcla espese. Condimente al gusto y reserve.

Para la bullabesa, en una olla de 1 litro de capacidad, vierta 700 ml de agua salada y lleve a ebullición. Baje el fuego para mantener un suave hervor y añada las patatas y la mitad de la cebolla. Deje cocer 10 minutos o hasta que queden tiernas, luego escurra. Pase las patatas y cebolla a una tabla de cortar grande y extiéndalas para que se templen.

Caliente el gratinador a temperatura alta y disponga las rebanadas de baguette sobre una bandeja de horno. Gratine hasta que se doren un poco y deles la vuelta a medio tostar. Reserve.

Ponga el caldo, el vino, el azafrán, las hojas de kavakava, los tomates, las patatas y toda la cebolla en una olla grande a fuego medio. Lleve a un suave hervor, luego añada el pescado y deje cocer lentamente 2-3 minutos, hasta que se abran los mejillones. Deseche los que no se abran. Condimente al gusto.

Precaliente el gratinador a temperatura alta. Unte las tostadas de baguette con la salsa rouille y póngalas bajo el gratinador hasta que queden doradas y burbujeen. Sirva la bullabesa en cuencos individuales y decore con perejil y tomillo. Sirva cada cuenco con dos rebanadas de baguette con salsa rouille picante.

AZAFRÁN, CAÑA DE LIMÓN, RASPADURA DE CÍTRICO

SALMONETE CON CALDO AL AZAFRÁN
Y MANTEQUILLA AL LIMÓN Y AMARETTO
Anne-Sophie Pic

Saludable y aromático, con salsa de mantequilla al limón kabosu, este sabroso plato es una obra de arte.

10 RACIONES

10 unidades de 150-200 g de salmonete, pargo rosado o lubina
aceite de oliva, para soasar el pescado y untarlo
sal Maldon, para el final

Para la mantequilla al limón kabosu:
55 g de mantequilla con sal, a temperatura ambiente
55 g de mantequilla sin sal, a temperatura ambiente
raspadura de 2 limones kabosu

Para el encurtido:
350 de cada de remolacha enana roja y amarilla, reserve 100 g de cada, cortadas en tiras finas, para decorar
90 ml de vinagre balsámico blanco
85 g de azúcar

Para decorar:
2 chirivías pequeñas (o 5 apio nabos pequeños)
60 g de mantequilla con sal, convertida en beurre noisette
100 g de virutas de rábano japonés (o rábano coreano o apio nabo)
3 nabos enanos (o Golden Ball)
100 g de apio nabo, pelado y troceado
100 ml de leche, sazonada con una pizca de sal y pimienta negra, al gusto

Para la salsa:
5 hebras de azafrán
½ cucharadita de caña de limón seca
raspadura de ½ limón
mantequilla al limón kabosu (véase izquierda)
30 ml de amaretto

Para preparar la mantequilla al limón kabosu, mezcle las mantequillas con la raspadura de kabosu.

Para la remolacha encurtida, corte la remolacha en 50 cuñas, reservando un trocito para cortarlo en tiras finas, para el final. Disponga las cuñas, separándolas por colores, en bolsas de cocción al vacío. Lleve el vinagre balsámico y el azúcar a ebullición y luego vierta una cantidad igual en las bolsas y deje templar por completo. Selle las bolsas al vacío y programe la olla de cocción al vacío en posición 3. Deje cocer al vapor 1 ½ horas. Si no, ponga las cuñas en ollas separadas, vierta la marinada hirviendo encima y deje cocer suavemente hasta que queden tiernas.

Para decorar, pele las chirivías y escáldelas en agua salada, luego áselas en la mitad de la mantequilla marrón (beurre noisette) hasta que adquieran un ligero color uniforme. Refrigere, luego córtelas en bastoncitos de 1 × 4 cm.

Con una mandolina, corte el rábano japonés en rodajas de 1 mm de grosor y luego recórtelas con un cortapastas de 4,5 cm de diámetro. Pele y haga girar los nabos para darles una forma redondeada. Cocínelos en el resto de la mantequilla marrón y córtelos en cuartos.

Cocine el apio nabo en la leche sazonada, escurra y triture, luego inmediatamente incorpore dos cucharadas de mantequilla al limón kabosu, rectificando de raspadura de kabosu y sal si es necesario.

Para la salsa, caliente 100 ml de agua a 75 °C, añada el azafrán, la caña de limón y la raspadura de limón y deje que haga infusión 15 minutos, luego pruebe y deje reposar 5 minutos más si es necesario. Cuele con una muselina y luego incorpore el resto de la mantequilla al kabosu. Añada el amaretto y rectifique de condimentos si es necesario.

Escame y limpie el pescado y prepárelo en filetes sin espina. Soase los filetes, con la piel hacia abajo, en una plancha con un poco de aceite de oliva. Cocine los filetes uniformemente, retire de la plancha, deles la vuelta, compruebe si están cocidos, luego píntelos con un poco de aceite de oliva por la parte de la piel.

Para servir, disponga bastoncitos de chirivía en pares y ponga dos rodajas de rábano japonés y un cuarto de nabo enano encima. Añada dos monticulitos de puré de apio nabo a cada lado. Ponga dos filetes de pescado con un poco de sal Maldon sobre la piel y luego cinco cuñas de remolacha de colores alternados entre los filetes. Con cuidado, vierta la salsa alrededor justo hasta cubrir el fondo del plato. Sirva inmediatamente.

LAGUIOLE

AZAFRÁN, SALVIA

CODORNIZ DE CRÍA CAMPERA ASADA
CON RISOTTO AL AZAFRÁN

Simone Cerea

«Uno de los platos italianos más conocidos es el Risotto alla milanese, que también es uno de mis preferidos y procede de Milán, cerca de donde soy. El aroma y color del azafrán es distintivo y acentúa la simplicidad del plato. Aportan más complejidad los sabores complementarios de la codorniz y la salazón de la pancetta italiana, que me recuerda los almuerzos en familia los domingos. El Dolcetto es una variedad italiana de uva negra, como el Nebiolo de la región del Piamonte. El "lardo di Colonnata" es la grasa, suave y pura, de la espalda del cerdo curada en cofres de mármol con hierbas y especias. Estos cerdos se crían a base de avellanas y bellotas, cerca de la ciudad de Colonnata, al noroeste de Italia.» SC

4 RACIONES

Para el risotto al azafrán:
2 cucharadas de aceite de oliva
5 g de cebolla blanca picada
140 g de arroz carnacoli
1 cucharada de vino blanco seco
350 ml de caldo de pollo hirviendo
una pizca de azafrán en polvo
20 g de mantequilla sin sal
20 g de queso parmesano rallado

Para la mousse de pollo:
100 g de pechuga de pollo
10 g de lardo di Colonnata
2 cucharaditas de nata espesa para montar
2 cucharaditas de leche
5 pistachos sin piel, ligeramente tostados y troceados
½ dátil, sin piel ni hueso, picado
2 galletas amaretti, desmigadas
1 hoja de salvia, picada

Para la codorniz envuelta en beicon:
4 codornices de cría campera enteras, semideshuesadas (de unos 85 g cada una)
mousse de pollo (véase arriba)
20 g de mantequilla
4 hojas de salvia
8 lonchas finas de panceta steccata

Para la calabaza:
200 g de calabaza larga, pelada y cortada en rodajas de 2 cm de grosor
1 diente de ajo, picado
1 rama de tomillo fresco
20 g de mantequilla
1 cucharada de aceite de oliva

Para la reducción de vino especiado:
475 ml de Dolcetto d'Alba
1 ½ ramas de canela
4 clavos de olor
1 semilla de anís estrellado
3 enebrinas, chafadas
⅓ de naranja, en rodajas
2 cucharadas de azúcar moreno
15 g de mantequilla

Para decorar:
2 cucharaditas de aceite de oliva
16-20 hojas de col de Bruselas
una pizca de flores de azafrán (opcional)

Para elaborar el risotto al azafrán, caliente una cacerola, añada el aceite de oliva y sofría la cebolla hasta que se dore un poco. Agregue el arroz y deje que se tueste 3 minutos.

Añada el vino blanco y deje reducir completamente antes de empezar a incorporar gradualmente el caldo de pollo hirviendo. Mantenga el hervor hasta que los granos de arroz queden al dente, unos 18 minutos. Agregue el polvo de azafrán cuando lleve unos 15 minutos de cocción. Justo antes de que el arroz esté listo, retire la cacerola del fuego e incorpore la mantequilla y el parmesano. (Al retirar del calor, se evita que el queso cuaje en grumos.) Salpimiente al gusto.

Mientras, prepare la codorniz envuelta en beicon. Para ello, empiece preparando la mousse de pollo. Retire la piel de la pechuga y pique la carne en un procesador de alimentos junto con el lardo di Colonnata, añadiendo nata y leche en el último momento para obtener una mezcla suave. Incorpore el resto de ingredientes con una espátula y salpimiente al gusto.

Precaliente el horno a 190 °C/potencia 5.

Vuelva la codorniz entera, con los muslos hacia arriba, y corte a lo largo del hueso de la espalda. Retire la carcasa cortando alrededor del hueso, pero mantenga las patas y las alas. Salpimiente y disponga la mousse en el centro, con la piel por la parte exterior. Recomponga la codorniz y ciérrela con un mondadientes. Úntela con mantequilla y manténgala prieta envolviéndola en papel de aluminio. Hornéela unos 8 minutos, o hasta que la piel se dore.

Saque la codorniz del horno, retire el papel de aluminio, ponga una hoja de salvia sobre cada ave y envuélvala con dos lonchas de pancetta steccata. Vuelva a meterla en el horno y ásela 4 minutos más.

Sáquela del horno y déjela reposar 5 minutos antes de servir. Baje la temperatura del horno a 180 °C/potencia 4.

Ponga la calabaza en una bandeja de horno, espolvoréela con el ajo y el tomillo, añada un poco de mantequilla y rocíela con el aceite de oliva. Ásela 10 minutos hasta que se doren las rodajas.

Para la reducción del vino especiado, mezcle todos los ingredientes excepto la mantequilla en una cacerola, y deje hervir hasta que el vino se reduzca a una quinta parte del volumen total. Incorpore la mantequilla antes de servir para obtener la consistencia adecuada.

Mientras, añada 2 cucharaditas de aceite a una sartén caliente y fría rápidamente las hojas de col de Bruselas unos 10 segundos –deben conservar su textura crujiente. Escurra sobre papel de cocina y reserve.

Para servir, disponga una buena cantidad de risotto caliente en cada plato, luego ponga la codorniz encima. Disponga la calabaza a un lado, espolvoree el plato con las hojas de col de Bruselas y las flores de azafrán (si las usa), luego rocíelo todo con el vino especiado. Sirva inmediatamente.

Fotografía de las pp. 238-239

MENTA

ESTOFADO TURCO DE CORDERO

John Gregory-Smith

«Este humilde estofado está repleto de sabores ahumados gracias a la pasta de pimiento y los copos de pimiento turco. La menta seca añade otra dimensión que se funde con la sustanciosa salsa al cocerse lentamente. Marinar el cordero toda la noche con yogur, pasta de pimiento y especias ablanda la carne, que quedará maravillosamente tierna, y le aporta más profundidad de sabor. Este es un truco sencillo que utilizo para guisos y estofados parecidos.» JGS

4 RACIONES

600 g de pierna de cordero, en cubos de 2,5 cm
4 cucharadas de aceite de oliva
2 cebollas, en láminas finas
3 pimientos verdes turcos, sin semillas y cortados finos
400 g de tomate en lata troceado
2 cucharadas de pasta de pimiento rojo turco
2 cucharadas de concentrado de tomate
1 cucharadita de copos de pimiento turco (Aleppo)
1 cucharadita de menta seca
cuscús y una ensalada verde, para servir (opcional)

Para la marinada:
4 cucharadas de yogur griego
3 dientes de ajo, machacados
2 cucharadas de pasta suave de pimientos rojos turcos
2 cucharadas de concentrado de tomate
2 cucharaditas de copos de pimiento turco (Aleppo)
1 cucharadita de menta seca
½ cucharadita de canela en polvo

Ponga todos los ingredientes de la marinada en un cuenco grande. Añada una buena pizca de sal y mezcle bien. Agregue el cordero y remueva bien para que se impregne. Cubra y deje marinar toda la noche en el frigorífico.

Saque el cordero del frigorífico y deje templar.

Mientras, caliente el aceite en una cacerola a fuego medio y añada las cebollas y los pimientos. Sofría, removiendo de vez en cuando, 6-8 minutos o hasta que se doren.

Añada los tomates, la pasta de pimiento, el concentrado de tomate, los copos de pimiento, la menta y una buena pizca de sal y pimienta. Vierta 100 ml de agua hirviendo y mezcle. Incorpore el cordero y remueva. Tape, baje el fuego y deje cocer, removiendo de vez en cuando, 1 ½ horas o hasta que el cordero quede muy tierno, retirando la tapa los últimos 30 minutos de cocción para que la salsa reduzca.

Sirva inmediatamente con cuscús y una ensalada verde.

CAÑA DE LIMÓN, ALBAHACA, JENGIBRE, RASPADURA DE CÍTRICO

PERLAS DE CERDO A LA CAÑA DE LIMÓN
CON SALSA DE MANGO

La grácil caña de limón sosiega cuerpo y mente con su aceite vegetal rico en esteroles, el citral. Aporta una exquisita fragancia y mucho sabor a esta receta ligera, fresca y especiada adecuada para agasajar a los invitados –es divertido montar los paquetitos–, además de ser un delicioso plato principal. Si lo desea, puede servirla con boles de cacahuetes o almendras tostados y troceados y más menta para añadir al final.

2 RACIONES COMO PLATO PRINCIPAL O HASTA 6 EN UNA BANDEJA PARA COMPARTIR

Para las perlas de cerdo:
450 g de carne de cerdo picada
3 dientes de ajo grandes, picados (unas 2 cucharadas)
1 manojo (10 g) de cebollino cortado fino
1 tallo (10 g) de caña de limón, sin las hojas duras exteriores, el bulbo con los 15 cm de tallo más tierno picado
1 cucharada de jengibre fresco rallado
1 cucharadita de salsa de pescado (por ejemplo, nuoc mam o nam pla)
1 cucharadita de salsa Sriracha (salsa tailandesa picante)
½ cucharadita de aceite de sésamo
1 ½ cucharaditas de azúcar de palma o moreno
¾ de cucharadita de sal
½ cucharadita de pimienta

Para la salsa de mango:
1 aguacate mediano, pelado, sin hueso y en dados
½ mango pequeño, pelado, sin hueso y en dados
¼ de jícama pequeña o pera asiática, pelada, sin corazón y en dados
1 o 2 jalapeños, en rodajas
zumo y raspadura de 1 lima
zumo de 1 maracuyá (colado, opcional)
1 cucharada de hojas de cilantro troceadas
1 cucharada de hojas de albahaca tailandesa troceadas
½ cucharadita de salsa Sriracha (salsa tailandesa picante)

Para la salsa:
2 cucharadas de zumo de maracuyá y 2 cucharadas de agua
2 tallos de caña de limón
2 cucharaditas de salsa de pescado
1 cucharada de semillas de sésamo tostadas
1 cucharada de azúcar
½ cucharadita de sal

Para servir:
90 g de fideos soba de alforfón, cocidos y mezclados con 2 cucharaditas de aceite
55 g de zanahoria rallada
12-16 hojas de lechuga tipo cogollo, Butter o Little Gem
15 g de hojas de cilantro

Para hacer las perlas de cerdo, ponga todos los ingredientes en un cuenco grande y, con las manos, mézclelos y forme bolitas de 5 g. Disponga las «perlas» en una bandeja, cubra y refrigere al menos 30 minutos, hasta que queden firmes.

Precaliente una sartén a fuego medio-alto y añada un poco de aceite. Cocine las perlas, moviendo la sartén hasta que se doren por todos lados, unos 3-4 minutos.

Para la salsa de mango, mezcle con cuidado el aguacate, el mango, la jícama, el jalapeño, el zumo de lima, el zumo de maracuyá, el cilantro, la albahaca y la salsa Sriracha en un bol. Cubra y refrigere hasta el momento de servir.

Para elaborar la salsa, mezcle los ingredientes en un cuenco pequeño. Condimente con más vinagre o azúcar, según sus preferencias.

Para servir, disponga los fideos, la zanahoria y las hojas de lechuga y de cilantro en una fuente de servir. Para comer, ponga fideos en una hoja, añada las perlas de cerdo, la salsa de mango, las hojas de cilantro y la salsa. Doble la hoja de lechuga e ¡hinque el diente!

CAÑA DE LIMÓN, JENGIBRE

CARPACHO DE TERNERA WAGYU

CON FIDEOS DE TÉ VERDE, CAÑA DE LIMÓN Y JENGIBRE

Una receta sencilla, rápida y ligera: del frigorífico al plato en 15 minutos. El aroma de caña de limón al verter el caldo sobre la carne, los fideos y las verduras sosiega y calma mente y espíritu, y puede incluso ayudar a reducir el colesterol «malo».

4 RACIONES

- 200 g de solomillo de ternera Wagyu o de otro tipo de ternera
- 1-2 cucharaditas de pasta de miso blanca
- 200 g de fideos soba de té verde o de alforfón
- ½ cucharadita de wasabi fresco o 1 cucharadita de pasta de wasabi, o al gusto
- 350 ml de caldo vegetal
- 2 o 3 tallos de caña de limón, en rodajas finas
- un trozo de 30 g de jengibre, pelado y cortado en bastoncitos
- 200 g de choy sum (col china florecida) o col china
- 150 g de tofu firme, en dados
- 10-12 cebollinos cortados en bastoncitos, para decorar

Con antelación, congele la carne, bien envuelta en papel film transparente.

Saque la carne del congelador y córtela, aún firme, en 8-12 tiras finas. Con el dorso de una cuchara o el pulgar, unte las tiras de carne con pasta de miso por un lado, luego reserve en un platito.

Hierva 1 litro de agua en una olla, luego añada los fideos y deje cocer 4-5 minutos. Escúrralos en el colador y páselos bajo un chorro de agua fría, escurra, luego páselos a un cuenco pequeño e incorpore el wasabi para mezclarlos. Reserve.

En la misma olla, caliente el caldo vegetal con la caña de limón y el jengibre. Agregue la col china y deje cocer 2 minutos.

Reparta y amontone los fideos en cuatro boles. Con una espumadera, retire la col y el jengibre del caldo y dispóngalos sobre los fideos. Vierta el caldo en jarritas o teteras individuales. Ponga la ternera sobre los fideos, con el miso hacia arriba, y el tofu y el cebollino por encima. Vierta el caldo caliente encima, inhale el vapor de caña de limón, jengibre y miso para saborearlo, y disfrute del plato lentamente.

ALBAHACA

HELADO DE ALBAHACA Y CANELA

Mindy Segal

«Este helado se inspira en unos deliciosos melocotones asados que compré un año en el mercado para un postre especial. Decidí que necesitaba que el jardín de los melocotoneros estuviera presente en el helado, de modo que incorporé albahaca fresca en mi helado de canela. ¡Exquisito! También está rico con bayas escaldadas. La canela de Ceilán posee un sabor más suave que la conocida como canela verdadera. También puede usarse canela china, pero como el sabor es más fuerte, prevalecerá sobre el de la albahaca.» MS

SALE 1 LITRO

4-6 ramas de canela de Ceilán fresca
475 ml de nata espesa para montar
475 ml de leche entera
13 yemas de huevos grandes
225 g de azúcar de caña
hojas de 1 manojo de albahaca normal, albahaca canela o albahaca tailandesa, picadas
½ cucharadita de canela fresca molida
una pizca de sal marina
¼ de cucharadita de extracto puro de vainilla

Ponga las ramas de canela en una bandeja de horno y tuéstelas hasta que se noten calientes al tacto.

Mientras, en una olla de base gruesa, caliente la nata y la leche hasta que rompan a hervir.

Retire la canela del horno y macháquela. Ponga los trocitos en la leche con la nata y deje reposar 1 hora.

Combine las yemas con el azúcar en un cuenco de 2 litros de capacidad, bata y reserve.

Cuele la mezcla de leche y nata y deseche la canela. Devuelva el líquido a la olla y lleve a ebullición, luego viértalo sobre los huevos y el azúcar, mezclando enérgicamente.

Vuelva a echar la mezcla en la olla y deje cocer a fuego medio-bajo, removiendo constantemente hasta que la crema recubra el dorso de una cuchara. Vierta la crema caliente en un cuenco y ponga sobre un baño de agua helada.

Agregue la albahaca troceada en la crema hasta que se temple. Añada la canela molida y la sal y mezcle bien.

Cuando se enfríe, cuele la crema a través de un colador de malla fina y luego incorpore el extracto de vainilla.

Congele en una heladera, siguiendo las instrucciones del fabricante.

Chefs colaboradores

José Andrés, nombrado una de las «100 personas más influyentes» por la revista *Time* y premiado como «Chef Destacado» por la Fundación James Beard, es un innovador culinario, escritor, educador, personalidad televisiva, colaborador humanitario y chef/ propietario del grupo ThinkFoodGroup, reconocido internacionalmente. Pionero de las tapas en Estados Unidos, también se le conoce por su cocina de vanguardia. El grupo de restaurantes galardonados de Andrés posee establecimientos en Washington D.C., Miami, Puerto Rico, Las Vegas, Los Ángeles y Ciudad de México. En 2012, Andrés formó la organización no gubernamental World Central Kitchen, que se sirve del poder de la alimentación para dinamizar comunidades y fortalecer economías.
thinkfoodgroup.com
Receta en la p. 193.

Lidia Bastianich, presentadora de televisión ganadora de un premio Emmy, autora de un libro superventas sobre cocina, restauradora y propietaria de una empresa floreciente dedicada a la alimentación y el entretenimiento. Es chef/propietaria de cuatro reputados restaurantes en Nueva York (Felidia, Becco, Esca y Del Posto), además del Lidia's de Pittsburgh y el Lidia's de Kansas City, que lleva con su hija Tanya. También es fundadora y presidenta de la empresa de entretenimiento Tavola Productions, posee una línea propia de pastas y salsas naturales, llamada LIDIA'S, y es copropietaria de Eataly, el mercado de comida y bebida italiana artesanal más grande de Nueva York, Chicago y São Paulo.
lidiasitaly.com
Receta en la p. 196.

April Bloomfield, chef y copropietaria con Ken Friedman de los restaurantes con estrella Michelin The Spotted Pig y The Breslin Bar & Dinning Room, además de The John Dory Oyster Bar, Salvation Taco, Tosca Café y Salvation Burger. Es autora de dos libros de cocina: *A Girl and Her Pig* y *A Girl and Her Greens*. Nacida en Birmingham, Inglaterra, April inició sus estudios culinarios en el Birmingham College y fue puliendo sus conocimientos trabajando en diversas cocinas de Londres e Irlanda del Norte, incluidas las del Kensington Place, Bibendum y The River Café.
Instagram y Twitter: @AprilBloomfield
Fotografía: Melanie Dunea
Receta en la p. 78.

Neil Brazier posee un perfil poco convencional que se refleja en un menú muy inventivo pero abordable. Neil viajó extensamente por el Reino Unido, América y Asia, trabajando en diversos restaurantes con estrellas Michelin y hoteles de élite, antes de regresar a los mejores establecimientos y alojamientos de Nueva Zelanda, como el galardonado Kauri Cliffs en Bay of Islands. En la actualidad, es el chef de Peter Gordon en The Sugar Club y Belotta. Neil obtiene inspiración de las variadas culturas que ha experimentado y las combina para crear platos singulares y elegantes.
facebook.com/neil.brazier1
Receta en la p. 83.

Francesco Carli llegó a Río de Janeiro procedente de su Italia natal hace más de veinte años y desde entonces ha permanecido en Brasil, donde se le reconoce por su cocina italiana de calidad. Ha escrito diversos libros y ganado numerosos premios. Mientras era chef responsable de todos los restaurantes de Belmond Copacabana Palace, en Río de Janeiro, su Restaurante del Hotel Cipriani fue elegido por la revista americana *Hotel* como uno de los diez mejores restaurantes de hotel del mundo. Francesco es actualmente el chef del Country Club Ipanema de Río de Janeiro.
linkedin.com/in/francesco-carli-59b09480
Receta en la p. 224.

Simone Cerea inició su trayectoria culinaria gracias al encuentro casual con un chef de crucero que despertó en él la pasión por la cocina. Nacido y educado en Bérgamo, Italia, recibió las enseñanzas de su mentor, el estimado chef y restaurador italiano Angelo Paracucchi. Su enfoque culinario es tan sencillo y directo como su amor por los ingredientes de calidad para que los sabores naturales afloren en los platos. Con más de tres décadas de experiencia y quince años en hoteles y complejos Four Seasons –actualmente es chef del Regent de Singapur– la mayor satisfacción de Simone sigue siendo la sonrisa satisfecha de un comensal ante su plato vacío.
regenthotels.com/EN/Singapore
Receta en las pp. 240-241.

Anne Conness, con su singular mezcla de creatividad y arrojo, ha forjado una carrera que la ha llevado de la pintura a la producción televisiva y a la gastronomía, y ahora, como copropietaria y chef de Sausal, a crear la cocina Nuevo Rancho, que sacia el alma. Sausal lo abrió en septiembre de 2015 en El Segundo, California, con gran aclamación de la crítica. Con un menú inspirado en la cocina mexicana que rinde homenaje a la historia culinaria de la Alta California, Conness, junto con la chef repostera Natasha MacAller, va un paso más allá y crea un nuevo tipo de cocina moderna y rústica a la que denominan Nuevo Rancho.
Instagram: @sausalelsegundo
Receta en la p. 40.

Suzanne Goin dirige seis restaurantes en Los Ángeles (Lucques, a.o.c., Tavern, The Larder at Maple Drive, The Larder at Burtin Way y el reciente Larder at Tavern de la Terminal Internacional del Aeropuerto Tom Bradley) que reflejan su pasión por la cocina de temporada. Su arte la ha hecho merecedora de numerosos galardones, incluido el codiciado «Chef Destacado del Año» en 2016. En diciembre de 2013, Suzanne y su socia Caroline Styne abrieron The Larder Baking Company, una empresa mayorista de pan y productos de panadería desarrollados con el maestro panadero Nathan Dakdouk. Goin es autora de dos libros de cocina premiados, *Sunday Suppers at Lucques* y *The a.o.c. cookbook*.
Instagram: @suzannegoin
Receta en la p. 30.

Peter Gordon nació en Whanganui, Nueva Zelanda, y recopiló su primer libro de cocina con solo cuatro años. A los dieciocho se trasladó a Melbourne, donde vivió cinco años, formándose y trabajando de chef en varios restaurantes. Su espíritu aventurero y su curiosidad culinaria le llevaron a viajar por Asia durante un año, desde Indonesia hasta la India. Esta experiencia transformadora se convertiría en la mayor influencia de su estilo culinario, y se ganó la reputación internacional de «padrino» de la cocina de fusión. Peter vive en Hackney, Londres, y posee restaurantes tanto en Auckland como en Londres.
Instagram: @chefpetergordon
Receta en la p. 150.

John Gregory-Smith es un chef y escritor culinario especializado en cocina turca. Apasionado de Turquía, ha explorado el país a lo largo de los últimos diez años, y habitualmente organiza eventos únicos «pop-up» y cenas secretas de inspiración turca en Londres. *Turkish Delights*, el tercer libro de John, continúa el éxito de *Mighty Spice Cookbook* y *Mighty Spice Express*. También es presentador y ha aparecido en programas del Reino Unido y Estados Unidos, y ha presentado la edición 2015 del programa *Fabulous Foodies* de The Telegraph. Sus recetas aparecen en numerosas publicaciones británicas, como *GQ*, *Sainsbury's Magazine*, *The Times* y *The Daily Mail*.
Instagram: @johngs
Receta en la p. 242.

Mette Helbak es una chef, estilista y escritora culinaria danesa, con pasión por crear belleza y gran gusto por las hortalizas, que aplica a la dirección de sus restaurantes de Copenhague y sus libros de cocina. Inició su carrera en el sector como crítica culinaria y editora de guías de restaurantes, pero quería crear un restaurante donde se cocinara y sirviera comida supersencilla utilizando los mejores ingredientes de temporada adquiridos en el mercado de productores locales. Su restaurante Stedsans, ubicado en el interior del invernadero de una granja escandinava situada en el terrado de un edificio, ØsterGRO, es ese sueño hecho realidad.
Instagram y Twitter: @mettehelbak
Receta en la p. 230.

Raghavan Iyer es autor de libros de cocina, educador culinario, ponente, asesor de numerosos clientes nacionales e internacionales y presentador del documental *Asian Flavors*, ganador de un premio Emmy. De 2014 a 2015 fue presidente de la Asociación Internacional de Profesionales Culinarios. Es autor de diversos libros de cocina, incluido *660 Curries*, a partir del cual se hizo una serie que ganó el Premio James Beard a la Excelencia en 2016. Entre los galardones de Iyer destaca el Premio a la Excelencia como Profesor de Cocina del Año de la Asociación Internacional de Profesionales Culinarios (2004).
raghavaniyer.com
Receta en la p. 188.

Sarah Johnson nació y creció en California. Al graduarse de la universidad, se trasladó a Berkeley para trabajar en el reconocido Chez Panisse Restaurant, regentado por Alice Water, donde descubrió su pasión por la cocina. Esto la llevó a viajar por Europa, y visitó cocinas de Irlanda e Italia. Al regresar a California, continuó su formación como repostera en Chez Panisse, y en 2014 aceptó el puesto de chef repostera sénior en el Spring Restaurant, de Skye Gyngell. Actualmente, colabora con Skye y la granja biodinámica Fern Verrow para crear platos frescos e innovadores con los productos de temporada.
Instagram: @johnson_sarita
Receta en las pp. 168-169.

Judy Joo es chef y presenta el nuevo programa de gran éxito de cocina itinerante *Korean Food Made Simple* (Food Network). Su libro homónimo fue publicado en mayo de 2016. Tras estudiar en el Instituto Culinario Francés y trabajar como desarrolladora de recetas y colaboradora de la revista *Saveur*, Judy, americana de nacimiento, se trasladó a Londres para trabajar en el reconocido restaurante Gordon Ramsay. Cara habitual en los canales Food Network/Cooking Channel, se hizo un nombre como la única mujer concursante en el programa *Iron Chef* del Reino Unido. Ha escrito y ha aparecido en diversas publicaciones de todo el mundo. Judy dirige la mirada hacia su herencia coreana para añadir sabores y especias orientales a sus platos.
judyjoo.com
Receta en la p. 200.

Michael Kempf es el chef del establecimiento Facil de Berlín desde 2003, año en que recibió su primera estrella Michelin, con solo veintiséis años. Siguió cosechando premios, como el Gault Millau al Chef Revelación del Año en 2010, y en 2013 recibió su segunda estrella Michelin. Su cocina es un ejercicio de elegante simplicidad, que combina ingredientes principales exquisitamente preparados con acompañamientos frescos e inesperados, y se centra en las preparaciones modernas ligeras de las hortalizas y salsas aromáticas. Su amor por la cocina fresca y saludable es más que un interés profesional, puesto que en su tiempo libre es corredor de larga distancia.
facil.de
Receta en la p. 75.

François Kwaku-Dongo creció en Costa de Marfil pero se trasladó a Nueva York en 1981 para estudiar literatura. Trabajaba en restaurantes de la ciudad mientras estudiaba, se interesó por la cocina gourmet y en pocos años se convirtió en el chef del Remi de Nueva York. Se trasladó a Los Ángeles y en menos de diez años fue elegido como uno de los mejores chefs jóvenes y se convirtió en chef del restaurante insignia de Wolfgang, el Spago Hollywood. Además de frecuentar programas de televisión y radio, ha aparecido en la prensa escrita. François es en la actualidad jefe de cocina de la empresa de catering David's Soundview, en Stamford, Connecticut.
Instagram: @fkdongo
Receta en la p. 116.

Christine Manfield es una de las chefs más famosas de Australia, y ha escrito diversos libros de éxito, como *Dessert Divas, Tasting India, Fire, Spice, Stir, Paramount Cooking* y *Paramount Desserts.* Una de las principales embajadoras de la cocina australiana, su vida como restauradora profesional incluye tres restaurantes revolucionarios y galardonados: Paramount (Sydney, 1993-2000), East@West (Londres, 2003-2005) y Universal (Sydney, 2007-2013). Su gama de pastas y condimentos especiados, la Colección de Especias Christine Manfield, se vende en tiendas de toda Australia.
Instagram: @christinemanfieldchef
Receta en la p. 114.

Anne-Sophie Pic es la única mujer francesa reconocida con tres estrellas Michelin. También ha recibido otros premios y distinciones, incluida la mención como Mejor Mujer Chef del Mundo por la marca Veuve Clicquot, en 2011. Su historia se define en dos vertientes, como integrante de un ilustre linaje de chefs y como joven autodidacta que se gradúa con estudios empresariales. Esta carrera le ha permitido elaborar una cocina intuitiva y creativa caracterizada por la innovadora mezcla de sabores y la búsqueda constante de la complejidad y la intensidad aromática, que se revela con fineza en sus platos.
Instagram y Twitter: @annesophiepic
Receta en la p. 236.

Rachel Pol es chef repostera, propietaria del restaurante Tomato, de Panamá, y presentadora del programa televisivo de cocina panameño *Soy Rachel, Soy Foodie*. También trabaja para los eventos más exclusivos de la ciudad y es asesora de hoteles y restaurantes, y chef invitada y ponente habitual en acontecimientos culinarios y conferencias. Actualmente se dedica a producir su propia marca de chocolate, con granos de cacao ecológicos panameños y promoviendo el comercio justo para los agricultores locales. Su proyecto educará sobre el uso sostenible del suelo y creará centros educativos para los niños de estas comunidades.
Instagram y Twitter: @rachelfoodie
Receta en la p. 110.

Mindy Segal está especializada en cocina americana contemporánea, que da un toque moderno a los clásicos tradicionales. Segal recibió el prestigioso premio de la Fundación James Beard como Repostera Destacada del País en 2012. Su restaurante de Chicago, Hot Chocolate, es la culminación de más de veinticinco años de dedicación al sector. Su libro superventas *Cookie Love* se publicó en 2015. Mindy ha aparecido en los programas *The Today Show*, *The Martha Stewart Show*, *The Food Network*, y en las publicaciones *Food & Wine*, *Bon Appétit* y *The New York Times*.
Instagram y Twitter: @mindysegal
Receta en la p. 248.

Cyrus Todiwala, Oficial de la Orden del Imperio Británico y Personaje Culinario del Año de la BBC en 2014, se dedica a cocinar, enseñar y dirigir tres exitosos restaurantes: Mr Todiwala's Kitchen, Café Spice Namasté y Assado. También se ha unido al chef escocés Tony Singh en la serie de éxito *The Incredible Spice Men*, de la BBC2, aparece habitualmente en *Saturday Kitchen*, es autor de seis libros de cocina y asiste periódicamente a festivales gastronómicos de todo el mundo. Es Miembro de la Real Academia de Artes Culinarias y Maestros Chefs de Gran Bretaña, y uno de unos pocos chefs asiáticos con entrada en la base de datos *Who's Who*.
Twitter: @ctodiwala
Receta en la pp. 36-37.

Médicos colaboradores

Param Dedhia, doctor en Medicina, trabaja apasionadamente como médico internista, de medicina integrativa y medicina del sueño en Canyon Ranch, Tucson, Arizona. Por medio de ponencias e incluso consultas individualizadas, Param adecúa la ciencia de la medicina a la experiencia del individuo, ayudándole a vivir de manera más saludable. Su práctica médica y conferencias exploran las conexiones entre la nutrición, el ejercicio físico, el estrés y el sueño para conseguir una salud óptima.
Linkedin.com/in/param-dedhia-0066235

John La Puma, doctor en Medicina, es médico internista, chef formado profesionalmente y autor de *ChefMD's Big Book of Culinary Medicine* y *The Realage Diet*. Sus investigaciones actuales se centran en combatir el envejecimiento y mejorar la salud con recetas culinarias y naturales. Ejerce en Santa Bárbara, California.
Linkedin y Twitter: @johnlapuma

Geeta Maker-Clark, doctora en Medicina, es profesora clínica asistente, coordinadora de Educación Médica Integrativa y directora del currículo de Medicina Culinaria de la Escuela de Medicina Pritzker, perteneciente a la Universidad de Chicago. Aboga por la curación por medio los alimentos, las hierbas, las plantas, la respiración, y la medicina convencional y sus profesionales.
drgeetamakerclark.com

Linda Shiue, doctora en Medicina, es médico internista y chef, y cree que la mejor medicina es la prevención, basada en una alimentación y un estilo de vida saludables. Es directora de Medicina Culinaria en The Permanente Medical Group de San Francisco, California, donde, además de tratar a los pacientes de la clínica, enseña cocina sana como base de la salud. Sus recetas y escritos han aparecido en numerosas publicaciones, incluidos diversos libros de cocina.
facebook.com/thedoctorsspicebox

Eleni Tsiompanou, doctor en Medicina y Medicina Nutricional, es doctora integrativa formada en medicina nutricional moderna y nutrición ayurvédica. También es médico asesor de medicina paliativa. Es fundadora del Health Being Institute, donde la nutrición, la actividad física, las intervenciones psicológicas y espirituales, además de los enfoques médicos modernos, se emplean para prevenir y tratar la enfermedad y mejorar la salud y el bienestar. Tsiompanou imparte formación documentada científicamente sobre la dieta y la nutrición a médicos, enfermeras y otros profesionales del cuidado de la salud.
healthbeing.co.uk / Twitter: @DrEleni

Dr. Luigi Fontana, es catedrático de Medicina en la Universidad de Washington, donde es codirector del Programa de Investigación para la Longevidad, y en la Universidad de Brescia, Italia.

Richard Lee, doctor en Medicina, es director médico del Programa Oncológico Integrativo y de Apoyo en el Centro Oncológico UH Seidman, y Profesor Asociado Visitante del Colegio de Medicina CWRU de Cleveland, Ohio.

Margaret Papoutsis, doctora en Osteopatía, es osteópata y terapeuta nutricional. En su consulta de Londres, integra con éxito nutrición, ejercicio y otras terapias que complementan sus recomendaciones de tratamiento osteopático.
margaretpapoutsis.co.uk

ÍNDICE

LA AUTORA

Natasha MacAller dedicó 30 años a ser bailarina profesional, formó parte del prestigioso Joffrey Ballet de Nueva York y del Boston Ballet, y finalizó su emocionante carrera en las producciones de *El fantasma de la ópera* en Broadway y Los Ángeles. Centrando su vena artística hacia la cocina, ahora canaliza la misma pasión, diligencia y precisión que la convirtieron en bailarina de éxito en su afición por la cocina creativa. Reparte su tiempo entre Los Ángeles, Londres y Nueva Zelanda, donde imparte cursos de cocina y escribe. También es una solicitada asesora de restauración.

Especias, heroínas de la salud, su segundo libro de cocina, floreció de su pasión por las muchas y muy variadas especias con que cocina cuando viaja y asesora. En su primer libro, *Vanilla Table* (2015), aportaron recetas 33 reconocidos chefs internacionales, fue muy aclamado y propició apariciones televisivas y críticas deslumbrantes en blogs, periódicos y revistas.

dancingchef.net / Instagram: @dancingchefnatasha

AGRADECIMIENTOS

Gracias por sus generosas aportaciones:
Especias, heroínas de la salud se fotografió en Nueva Zelanda y los ingredientes fueron donados por: Wayne Fraser, propietario de thespicetrader.co.nz; Fenton Wood, de coppersfolly.co.nz; carnes de greylynnbutchers.co.nz; azafrán ecológico de Cate Bacon, propietaria de theflipside.co.nz; Alexa Bell y Sandra Goodwin; The Old Packhouse Market, theoldpackhousemarket.co.nz.
Atrezo proporcionado por: Collis Studio, collis.co.nz; Republic Home, www.republichome.com; Father Rabbit, fatherrabbit.com; The Props Department, thepropsdepartment.co.nz.

Gracias por vuestro apoyo, ayuda y humor:
Wendy y doctor Graham Dobson, Sherry Yard, Rochelle Huppin, Jim Dodge, Elaine Skeete, Anna Seechran, Penny Subbotin y Krystal Burtrum, por vuestras telentosas traducciones del alemán al inglés.
Probadores: gracias a Tami MacAller, Sally MacAller, Matilda Lee, Ben Chevre, Neil Brazier, Alexa Bell, Roy Goodwin, Sue Lyon, Marita Hewitt, la reina del pudin, Merran Kenworthy y Kathy Kordalis.
Un agradecimiento especial por vuestros consejos y ayuda: John La Puma, Seth Crosby, Tim S. Harlan, Elmo Agatep, Rachelle Bross, Lucy Dahill, Becky Cortese, Peter Gordon, Rosalinda Monroy, Sue Knight y Janice Wald Henderson.

Muchas gracias a mis pacientísimas e incansables editoras, Anne McDowall y Firtha Saunders, a Maggie Town por el bello diseño, y a Manja por las asombrosas –como siempre– fotografías.
Jacqui, gracias por la chispa, ¡y sigo esperando poder probar tu mundialmente famoso curri!
Y para terminar, gracias a todos y cada uno de los inspiradores chefs y médicos colaboradores; ¡gracias por ayudarme a que *Especias, heroínas de la salud* cobrara vida!

Las cinco mejores maneras de cuidar su cuerpo

Visite www.cincotintas.info para descargar el contenido gratis con el código **especias32**